VARIÉTÉS
HISTORIQUES
ET LITTÉRAIRES.

Paris. Impr. Guiraudet et Jouaust, 338, rue S.-Honoré.

VARIÉTÉS
HISTORIQUES
ET LITTÉRAIRES

Recueil de pièces volantes rares et curieuses
en prose et en vers

Revues et annotées

PAR

M. ÉDOUARD FOURNIER

Tome IV

A PARIS
Chez P. Jannet, Libraire

MDCCCLVI

Brief Discours pour la reformation des mariages.
A Paris, de l'imprimerie d'Anthoine du Brueil, rue Saint-Jacques, au dessus de Saint-Benoist, à la Couronne.

M. DC. XIV. In-8.

Encor que le mariage soit sainct, selon son institution et premiere origine, voire mesme necessaire pour la multiplication du genre et societé humaine, si est-ce qu'à la deduction des difficultez quy s'y rencontrent l'on y trouvera beaucoup plus d'espines que de roses, et d'amertume que de miel. C'est pourquoy la plus part des sages de l'antiquité, pour despeindre le mariage, ils representoyent en leurs hieroglyphiques toutes sortes de gehennes et tortures qu'ils se pouvoient imaginer, afin que par leurs diverses significations on fust instruict à eviter les escueilz et perilz quy journellement s'y rencontrent; ce que le sieur Desportes a bien sceu faire cognoistre et expliquer en ces Stances du Mariage, où il commence [1] :

> De toutes les fureurs dont nous sommes pressez,
> De tout ce que les cieux, ardemment courroucez,
> Peuvent darder sur nous de tonnerre et d'orage,
> D'angoisses [2], de langueurs, de mœurtre ensanglanté,
> De soucys, de travaux, de faim, de pauvreté,
> Rien n'approche en rigueur la loy de mariage.

Il vaudroit beaucoup mieux que nostre premier père, lors de sa creation, fust demeuré en cest estat d'innocence, sans avoir effrenement desiré une compagne et abandonné en luy-mesme ceste perfection et prerogative que nostre Dieu luy avoit donnée en sa creation, et mis en fief comme un tiltre d'aisnesse et premier et unique en son estre, ce que les anciens appellent androgine, quy est à dire tout un en sa perfection. Neantmoins, curieux de son malheur et du nostre, il suscita nostre Dieu de l'assister d'une compagne, ce quy luy fut accordé, et tirée de soy-mesme, quy nous apporta pour douaire tous les malheurs du monde dont elle nous a affublez, punition de Dieu quy envers nous se void journellement executée par tous les inconvenients quy nous surviennent, tant durant nostre vie que lors de nostre trepas ; le tout prevenu par ceste première association quy, à nos despens, a porté et porte encore tiltre de mariage envers les mortels,

---

1. *Les Œuvres de Philippe Des Portes, abbé de Thiron, reveues et corrigées*, Rouen, 1591, in-12, p. 575, *Stances du Mariage*.
2. Var. : *d'angoisseuses langueurs*.

Dure et sauvage loy nos plaisirs meurtrissant[1],
Quy, fertille, a produit un hydre renaissant
De mespris, de chagrin, de rancune et d'envie,
Du repos des humains l'inhumaine poison [2],
Des corps et des esprits la cruelle prison,
La source des malheurs, le fiel de nostre vie.

Pour inscription à ceste loy rigoureuse du mariage, je serois d'advis qu'elle portast sur le front en belle et grosse lettre : LE BREVIAIRE DES MALHEUREUX.

Helas ! grand Jupiter, si l'homme avoit erré[3],
Tu le devois punir d'un mal plus moderé,
Et plustost l'assommer d'un eclat de tonnerre
Que le faire languir durement enchaisné,
Hoste de mille ennuys, au dueil abandonné,
Travaillant son esprit d'une immortelle guerre.

Depuis que le serpent a mis la curiosité et l'ambition en la teste de la femme, toutes choses se sont revoltez qui auparavant avoient esté creez à la submission et hommages deues et acquyses à nostre

---

1. Cette stance, dans la pièce de Des Portes, suit celle qui a été citée tout à l'heure.
2. *Poison*, comme le mot latin *potio*, dont il est le dérivé, fut long-temps du féminin. C'est Vaugelas et Balzac qui lui assignèrent le genre qu'il a gardé depuis, et cela en dépit de Malherbe, et même de Ménage, qui, dans ses *Observations sur les poésies* de ce dernier (Paris, 1666, p. 451), soutient qu'en vertu de l'étymologie, c'est le féminin qui eût dû prévaloir. Le peuple est resté de l'avis de Ménage et du latin.
3. C'est la 9e des *Stances* de Des Portes.

premier pére et aux siens, c'est-à-dire à la posterité, quy est nous autres, quy avons herité de la mort par son crime, c'est-à-dire par la seduction d'Eve, nostre marastre, quy s'est servie de sa fragilité pour le rendre serf et assugety par ses blandices à toutes les infirmitez du monde.

> De là le mariage eust son commencement [1],
> Cruel, injurieux [2], plein de commandement,
> Que la liberté fuit comme son adversaire,
> Plaisant à l'abordée à l'œil doux et riant,
> Mais quy, sous beau semblant, traistre nous va liant
> D'un lien que la mort seulement peut deffaire.

Les femmes sont du naturel des sergents : quand elles veulent attraper quelques uns, elles font bien les douces et traictresses ; puis, estant prins, elles peuvent bien dire : Nous tenons le *couïllaut* dans nos retz *attrapé*.

Puis, estant logé à la valée de Misère, il doit la foy et hommage en tiltre de relief à sainct Innocent, à sainct Prix [3], et sainct Mar, ribon, ribeine, sans pouvoir desdire, où le plus souvent il faut

> Languir toute sa vie en obscure prison [4],
> Passer mille travaux, nourrir en sa maison

---

1. C'est la 6ᵉ stance.
2. Var. : Tyran injurieux.
3. On disoit alors : « Il est de Saint-Prix, il est marié. » (Oudin, *Curiositez françoises*, p. 494.) Quant à *saint Mar*, comme on écrit ici, en faisant suivre son nom du refrain *ribon, ribaine*, on faisoit aussi de lui le patron des *maris, très marris*, comme dit Molière.
4. La 11ᵉ des stances de Des Portes.

Une femme bien laide et coucher auprès d'elle ;
En avoir une belle et en estre jaloux,
Craindre tout, l'espier, se gêner de courroux,
Y a-t-il quelque peine en enfer plus cruelle ?

L'on dit ordinairement que là où la vache est liée, il faut qu'elle broute [1] ; ainsi où le pauvre idiot est attrapé, il faut qu'il demeure en ces liens ; il tient beaucoup mieux que par le pié ; le geolier en ces affaires-là s'emprisonne soy-mesme, et, en cette restrainction, il ne peut trouver de caution quy l'en delibère ; tel octroy est à la mort et à la vie. Quant à ceux quy ont de belles femmes, sont heureux et ne peuvent pas par elles estre incommodez; quand une belle femme est bien entretenue, elle est de plus grand rapport qu'un moulin à vent ; comme au contraire, quand elles sont laides, elles baillent de l'argent pour faire ce qu'on faict de là les pontz, quy, outre l'injure, fait souvent faire banqueroute au pauvre malotru confraire de Saint-Prix [2].

Le commun dire est bien veritable, que la femme fait ou ruine le mesnage, et comme dict le sage en ses problesmes par ces termes : La meilleure et plus excellente richesse qu'un homme puisse avoir, c'est de s'allier avec une femme sage et vertueuse, parce qu'après il se pourra vanter d'avoir en possession un heritage merveilleusement fertile.

1. Molière donne une variante de ce proverbe quand il dit, dans *le Médecin malgré lui* (acte 3, scène 3) : « Là où la chèvre est liée, il faut bien qu'elle y broute. »
2. V. l'avant-dernière note de la page 8.

Escoutez ma parole, ô mortels esgarez[1],
Quy dans la servitude aveuglement courez,
Et voyez quelle femme au moins vous devez prendre :
Si vous l'espousez riche, il vous faut[2] preparer
De servir, de souffrir, de n'oser murmurer,
Aveugle en tous ses faictz et sourd pour ne l'entendre.

Le plus grand malheur que puisse avoir un homme qui desire avoir l'esprit tranquille et en repos, c'est de prendre une femme qui luy mettra à tous propos sur le tapis les moyens et commoditez qu'elle luy aura apporté, afin que, par ces reproches que journellement elle luy fera, jouer au pair, et tirer au court baston quand besoing en sera, ce quy contraindra le pauvre Job de faire le muet, comme vous entendrez cy après en ces vers.

Desdaigneuse et superbe, elle croit tout savoir[3] ;
Son mary n'est qu'un sot trop heureux de l'avoir ;
En ce qu'il entreprend elle est toujours contraire,
Ses propos sont cuisantz, hautains et rigoureux.
Le forçat miserable est beaucoup plus heureux
A la rame et aux fers d'un outrageux corsaire.

C'est de pareilles femmes que l'on tient ce discours : que la poulle chante ordinairement devant le coq[4]. De mesme, donnez un pied d'advantage à

1. C'est la 16ᵉ stance de Des Portes.
2. Var. : il se faut.
3. 15ᵉ stance de Des Portes.
4. Encore un proverbe dont Molière a donné une variante, mais cette fois très opposée :

La poule ne doit pas chanter devant le coq.
Les femmes sçavantes (act. V, sc. 3),

une femme, elle en prendra dix ; c'est ce que conseilloit un ancien poète :

> Ne souffre jamais pour rien
> De ta femme un pied sur le tien :
> Car après la pauvre beste
> Le voudra mestre sur ta teste.

Et toutefois en ce discours je ne desire pas faire une reigle generale : car, comme en toutes autres, il y peut avoir quelque default.

> Si vous la prenez pauvre, avec la pauvreté[1]
> Vous espousez ainsy[2] mainte incommodité,
> La charge des enfants, la peine et l'infortune.
> Le mespris d'un chacun vous fait baisser les yeux ;
> Le soin rend vos esprits chagrins et soucieux.
> Avec la pauvreté toute chose importune.

La pauvreté est mère de beaucoup de travaux, de soupçons, de meffiance ; c'est d'elle d'où ce vieux proverbe a prins son estre et origine, quy dit : necessité contraint la loy ; encore que pauvreté ne soit pas vice [3], mais une espèce de ladrerie, que plusieurs fuyent comme la peste.

Jehan de Meung avoit dit dans *le Roman de la Rose* :

> C'est chose qui moult me desplaist
> Quand poule parle et coq se taist.

1. Stance 17ᵉ de Des Portes.
2. Var. : *ainsi*.
3. Ce n'est ainsi qu'un proverbe tronqué : pour qu'il soit complet, il faut dire comme on le faisoit au moyen âge : *Pauvreté n'est pas vice, mais c'est une sorte de ladrerie : chacun la fuit.* Ce qui revient à la variante si énergique de Dufresny : *Pauvreté n'est pas vice ; c'est bien pis.*

Si vous la prenez belle[1], asseurez-vous aussy[2]
De n'estre jamais franc de craincte et de soucy.
L'œil de vostre voisin comme vous la regarde ;
Un chacun la desire, et vouloir l'empescher,
C'est esgaler Sysiphe et monter son rocher.
« Une beauté parfaicte est de mauvaise garde. »

Les belles femmes et les beaux chevaux sont merveilleusement souhaitez, non seullement pour les plaisirs du monde, mais aussy (admirez les plus religieux personnages, quy, par ce moyen, ont subject de louer le Createur) par la perfection de ses creatures tant recommandables. Toutefois je diray estre un grand soin au maistre quy les possède, quy, quand mesme ayant en sa puissance tous les yeux d'Argus, y pourroit bien estre trompé, parce que la garde de ces creatures là est un peu dangereuse : tant de vieux historiens tesmoins, quy nous ont laissé leurs fragments par escript, comme la guerre de Troie et autres, outre les meurtres et querelles quy se commettent pour cet effect.

Si vous la prenez laide, adieu toute amitié[3] ;
L'esprit, venant du corps, est plain de mauvaistié.
Vous aurez la maison pour prison tenebreuse ;
Le soleil desormais à vos yeux ne luira ;
Bref, l'on peut bien penser s'elle vous desplaira,
Puisqu'une femme belle[4] en trois jours est fascheuse.

Encore que ta femme soit laide, voire mesme contrefaicte en plusieurs parties de son corps, si dois-

---

1. Var. : *Si vous l'épousez belle.*
2. La stance 18ᵉ de Des Portes.
3. La 19ᵉ stance de Des Portes.
4. Var. : *Quand la plus belle femme.*

tu recognoistre qu'elle est ta compagne et adjacente à toutes tes entreprises; toutefois je veux que ce soit une très grande incommodité pour la deffectuosité quy peut subvenir en la generation des enfants, comme, par example, estant un jour interrogé Pittacus pourquoy il ne vouloit espouser aucune femme : Parce, dit-il, que, la prenant belle, elle sera commune à tous; et si elle est laide, ce sera un martyre à moy seul.

Pour conclusion, je pourrois dire ce qu'a dict le mesme Desportes en ces stances, quoy que je ne m'y veuille resoudre; et toutefois je repetteray,

A l'exemple de luy quy doit estre suivy [1] :
Tout homme qui se trouve en ses lacs asservy
Doit par mille plaisirs alleger son martyre,
Aimer en tous endroitz sans esclaver son cœur,
Et chasser loing de luy toute jalouse peur.
us un homme est jaloux, plus sa femme on desire.

Et après, fermant la porte à toutes ses prepositions, fait une grande admiration en ces termes :

O supplice infernal en la terre transmis [2]
Pour gêner les humains ! gêne les ennemis
Et les charge de fers[3], de tourments et de flamme;
Mais fuy de ma maison, n'approche point de moy :
Je hay plus que la mort ta rigoureuse loy,
Aymant mieux espouser un tombeau qu'une femme.

Demosthène disoit que les hommes ayment les femmes pour le plaisir qu'ils espèrent, sans avoir

---

1. Stance 24ᵉ de Des Portes.
2. 25ᵉ stance.
3. Var. : *Qu'ils soyent chargez.*

esgard qu'elles sont ordinairement le travail de l'esprit et le fleau le plus violent qu'ils puissent avoir.

Quoy que j'ay parlé de mariages en diverses façons, si neantmoins je cognois que c'est une necessité à la nature humaine pour plusieurs et diverses raisons, tant pour la generation qu'autres commoditez qu'ils apportent; mais il faut regarder premierement, pour bien et deuement choisir une femme, qu'elle soit chaste et vertueuse, venue de bon lieu, issüe de parents sans reproches, bonne mesnagère, et surtout mediocre en habitz, parce que la superfluité la rend orgueilleuse et mescognoissante [1], tout ainsy que ces joüeurs de tragedies, où un faquin, estant revestu, representera librement le personnage d'un roy ou empereur en gravité et audace; de mesme elle sera hautaine, et quelques fois contraincte pour son entretien faire des metamorphoses domestiques, comme dict un poëte françois en ces vers :

> Du temps passé nous lisons que les fées
> Firent changer d'homme en cerf Actéon,
> Et maintenant ceste mutation
> S'exerce encor par des nymphes coiffées.

Ceux quy se veulent marier, il faut qu'ils s'interrogent eux-mesmes s'ils sont puissans assez pour s'acquitter d'un si pesant fardeau : car de joüer après

---

1. C'est un mot perdu et très regrettable. Marmontel, qui tenoit pour notre vieille langue, indique par cette phrase la demi-teinte d'ingratitude qu'il faut y découvrir : « Il ne faut jamais être oublieux au point d'être méconnoissant. » (*Mémoires*, Paris, 1804, in-8, t. 2, p. 97.)

à Jan-qui-ne-Peut, le diable seroit bien aux vasches. Or, pour le bien choisir, je serois de l'avis du sieur Desportes en ces Stances du Mariage, qui dict :

> Il faut un bon limier, penible et poursuivant [1],
> Nerveux, le rable gros et la narine ouverte,
> Quy roidisse la queue et l'alonge en avant
> Sitost qu'il sent la beste ou qu'il l'a descouverte.

Non pas des petits darioletz [2] effeminez, à quy leurs femmes sont contrainctes dire, peu de temps après qu'elles sont mariées : Jan, ne trouvez pas estrange que, si ne faites mieux qu'avez faict ces jours passez, je mettray un autre à vostre place. Voilà, en somme, mon amy, comme il y a beaucoup de cornards par leurs fautes.

Quiconque se veut marier et s'employer à son devoir, il faut qu'il soit d'un age mediocre, fort et bien sain en tous ses membres, bonne veüe et point subject à ce reproche, pourtant lunettes, d'estre banni du bas mestier, comme disoit un jouvenceau de ce temps :

> Veillard quy portez des lunettes,
> Retirez-vous loin des fillettes,
> Et permettez-nous que l'amour
> De chacun se serve à son tour :
> Car, si vous prenez ma maistresse
> Pour vos biens et vostre richesse,

---

1. Cette stance ne se trouve pas dans l'édition de Des Portes par Raphael du Petit-Val.
2. V., sur ce mot et sur ceux de *daron* et *dariolette*, une note de notre tome 3, p. 145.

Cela n'est rien : il faut un poinct
Pour conserver son embonpoinct.

Voilà en bref ce que je puis dire du mariage, non pas pour l'avoir esprouvé, car, Dieu mercy, je suis puceau, et si le veux estre tout le temps de ma vie, afin qu'après ma mort je me voye promener en terre avec de belles torches blanches, en tesmoignage de ma chasteté : car je me puis bien vanter d'estre *vierge*, ou jamais vache ne le fust. Adieu.

Les Jeux de la Cour.

MDCXX. In-8.

Cessez de plus jouer à la rejouissance : [reux;
C'est un jeu sans plaisir et quy n'est pas heu-
Le reversis n'est bon que pour les amoureux,
Et la prime pour ceux quy sont pleins de fi-
Le piquet à l'abort m'offence quand j'y pense; [nance¹.
Au quatorze de may, quy fut si malheureux²,
Formant par un grand flux un point de consequence,
Quy depuis a ruyné et gasté nostre France.

J'ayme les quatre jeux modernes de la cour :
Nous y voyons un roy de mains en mains quy court,
La dame et le valet quy suivent en sequence,
Les deux roynes au pair, une seule à l'escart³.
Les princes joueront à tirer le bon bout.
Il n'y a apparence de demeurer en cour :

1. Les gens de finance, en effet, *primoient* tout alors.
2. Henri IV avoit été assassiné le 14 mai 1610.
3. La reine-mère, Marie de Médicis, avoit quitté la cour depuis 1617. — Le jeu de l'*ecart*, c'est l'écarté.

Var. IV.

Car ils sont mal contens[1], et ils ont bien raison,
Du fredon[2] de trois ases[3] qui pillent et raflent tout.

Au Roy.

On dit que les crapauds armèrent autres foys,
Avant les fleurs de lys, l'ecusson de nos roys[4],
Mais qu'en les retournant, un de nos vieux Alcides
Changea par ces beaux lys ces vilains animaux.
Ha! sire, je crains bien que par ces parricides
Vous perdiez ces beaux lys pour garder trois crapaux!

Autre.

Le fils de Cresus, muet du ventre de sa mère,
Voit l'espée sur son père et recouvre la voix :
« Cruel, ne le tuez, luy quy m'a donné l'estre! »
   Sire, aujourd'huy faites paroistre
   En mesme peril vostre voix.

---

1. C'est le nom qu'on donnoit à ceux qui tenoient pour le parti des princes. V. notre tome 3, p. 353, note 2.
2. Le *fredon*, au jeu de cartes, consistoit à avoir trois ou quatre cartes semblables, *rois, dames, valets* ou *as*.
3. On joue ici sur le vieux mot *ase*, qui signifie *âne*. Ces trois *ases* étoient Luynes et ses deux frères.
4. Pharamond, qui avoit ses campements ordinaires dans les marais de la Zélande, du Brabant, etc., portoit pour cela, disoit-on, trois crapauds sur son écusson. C'est une erreur

A M. le prince de Condé.

Prince, vous avez eu beaucoup moins de ruines,
Endurant doucement vostre captivité [1],
Qu'à faire le magot, estant en liberté,
D'Arnoux [2], de Cadenet, de Brante et de Luynes.

Responce.

Pensez-vous, si j'estois vraiment prince du sang,
Que je voulusse tant m'eslongner de mon rang
Que d'aimer ces caphars et ceux dont le bas aage
Se passa soubs l'habit de vallet et de page [3]?
L'on m'a trop faict savoir que là où la faveur
Se rencontre, il luy faut faire un temple d'honneur.
Ce coyon [4], quy estoit porté de sa maistresse,
Me feit bien eslancer dans une forteresse.

qu'il est inutile de réfuter. Elle eut cours très long-temps et fut cause, selon Favin, que chez les Flamands on donna long-temps aux François le surnom injurieux de crapauds franchots. (Favin, *Histoire de Navarre*, liv. 7, p. 399.)

1. La reine, sur le conseil du maréchal d'Ancre, avoit fait mettre le prince de Condé à la Bastille le 1er septembre 1616.

2. Le père Arnoux étoit confesseur du roi. V. notre tome 3, p. 256.

3. Luynes fut d'abord page de la chambre du roi sous M. de Bellegarde. (Tallemant, historiette du *connetable de Luynes*, édit. in-12, t. 2, p. 39.)

4. Le maréchal d'Ancre, qui passoit pour être l'amant de la reine-mère. Nous donnerons dans les prochains volumes plus d'une pièce où cette injure toute italienne de *coyon*, qui étoit devenue le surnom de Concini, se trouvera surabondamment expliquée. V. plus loin le *Songe*.

Il se vantoit encor de me faire juger,
Non pas prince bastard, mais fils d'un muletier,
Mes mœurs en faisant foy et mon infame vice ;
Et je serois encor près d'un tel precipice
Si je n'allois tout doux faisant le grenouillet
Aux Pères [1], à Luynes, à Brante, à Cadenet.

A la France.

France, je plains bien vostre sort !
Car on cognoist vostre impuissance :
Un coyon vous mit en balance ;
Trois coquins vous mettent à mort.

Quatrain.

Autant il y a difference
A surprendre des oysillons [2]
Et de dresser des bataillons
Diffèrent ces deux pairs de France.

Le Favory.

Une personne s'en estonne :
Le roy m'a voulu faire grand

---

1. Les PP. Arnoux et Seguirand, confesseurs du roi. V. plus haut.

2. « Il (Luynes) aimoit fort les oiseaux et s'y entendoit. Il s'attachoit fort au roi, et commença à lui plaire en dressant des pies-grièches. » (Tallemant, *loc. cit.*)

Pour monstrer que mon père-grand
Portoit sur son chef la couronne [1].

Luy-mesme.

Le duc est un oyseau, moy duc par les oiseaux ;
Le duc est un oiseau servant à la pipée,
Moy duc pipant du roy l'ame preoccupée.
Le duc oyseau de nuict, et moy duc aux flambeaux.
Je suis duc non oyseau ; la fortune est muable :
Fussé-je nay d'un veau, je serois connestable.

1. Le grand-père de Luynes, en sa qualité de chanoine, portoit en effet la *couronne*, c'est-à-dire la tonsure, sur le sommet de la tête. V., sur lui et sur sa concubine, Tallemant, *loc. cit.*

Songe.

1616[1]. In-8.

Porté sur les aisles d'un songe
Dans une ville de Xaintonge[2],
J'ay veu ce que je vay compter :
Je vis un homme de la Chine
Quy, brullé d'encre sur l'eschine[3],
Se faisoit riche à culetter.

Il estoit d'assez belle taille,
De poil tout propre à la bataille
De ce petit demon d'Amour ;
Sa fraize estoit à l'espagnolle,
Et sa moustache en banderolle
Chassoit aux mouches de la cour.

1. Cette pièce est l'une des plus curieuses et des plus rares qui aient été faites contre le maréchal d'Ancre. Nous ne l'avons pas trouvée indiquée à sa date dans le tome 1er du *Catalogue de l'histoire de France.*

2. Je penserois, d'après ce vers, que cette pièce fut faite par quelqu'un de la maison du duc d'Epernon, qui, en cette même année, avoit quitté la cour très mécontent du maréchal et s'étoit retiré dans son gouvernement de Saintonge.

3. Je n'ai pas besoin de faire remarquer l'équivoque qui se trouve dans ce vers.

Ayant près de luy sa Cassandre,
Il se marchoit en Alexandre,
Il aboyoit comme un roquet;
Il chevauchoit sur une mule,
Et, discourant sur une bulle,
Il parloit comme un perroquet.

Il avoit la mine d'un prestre
Et croy qu'il desire de l'estre
Pour avoir le couronnement [1];
Mais, n'estant de trempe assez bonne
Pour bien porter une couronne,
Il en porte une à l'instrument.

Il portoit dessoubs son aisselle
Le bout d'une vieille escarcelle
D'où sortoit un fer de cheval,
Et je cognus à ceste marque
Que ce n'estoit pas un monarque,
Mais seulement un mareschal.

Il parloit de la Normandie [2],
Mais il aymoit la Picardie [3],
Comme un pays tout plein d'honneur,
Et, fuyant le sort de sa vie,
Il mouroit de rage et d'envie
Pour estre dict le gouverneur [4].

1. La tonsure.
2. Il étoit gouverneur de Normandie.
3. Le marquisat d'Ancre, qu'il avoit acheté, s'y trouvoit.
4. Il avoit les gouvernements de Péronne, de Roye, de Montdidier, de la citadelle d'Amiens; mais il eût voulu avoir celui de toute la province.

SONGE.

Il estoit bon naturaliste :
Il avoit une longue liste
Des postures de l'Aretin ;
Il sçavoit toute la caballe,
Et, monté sur une cavalle,
Se panadoit en saint Martin.

Pour lui servir de medecine,
Il mangeoit la chaude racine
Du plus friand satyrion;
Il portoit un livre assez large
Où l'on voyoit escrit en marge
Les coyonnades du Coyon [1].

Sa suitte est de gens d'escritoire
Quy cachent d'une robbe noire
Un venin d'infidelité,
Et quy, comme des chatemites,
Attrapent les grosses marmittes,
Et tout cela par charité.

Vous eussiez veu ceste canaille,
Baillant comme un huistre à l'ecaille
Et portant un petit collet,
Aprendre à ceux de la pratique
Le secret de la rethorique
Pour faire un tour de bon vallet.

Ils babillent comme des pies,
Ils vollent comme des harpies,

---

1. C'est ainsi qu'on appeloit Concini, par le nom qu'il avoit lui-même donné aux Italiens à sa solde, *coglioni di mila franchi*, comme il disoit. (Tallemant, édit. in-12, tom. 3, p. 190.)

Ils sautent comme des genetz [1],
Ils sifflent comme des linottes,
Ils trottent doux comme bigottes
Et parlent comme sansonnetz.

Aussi froidz que saint de caresme,
Les yeux baissez, la face blesme,
Leur souche a tousjours le cul net.
Ce sont des singes de Seville,
Et comme furets de Castille
Ils se glissent au cabinet.

Ainsy suivy de ceste trouppe,
Il portoit la valise en croupe
Et la couardise au devant [2].
C'estoit un second dom Quychotte,
Accompagné de sa marotte
Pour battre les moulins à vent.

Son bouclier estoit fait de carte,
Sa cuirasse d'un cul de tarte,
Son casque d'une peau d'ognon;
Sa lance estoit d'une baguette,
Son gantelet d'une brayette,
Et sa masse d'un champignon.

Il estoit faict en sentinelle;
Ses brassards estoient de canelle,
Son pennache de deux harengs,
Sa visière d'une raquette,

---

1. Petits chevaux très vifs qu'on faisoit venir d'Espagne.
2. Concini n'étoit pas brave. Tallemant le prouve par une anecdote très significative. (*Id.*, p. 191.)

Son hausse-col d'une etiquette,
Et sa devise : Je me rends.

Ce n'estoit que rodomontades,
Mais en effet les coyonnades
Servoient de lustre à son bonheur.
C'estoit un Roland en les rues,
Pour batailler contre les grues
Quand ce venoit au point d'honneur.

Mais je me ris, c'est une fable :
Il n'est bon qu'à mettre à l'estable,
Ou bien à battre les carreaux,
Et, s'il peut servir en bataille,
C'est peut-estre en homme de paille
Pour faire peur aux passereaux.

Et pour ce qu'en bon astrologue,
Vollant au ciel, il n'epilogue
Que l'influance des jumeaux,
Il faut qu'un Jaquemard d'horloge
Luy quitte la place [1] et le loge
Pour faire la guerre aux corbeaux.

Il donne bien dans la quintaine [2],
Il y faict du grand capitaine

---

1. On veut parler ici du petit *clocheteur* ou *crocheteur* de la Samaritaine, sous le nom duquel se publioient libelles et chansons dirigés contre Concini, et que pour cela il avoit fait enlever en 1611. V. *Première continuation du Mercure françois*, in-8, 1611, p. 37.

2. Poteau fiché en terre contre lequel on s'exerçoit à rompre la lance. Souvent il étoit surmonté d'une figure qu'on appeloit *le faquin* : de là l'expression *courre le faquin*.

Et l'embroche le plus souvent ;
Mais, s'escartant de la carrière,
Il fait la ronde par derrière
Pour mieux s'enfoncer au devant.

On ne parle que de ses gestes :
Il est mis aux rangs des celestes.
Sur un autel faict de chardons
Il se panade en effigie,
Un catze servant de bougie,
Et d'encensoir et de pardons.

Mais cependant que je regarde
Ce petit homme de moutarde
Bravant au milieu de la cour,
Je voy un prince plain de gloire [1],
Un petit Cæsar en victoire
Et quy semble un petit Amour.

La Valeur en fait son image,
La Fortune luy rend hommage,
Et Mars lui donne les lauriers ;
C'est le mignon de la Vaillance,
Le subject de la Bienveillance
Et l'estonnement des guerriers.

Esclatant d'un riche equipage,
La Terreur luy servant de page,
L'Effroy le suivoit pas à pas ;
Sans luy la terre estoit en poudre,
Et son bras, comme faict la foudre,
Portoit l'horreur et le trepas.

1. Le prince de Condé, qui fut si hostile à la puissance du maréchal d'Ancre.

Ce monstre à la teste cornue,
Quy bravoit avant la venue
De ce miracle de valeur,
Plus penaut qu'un loup pris au piège,
Et plus leger que n'est un liège,
Évite en courant son malheur.

Il s'enfuit [1], quittant sa pratique,
Comme un veau qu'une mouche pique;
Faisant de l'aveugle et du sourd,
Et craignant le vert de la sauce,
Il conchie son haut de chausse,
Petant comme un roussin quy court.

Envieux, cesse de le mordre :
Ce qu'il en faict, c'est qu'il veut l'ordre
Pour estre au rang des chevaliers :
Car ainsy, pendant la remise,
L'enseigne en est à la chemise,
Et le cordon à ses souliers.

Mais, las ! estant pris à la piste,
Il jure qu'il est arboriste,
Et qu'il ne fouille sans raison,
Et dict, touchant l'architecture,
Qu'il monte assez bien de nature
Pour bien bastir une maison.

Enfin, qu'on luy fasse une grace,

---

1. Concini s'étoit retiré dans son gouvernement de Normandie, « et n'osoit revenir, dit le continuateur de Mézeray, à cause de la haine que les Parisiens lui portoient. » (*Abrégé chronolog. de l'hist. de France*, tom. 1, p. 186.)

SONGE.

Qu'on luy permette qu'il embrasse
Les genoux de ce jeune Mars,
Qu'il se soumette à sa puissance,
Et qu'il luy preste obeissance
Comme à la gloire des Cesars.

Admis aux yeux de cest Achille,
Il promet de quitter la ville
Et de se rendre pellerin,
S'en allant faire une neufvesne,
Afin de guerir sa migrenne,
Au bonhomme sainct Mathurin [1].

Mais, chacun luy faisant la morgue,
On le soufflette comme un orgue;
On espoussette ses habitz,
L'on se met sur sa friperie [2]
Comme un gros valet d'ecurie
Dessus la souppe et le pain bis.

Ce prince, voyant qu'on le frotte,
Qu'on le chatouille à coup de motte,
Et qu'il est dessus demy nu,
Commande à ses gens qu'on le choie,
Et puis aussi tost le renvoie
Plus chargé qu'il n'estoit venu.

Au cry qu'il fist je me reveille,

1. Patron des fous.
2. L'hôtel de Concini, rue de Tournon, aujourd'hui occupé par la garde de Paris, et la maison de son secrétaire, Raphaël Corbinelli, avoient été mis au pillage par le peuple pendant trois jours, du 1er au 3 septembre 1616.

SONGE.

Estonné de ceste merveille
Et tout esperdu de ce bruit ;
Mais, afin de vous faire rire,
Icy je l'ay voulu descrire,
Puisque ce n'est qu'un jeu de nuit.

Le Tableau des ambitieux de la Cour, nouvellement tracé du pinceau de la Verité, par maistre Guillaume, à son retour de l'autre monde [1].

M.DC.XXII.

Les plus sots sont ceux-là qui se ventent sans cesse
De leurs extractions, sans argent ny noblesse ;
Qui presument, boufis de magnanimité,
Faire jambes de bois à la necessité.
Pauvres et glorieux veulent pousser fortune
A contre-fil du ciel, qui leur porte rancune,
Font la morgue au destin, et, chetifs obstinez,

1. Cette pièce n'est autre chose que la satire 1re de l'*Espadon satirique*, par le sieur d'Esternod (Cologne, 1680, in-12, p. 4 et suiv.). C'est une contrefaçon flagrante qui donne pleine raison à ce passage des *Caquets de l'accouchée* (voyez notre édition, p. 115) : « J'ay veu, dit la femme du conseiller, *un Discours du Courtisan à la mode*, imprimé il n'y a pas long-temps, lequel n'estoit autre chose qu'un extraict ou transcrit de l'*Espadon satirique* mot pour mot, ce qui ne se devroit tolerer. » Je croirois volontiers que ce *Discours du Courtisan à la mode*, dont il nous a été impossible de découvrir un exemplaire, reproduit aussi la satire 1re, qui se trouveroit avoir eu ainsi deux contrefaçons pour une. Je ne vois, du moins, au-

Fourrent jusqu'au retraict leurs satyriques nez.
Ils font les Rodomonts, les Rogers, les Bravaches,
Ils arboriseront [1] quatre ou cinq cens pennaches
Au feste sourcilleux d'un chapeau de cocu,
Et n'ont pas dans la poche un demy quart d'escu.
Monsieur, vous plairoit-il me payer? Il replique :
Je n'ay point de monnoye, au courtaud de boutique ;
Puis, pompeux, se braguant [2] avecques majesté,

cune autre pièce parmi celles de l'*Espadon* qui pût s'accommoder aussi bien du titre inventé par le contrefacteur. Le *Tableau des ambitieux*, donné ici, est mis sur le compte de maistre Guillaume, le fou de cour (V. *Caquets de l'accouchée*, p. 263, note) ; c'étoit assez l'usage quand on ne vouloit pas endosser un mauvais écrit ou, comme ici, une mauvaise action. Tout l'office du bouffon étoit de vendre sur le Pont-Neuf la pièce dont on le faisoit responsable (V. *Journal de l'Estoille*, édit. du Panth. litt., t. 2, p. 405). Quelquefois on mit sous son nom des choses excellentes. La XIVe satire de Regnier, par exemple, parut d'abord avec ce titre : *Satire de maître Guillaume contre ceux qui déclamoient contre le gouvernement.* (Recueil A-Z, Q, 207.) Je ne sais si dans ce cas il y eut fraude, mais ici elle est évidente, par le soin même qu'on a pris pour la cacher. Afin de donner à la pièce l'apparence d'une chose nouvelle et tromper au moins le premier coup-d'œil du lecteur, on l'a tronquée au commencement et à la fin. Les quatre premiers vers et les quatre derniers de la satire de d'Esternod ont été enlevés. Voici les premiers :

    De tant de cavaliers qui vont avec des bottes
    A faute de soliers, et non faute de crottes ;
    De tant qui vont de pied à faute de chevaux,
    Cavaliers, postillons, non faute d'animaux.

1. Arborer.
2. Faisant le *braguard*, le beau, le pimpant.

Dira à son valet : Suis-je pas bien botté?
Fraizé comme Medor, n'ay-je pas bonne grace?
C'est mon [1], dict le laquay, mais garde la besace,
De gripper la fortune assez vous essayez ;
Mais tandis les marchands veulent estre payez,
Et n'y a dans Paris tel courtaud de boutique [2]
Qui, vous voyant passer, ne vous face la nique,
Et ne desire bien que tous les courtisans
Fussent aussi taillez comme les paysans,
Qui, taillables des grands, n'ont point d'autres querelles
Que tailles et qu'impots, que guets et que gabelles.
L'on ne fait rien pour rien, et pour l'odeur du gain
Le manœuvre subtil prend l'outil en la main.
Mais vous, guespes de cour, gloutonnes sans pareilles,
Vous mangez le travail et le miel des abeilles,
Et ne ruchez jamais, ny d'esté ny d'hyver.
Quand ils sont attachez à leurs pièces de fer,
Et qu'ils ont au costé (comme un pedant sa verge)
Joyeuse, Durandal, Hauteclaire et Flamberge [3],
Ils presument qu'ils sont tombez de paradis,
Ils pissent les ducats pour les maravedis ;
Les simulacres vains des faux dieux de la Chine

1. Ou *ça mon*, sorte d'interjection familière très employée chez les gens du commun au XVIe et surtout au XVIIe siècle. V. Montaigne, liv. 2, chap. 27 ; Molière, *le Bourgeois gentilhomme*, act. 3, sc. 3 ; et Francion, 1663, in-12, p. 55.

2. C'est une expression qui commençoit à avoir cours, mais à laquelle on donnoit toujours un sens méprisant. Regnier l'emploie ainsi au vers 237 de la satire V.

3. *Joyeuse* étoit l'épée de Charlemagne, d'après les romans de chevalerie ; *Durandal*, celle de Roland ; *Haute-Claire*, celle d'Olivier ; *Flamberge*, celle de Renaud de Montauban.

Ne s'oseroient frotter contre leur etamine,
Et Maugis, le sorcier, prince des Sarrazins,
Ni le fameux Nembroth, n'est pas de leurs cousins.
Bragardans en courtaut de cinq cens richetales [1],
Gringottans leur satin comme ânes leurs cimbales [2],
Piolez, riolez, fraisez, satinisez,
Veloutez, damassez et armoirinisez [3],
Relevant la moustache à coup de mousquetade,
Vont menaçant le ciel d'une prompte escalade,
Et de bouleverser, cracque! dans un moment
Arctos, et Antarctos, et tout le firmament.
   La maison de Cécrops, d'Attée, de Tantale,
Champignons d'une nuict, leur noblesse n'egale;
Ils sont, en ligne oblique, issus de l'arc-en-ciel,
Leur bouche est l'alambic par où coule le miel;
Leurs discours nectarez sont sacro-saincts oracles,
Et, demy-dieux çà bas, ne font que des miracles.
Mais un lion plus tost me sortiroit du cu
Que de leur vaine bourse un miserable escu;
Ils blasphèment plus gros dans une hostellerie
Que le tonnerre affreux de quelque artillerie:
Chardious! morbious! de po cab-de-bious [4]!
Est-ce là appresté honnestement pour nous?
Torchez ceste vaisselle, ostez ce sale linge,
Il ne vaut seulement pour attifer un singe.

   1. Pour *risdale*, monnaie d'argent allemande.
   2. C'est-à-dire leurs sonnettes, *tintinnabula*, comme l'âne de la fable de Phèdre.
   3. *Armoriés.*
   4. Jurons gascons dans le genre de ceux qu'on rencontre souvent chez Regnier. C'étoient les imprécations à la mod

Fi ce pain de Gonès ! apportez du mollet [1],
Grillez cet haut costé. Sus, à boire ! valet ;
Donne moy ce chapon au valet de l'estable,
Car c'est un Durandal, il est plus dur qu'un diable,
C'est quelque crocodil ! tau, tau ! pille, levrier ;
Que ce coc d'inde est flac ! va dire au cuisinier
S'il se dupe de nous, s'il sçait point qui nous sommes,
Et luy dis si l'on traitte ainsi les gentils hommes.
L'hoste, qui ne cognoit qu'enigme au tafetas :
« Gentil homme ! Monsieur ! je ne le sçavois pas.
Et, quand vous seriez tel, c'est assez bonne chère,
Monsieur. Que Dieu pardoin à feu vostre grand-père,
Il estoit bon marchand ; j'achetay du tabit
Du pauvre sire Jean pour me faire un habit.
Il m'invita chez luy à curer la machoire ;
Mais là le cuisinier n'empeschoit sa lardoire,
N'ayant albotté [2] que trois pieds de moutons,
Et falloit au sortir payer demy teston.
L'on n'y regarde plus, soit sot ou gentil homme,
Massette de Regnier, on prend garde à la somme :

1. Le pain *mollet*, vendu chez les boulangers de luxe ou *de petit pain*, étoit alors le seul qui fût recherché des gourmets, au grand dommage des boulangers de Gonesse, qui ne faisoient que le pain de ménage. Ils prétendirent donc que la pâte en étoit malsaine à cause de la levure qu'on y employoit. Il en résulta, en 1668, un procès dont j'ai fait l'histoire sous ce titre : *Molière et le procès du pain mollet*. (*Revue française*, juillet 1855.)

2. C'est-à-dire *grapillé*. Au chapitre V de la *Prognostication pantagrueline*, *albotteur* est pris dans ce sens : « Les *alleboteurs*, dit Le Duchat, sont de pauvres gens qui tracassent les vignes vendangées pour y grapiller. »

Car, selon que l'on frippe on paye le gibier,
Le noble tout autant que le plus roturier.
Quand c'est semblable laine, autant vert comme jaune.
Ainsi bien manioit vostre grand-père l'aune. »
 A vray dire, ces fats sont quelquefois issus
D'un esperon, d'un lard, d'un ventre de merlus,
D'un clistère à bouchon, d'un soulier sans semelle,
D'une chausse à trois plis, d'un cheval, d'une selle,
D'un frippier, d'un grateur de papier mal escrit,
D'un moyne defroqué, d'un juif, d'un ante-christ,
D'un procureur crotté, d'un pescheur d'escrevice,
D'un sergent, d'un bourreau, d'un maroufle, d'un suisse,
Et cependant ils font les beaux, les damerets,
Et ne pourroient fournir pour deux harencs sorets.
Mais lisez vos papiers, vos pancartes, vos tittres,
Et vous vous trouverez tous issus de belistres,
Mille fois plus petits encor que des cirons
Et plus nouveaux venus que jeunes potirons;
Qu'il vous faut humer fraiz comme l'huistre en escaille,
Et que vostre maison n'est pas une anticaille.
Venons sur *memento*, nous sommes tous *cinis*,
Mais d'un *revrrteris* gardez d'estre punis.
Qui faict plus qu'il ne peut au monde de despence,
Il a plus qu'il ne veut au monde d'indulgence.
Pour amortir l'orgueil de mille vanitez,
Considerons jadis quels nous avons estez,
Et, faisant à nature une amende honorable,
Dis, superbe : J'estois vilain au prealable
Que d'estre gentilhomme; et, puis que de vilain,
Je me suis anobly du jour au lendemain,
Du jour au lendemain je peux changer de tittre
Et de petit seigneur devenir grand belistre,

Et en siècle d'airain changer le siècle d'or,
Et devenir soudain *de consule rethor.*
J'ay veu des pins fort hauts eslever leurs perruques
Par sus le front d'Iris, et tout d'un coup caduques,
Arrangez sur la terre, et ne servir qu'au ducil
D'un cadaver puant pour faire son cercueil ;
J'ay veu de Pharaon les pompeux exercites,
Et contre Josué les fiers Amalechites.
Gripper, triper, friper ; et après un combat
Je passe de rechef, *et ecce non erat* [1].
Sur la flotante mer je voyois un navire
Qui menaçoit la terre et les cieux de son ire;
Mais, tout soudain rompant le cordage et le mast,
Je cherche mon navire, et *ecce non erat.*
J'ay veu ce que j'ay veu, une rase campagne
Enceinte devenue ainsi qu'une montaigne,
Qui pour mille geants n'enfanta qu'un seul rat ;
Où est-il ? je regarde, et *ecce non erat.*
Bref que n'ay-je pas veu, que ne contemplé je ores ?
Et avant que mourir que ne verray-je encores ?
Le monde est un theatre où sont representez
Mille diversitez de foux et d'esventez [2].

1. C'est le passage des psaumes si magnifiquement paraphrasé par Racine dans le chœur du 3e acte d'Esther :

> J'ai vu l'impie adoré sur la terre
> . . . .
> Je n'ai fait que passer, il n'étoit déjà plus.

2. C'est une imitation de ce passage d'Horace, *tota vita fabula est*, si bien paraphrasé par J.-B. Rousseau dans son épigramme :

> Ce monde-ci n'est qu'une œuvre comique
> Où chacun fait des rôles differents...

O constante inconstance ! ô legère fortune !
Qui donne à l'un un œuf, et à l'autre une prune [1];
Qui fait d'un charpentier un brave mareschal,
Et qui fait galoper les asnes à cheval ;
Qui fait que les palais deviennent des tavernes,
Qui, sans miracles, fait que vessies sont lanternes;
Qui fait que d'un vieil gant les dames de Paris
Font des gaudemichés, à faute de maris ;
Que le sceptre d'un roy se fait d'un mercier l'aune,
Que le blanc devient noir et que le noir est jaune ;
Qui change quelquefois les bonnets d'arlequins
Aux couronnes des grands [2] et les grands en coquins,
Les marottes en sceptre, en tripes les andouilles,
Les chapperons en houpe, en glaives les quenouilles,
Le rosti en bouilli, une fille en garçon,
Le coutre [3] en bon castor et la buse en faucon !
Je suis, sans y penser, des stoïques escoles;
Je croy ce que disoient ces sçavans Picrocoles [4],
Qui, sans hypothequer cinq cens pieds de mouton
Où l'on n'en void que quatre, arrestez au *fatum*,
Disoient de toute chose : Ainsi plaist à Fortune !

1. Peut-être y a-t-il là une allusion au maréchal d'Ancre, qui, comme époux d'Eléonore Galigaï, se trouvoit être le gendre d'un menuisier florentin.

2. Var. : Aux couronnes des roys et les rois en coquins.

3. Il faut lire *la loutre*. On fait encore dans quelques provinces des casquettes avec la peau de cet animal.

4. Pichrocole est un roi visionnaire inventé par Rabelais (liv. I), et qui n'avoit rien de la philosophie à la Pangloss que d'Esternod prête ici aux savants qu'il baptise de son nom. La Fontaine l'a aussi nommé dans sa fable *la Laitière et le Pot au lait*.

Que si quelqu'un gardoit les brebis à la lune [1],
Pendillant tout ainsi qu'un bordin vermoulu,
Ils repliquoient : Ainsi Fortune l'a voulu.
Si d'autres ils sentoient de qualité fort basse
Elever jusqu'au ciel leur grand bec de becasse,
Ils disoient, en voyant tout Crœsus dissolu :
Que voulez-vous? Ainsi Fortune l'a voulu,
Donnant comme elle veut à chacun sa chacune,
Car tel ne cherche rien qui rencontre Fortune,
Et souvent c'est à ceux qui ne la cherchent pas
Qu'elle fait les doux yeux de ses doubles ducats [2].

   Ha! que si l'alchimie avoit dans sa cabale
Cette pierre trouvé, qu'on dit philosophale,
Les doctes porteroient jusques au ciel leur nez,
Et chimistes, sans plus, se diroient fortunez;
De Fortune icy-bas l'on ne parleroit mie,
Ceux là seuls seroient grands qui sçauroient l'alchimie.
Vous ne verriez alors tant de doctes esprits
Bottez jusqu'au genouil des crottes de Paris,
Mal peignez, deschirez, le soulier en pantoufle,
Les mules aux talons, n'ayant rien que le souffle,
Et, le fouet en la main, pauvres predestinez,
Recouvrer au Landy [3] deux carts d'escus rognez,
Pour se traitter le corps le long d'une semaine,

  1. C'est-à-dire *être pendu*.
  2. Cela fait penser aux beaux yeux de la cassette d'Harpagon.
  3. A l'occasion du Landy, ou foire de l'*Indict*, à Saint-Denis, qui étoit, comme on sait, un temps de fête pour l'Université, les écoliers faisoient des cadeaux à leurs maîtres. C'étoit d'ordinaire « un beau verre de cristal plein de dragées » et un citron dans l'écorce duquel on avoit fiché quelques écus. V. *Francion*, édit. de 1663, p. 160-161.

Domine, sans conter ny l'huile ny la peine,
Les plumes, le papier, l'ancre de son cornet ;
Un sol pour degresser les cornes du bonnet,
Deux sols au savetier qui son cuir rapetasse
Un double au janiteur [1] pour balier la classe,
Sans conter le barbier, qui luy pend au menton
Une barbe de bouc, d'Albert [2] et de Platon ;
Un pair de rudiments, un bon Jan Despautaire,
Et mille autres fatras qui sont dans l'inventaire
D'un pedant affamé comme un asne baudet,
Plus amplement à vous *quæ glosa recludet*.

   Mais aujourd'huy l'on tient à mepris la science,
Et Fortune ne rit sinon à l'ignorance ;
Un homme bien versé, ce n'est rien qu'un pedan ;
Les asnes vont en housse, et tout est à l'encan.
La vertu sur un pied fait sentinelle à l'erte [3] ;
Madame la Faveur tient par tout cour ouverte ;
Et dans les magistrats parents fourrent parents,
Ainsi que l'on entasse en cacque les harens ;
Suyvant comme poussins sous l'aisle de leur mère,
Tout va au grand galop par compère et commère ;
Le vieillard Phocion et le docte Caton
N'y ont pas du credit pour un demy-teston.
Dans ces jeunes conseils la vieillesse ravasse ;
Quelque riche bedon [4], fol et jeune couillasse ;

---

   1. *Portier.* D'Esternod parle ici le langage de l'escolier limosin.

   2. Maître Albert-le-Grand.

   3. Dans cette orthographe primitive du mot *alerte* on trouve son étymologie, qui vient de l'italien *fare all'erta*, être au guet. Montaigne écrit : « Se tenir à l'airte. » (Liv. 1er, chap. 19.)

   4. C'est-à-dire *ventru*. *Bedon* étoit synonyme de *bedaine*.

S'il a, sans droit, sans loix, quantité de ducas,
Se fera preposer à dix mille advocats
Qui auront dans l'esprit la science et l'escole
De Jason, de Cujas, de Balde, et de Bartole[1];
L'univers aujourd'huy est sans foy et sans loy,
La vertu de ce monde est quand l'on a dequoy[2];
Le sçavoir est un fat, l'argent nous authorise.
L'on ne peint la vertu avec la barbe grise :
Son habit est de femme, et jeune est sa beauté ;
Pourquoy les femmes donc n'ont cette dignité,
Plustost que ces friands, ces obereaux de Beausse[3],
Qui de l'homme n'ont rien que le simple haut de chausse?
Que si cela est vray, pensez-vous, courtisans,

1. Les lumières du droit. Corneille fait citer Balde et Jason par Dorante, à la scène 6 de l'acte 1er du *Menteur*.

2. Le *dequoy* étoit déjà le grand mot, la grande chose. « Les courtisans, dit La Boétie, voyent que rien ne rend les hommes sujets à la cruauté du tyran que les biens; qu'il n'y a aucun crime envers luy digne de mort que le *de quoy*. » (*De la servitude volontaire*.)

3. On ne tarissoit pas autrefois en proverbes et en quolibets à propos des gentillâtres Beaucerons. Dans Rabelais (liv. 1er, chap. 17), dans les *Contes d'Eutrapel* (fol. 158), dans les *Contes et joyeux devis* de Desperriers (nouvelle 74), dans les *Curiositez françoises* d'Oudin (p. 249), partout leur misère est tournée en moquerie. Les proverbes qui couroient le plus contre eux étoient ceux-ci : *Gentilhomme de Beauce, il est au lit pendant qu'on raccommode ses chausses*.

En gentilhomme de la Beauce
Garder le lit faute de chausse.

Montfleury donna en 1670, sous ce titre : *Le Gentilhomme de Beauce*, une comédie en cinq actes, en vers, dont on devine le sujet, et qui est d'un assez bas comique.

Sans argent ni faveur parvenir de cent ans?
Pensez-vous, sans argent, noblesse ny doctrine,
Obtenir des estats pour vostre bonne mine?
Que, pour friser, porter belle barbe au menton,
Un banquier vous voulust prester demy-teston?
Vous estes de grands sots si de ces ombres vaines
Vous allez repaissant vos travaux et vos peines.
Pour faire rien de rien, il faudroit estre Dieu;
Mais vous n'avez argent, ny sçavoir, ni bon lieu.
Tu viens accompagné des neuf muses d'Homère,
Mais tu n'apportes rien : rien l'on ne te revère :
Tu n'es qu'un Triboulet, et quand et quand pour lors
Avecques tes neuf sœurs tu sortiras dehors.   [forte ;
Dieu d'amour peut beaucoup, mais monnoye est plus
L'argent est toujours bon, de quelque lieu qu'il sorte.
N'espérez seulement un estat de sergent,
Si, pour vous faire tel, vous n'avez de l'argent ;
Si quartier chez le roy vostre bon heur recouvre,
Sera au Chastelet plutot que dans le Louvre ;
Alors vous ne vivrez, n'ayant pas le dequoy·
De vous entretenir, sinon du pain du roy :
Là vous n'aurez besoin de chevaux ny de guides,
Exempts de guets, d'imposts, de tailles et subsides.
Tous ces esprits falots, boufis comme balons,
Qui veulent estre grands [1] de simples pantalons,
Qui le fient de porc veulent nommer civette,
Et faire un brodequin d'une simple brayette ;
Qui de l'esclat d'un pet veulent peser un cas,
Et d'un maravedis faire mille ducats ;
Tous ces dresseurs d'espoirs, ces foux imaginaires,

1. Var.: *rois.*

Ces courtisans parez comme reliquiaires,
Ces fraisez, ces Medors, ces petits Adonis,
Qui portent les rabats bien froncez, bien unis ;
Ces fils gauderonnez [1], d'un patar [2] la douzaine,
Voyent presque tousjours leur esperance vaine ;
Que celle qu'enfantant se promet un geant
Ne produira sinon du fumier tout puant,
Lequel, pour tout guerdon, donnera la repue
A quelque nez camard qui jà en eternue.
Avecques leurs espoirs les courtisans sont foux ;
Que bienheureux sont ceux lesquels plantent des choux!
Car ils ont l'un des pieds, dit Rabelays, en terre,
Et l'autre en mesme temps ne s'eloigne de guière;
Il n'est que le plancher des vaches et des bœufs ;
J'ayme mieux qu'un harenc une douzaine d'œufs,
Et je m'aymerois mieux passer de molue fraiche
Que d'hazarder mon corps à pratiquer la pesche.
Ostez-moy cet espoir ; car je n'espère rien
Que d'estre un pauvre Job, sans secours et sans bien;
Que fortune tousjours, qui de travers m'aguette,
Ne me voudra jamais baiser à la pincette,
Et je mourray plustost sur un fumier mauvais
Que dans quelque cuisine ou dans quelque palais.
Vous diriez que je suis un baudet et un asne
D'attaquer de brocards la secte courtisane,
Veu mesme que je vais, il y a plus d'un an,
Botté, esperonné, ainsi qu'un courtisan;
Que c'est estre ignorant, avoir l'ame peu caute,

---

1. C'est-à-dire ayant fraise à grands plis, à grands *godrons*.
V. notre t. 1, p. 164, note.
2. Petite monnaie flamande valant un sou.

Que reprendre l'autruy et ne voir pas sa faute :
Car de la sapience et le don et l'arrest,
C'est cognoistre son cœur et sçavoir qui l'on est ;
Il faut avant l'autruy soy mesme se cognoistre,
Et, comme Lamia, nous ne devons pas estre [1]
Des taupes dans chez nous et des linx chez l'autruy [2],
De peur qu'au charlatan, qui ouvre son estuy
Pour panser l'empesché, et luy-mesme a la perte,
L'on ne dise : Monsieur, vous n'estes qu'une beste;
Avant que de donner aux autres guerison,
Monsieur le charlatan, *medica te ipsum.*
Il est vray, par ma foi, j'ai suivy ceste vie,
Mais en après, Messieurs, je n'en ay plus d'envie ;
J'ay franchi ce fossé, et, en sortant du lieu,
Je n'ai pas oublié mesme à leur dire à Dieu.

A Dieu [3].

1. C'est-à-dire qu'il ne faut pas dévorer ses pareils comme la reine de Lybie Lamia, qui, selon Suidas, se nourrissoit de chair humaine.

2. On croiroit que La Fontaine se rappeloit ce vers de d'Esternod quand il a écrit ceux-ci de sa fable *la Besace* :

> ...Mais parmi les plus fous
> Notre espèce excella : car tout ce que nous sommes,
> *Lynx envers nos pareils et taupes envers nous,*
> Nous nous pardonnons tout, et rien aux autres hommes.

3. Cet adieu répété manque dans la satire de d'Esternod. À la place se trouvent ces quatre vers, qui commencent par une allusion à l'*Epistre* de Marot *au roy pour avoir esté desrobé.*

> Comme fit à Marot le valet de Gascongne.
> Mais vous quittez la cour et venez en Bourgogne;
> Sans adieu. Autrement, vos creanciers maris
> Pour estre satisfaicts vous rendroyent à sainct Pris.

Lettre d'écorniflerie et declaration de ceux qui n'en doivent jouyr.
A Paris, par Pierre Menier, portier de la porte Saint-Victor[1]. *Sans date. In-8.*

Lettre generale autentique et perpetuel privilége d'escorniflerie, soit pour l'entrée ou issue[2] *de quelque repas que ce soit.*

Engorgevin[3], par la clemence bacchique roy des Francs Pions[4], duc des Movinateurs[5], comte de Glace, prince des Morfondus, marquis de Frimas, archiduc de Gelée, vicomte de Froidure, damoiseau de Neige, admiral

---

1. Cette pièce est, pour le titre et quelques détails, une imitation de la *Lettre de Corniflerie* de Jean d'Abundance, imprimée d'abord à la suite des *Quinze Signes* (Voy. Brunet, *Manuel du libraire*, à ce mot), puis séparément à Lyon. La *Lettre d'écorniflerie* reproduite ici a déjà trouvé place dans le *Recueil de pièces joyeuses*, etc., mentionné par Debure dans sa *Bibliographie instructive*, t. 2, p. 40, n° 3630. Elle est aussi indiquée, mais à tort, comme venant à la suite d'une pièce du même genre que nous donnons plus loin.

2. *Issue* étoit synonyme de dessert.

3. Dans la *Lettre de Corniflerie* de Jean d'Abundance, c'est Taste-Vin qui se donne aussi pour roi des Pions, duc de Glace, comte de Gelée, etc.

4. Francs buveurs, comme les gaillards *pions* de Rabe-

des Gresles, vicomte de Tremblay, baron de Poylen, capitaine des Paniers Vendangez, grand colonnel des Vents de Bize, viel caporal de Frepaut, seigneur de Frepillon[6], commandeur des Escervelez, grand goulpharin de Grève, prevost de la cour de Miracle et premier messaire de nostre case prochaine ;

A tous nos falotissimes et mirelifiques abbez, amis et confederez, gaudichonnement fanfruchés, continuels millions de saluts[7], vieux, s'ils estoient d'or ils vaudroient mieux, pris sur notre espargne, au four de Vanves.

Sçavoir faisons que pour le bon amour et zèle que tous portent à nos brocgardissimes et croustelevez cousins, tous bons pilliers de tavernes, champgaillardiers[8], fins galliers[9], francs lipeurs, escumeurs de marmites, vendeurs de triacle[10], gueux de

---

lais (liv. 2, chap. 27) et ceux que Villon nous montre ainsi en enfer, dans son *Grand Testament* :

>Pions y feront mate chere,
>Qui boyvent pourpoinct et chemise,
>Puis que boyture y est si chere.

5. Il faut sans doute lire *popinateur* (buveur).

6. Dans les rues *Phelypeaux*, ou *Frepaux*, et Frepillon se vendoient les vieux meubles et les vieilles hardes. V. notre édition des *Caquets de l'accouchée*, p. 255, et notre tome 3, p. 80.

7. Le *salut* étoit une monnoie d'or avec une image de la Vierge recevant la salutation angélique. V. notre tome 2, p. 191.

8. Coureurs des mauvais lieux dont étoit remplie la rue du Champgaillard. V. notre tome 3, p. 44.

9. Coureurs de galas, hommes de joyeuse humeur.

10. Vendeurs de *thériaque*, la grande panacée du moyen

l'hostière [1], friponniers, crieurs de vieux fer, vieux drapeaux; repetasseurs, chicaneurs, vieux laridons, briphe-miches [2], froid-aux-dents, porteurs de rogatons [3], raboblineurs [4], lorpidons [5], garde-clapiers, morte-paye cassez [6], ramonneurs de cheminée, dégresseurs de vieux chapeaux gras, trousse-lardiers, rongneux, morpionnaires, chassieux, grateleux, pediculaires, farcineux, alterez, bauquedenares [7], tatonniers, malotrus, bailleurs de belles vessies, loque-

âge. *Triacleur* se disoit encore alors pour charlatan. V. Régnier, satire 13, v. 230.

1. Gueux de l'hôpital, selon Oudin, au mot *Hostière* de son *Dict. franç.-espagnol*. Pasquier (*Recherches de la France*, liv. 8, ch. 42) et après lui Furetière, dans son *Dictionnaire*, prétendent à tort qu'on les appeloit ainsi parcequ'ils alloient fleuretant les huis des maisons. Rabelais parle des gueux de l'hostière (liv. 1er, ch. 1er, et liv. 5, ch. 11).

2. *Grand mangeur de miches.* Je croirois volontiers que c'est par ces mots, et non par ceux de *brise-miches*, qui n'en sont qu'une altération, qu'on désigna d'abord une rue bien connue de Paris, dans le quartier Saint-Merry.

3. Vendeurs de reliques et d'oraisons (*rogatum*, prière). Rabelais se sert de cette expression, et Henri Estienne veut qu'on appelle ainsi les moines, «pour ce que, dit-il, ils ne vivent que des aumosnes des gens de bien.» (*Apologie pour Hérodote*, t. 1er, p. 536.)

4. Raccommodeurs de souliers et autres rapetasseurs. (Est. Pasquier, *Lettres*, liv. 10, lettre 7.)

5. Lourpidon, vieux sorcier qui joue un rôle dans l'*Amadis*.

6. Par *morte-paye*, pour l'homme de guerre, on entendoit ce que nous appelons aujourd'hui *demi-solde*.

7. Il faut peut-être lire *poquedenares*, gens peu pourvus d'argent.

eurs[1], besaciers, ragoins, baille-luy-belle, bedondiers[2], vielleurs, emoleurs, beffleurs, baille-luy-bon-branle, et generallement à tous nos ordinaires sujets et vassaux, tous bons bigorniers[3], à ceux, pour plusieurs causes et autres à ce nous mouvans, avons donné et octroyé, donnons et octroyons ces presentes lettres authentiques perpetuelles et general privilége d'escorniflerie, duquel leur avons permis et permettons jouyr et user plainement, paisiblement et franchement par tous les lieux et endroits de nos royaumes, pays, terres, seigneuries et dominations sous la souveraineté de nostre tres-fort et invinciblissime monarque Bacchus, et en ce faisant, pourront corner au Corne, se saisir de la Croix blanche[4] pour chasser le Petit Diable[5], assaillir l'une et l'autre Bastille[6], visiter les beuvettes des Magdelaines[7], flatter et escumer la Marmitte, demander

1. Mendiant couvert de loques. On disoit plutôt *loqueteux*.

2. Joueurs de *bedon*, sorte de cornemuse. Dans les comptes d'Isabeau de Bavière, on trouve nommés Pierre de Ryon et Jehan Chevance en cette qualité. V. Le Roux de Lincy, *Femmes célèbres de l'ancienne France*, t. 1er, p. 637, 641.

3. Ceux qui entendent *bigorne*, c'est-à-dire l'argot.

4. Cabaret fréquenté par Chapelle, et qui se trouvoit près du cimetière Saint-Jean, dans la petite rue à laquelle il avoit donné son nom.

5. Le *Petit-Diable* étoit près du Palais. V. *Ode à tous les cabarets*, dans *le Concert des enfants de Bacchus*.

6. L'un des deux cabarets qui s'appeloient *Bastille* se trouvoit encore, en 1788, rue de l'Arbre-Sec, près du cul-de-sac qui en a gardé le nom.

7. Taverne qui se trouvoit sans doute près de l'église de

l'Audience, se ruer sur les Trois Poissons [1], s'asseoir aux Chaizes, mirer au Miroir, grenouiller aux Grenouilles, jouer aux Pommes de Pin, se retirer sur le Bœuf, se deffendre au Pourcelet, heurler après le Loup, ne laissant brusler la Souche, se conduire aux Torches [2] et Lanternes, prendre plaisir au Cigne blanc et rouge, s'accomoder avec le Fer de Cheval, se rafraichir à la Heure [3], parfois à la Corne [4], voguer la Galère [5], entrer en l'Arche de Noé, contempler la Blanque, se mettre à l'ombre de l'Orme, prendre l'Escu d'Argent [6] et plusieurs autres lieux estans en

la Magdelaine en la Cité, non loin, par conséquent, de la Pomme-de-Pin, et dont Saint-Amant a parlé quand il a dit, dans sa pièce des *Cabarets* :

> Paris, qui prend pour son Helène
> Une petite Madelaine.

1. Il existoit à Paris, au XVIe siècle, deux cabarets de ce nom : l'un faubourg Saint-Marceau, dont il est parlé dans les *Contes d'Eutrapel*; l'autre près du Palais, cité par Larivey à la scène 6, acte 2, de la comédie de *la Vefve*.

2. Les *Torches*, mentionnées avec honneur dans l'*Ode à tous les cabarets*, se trouvoient au cimetière Saint-Jean. En 1690, selon *le Livre commode des adresses*, c'est un nommé Martin qui étoit maître de cette taverne.

3. Il y avoit en 1603 un cabaret de *la Hure* rue de la Huchette (*L'Estoille*, édit. Michaut, t. 2, p. 347).

4. Ce cabaret existoit dès le temps d'Erasme dans le quartier des Ecoles. On lit dans l'*Ode à tous les cabarets* :

> Je préfère au meileur collége
> La *Corne* en la place Maubert.

5. Il y avoit à Paris plusieurs tavernes de ce nom. La meilleure étoit rue Saint-Thomas-du-Louvre.

6. Ce cabaret, qui se trouvoit dans le quartier de l'Uni-

nostre obeyssance, et d'une mesme traitte jouer souvent des gobelets, desseicher verres, hanaps, taces, couppes, godets; vuider brocs, barils, flacons, bouteilles, calebasses; alleger quartes, pintes et chopines; n'espargner vin sec, hypocras, rosette[1], bastard[2], Romeny, muscadet[3], blanc, clairet et fauveau; donner cargue à Beaune, Orleans, Ay, Irancy[4], Gascongne, Grèce, Anjou, Seure, Seurène, Saint-

versité, est cité comme l'un des plus fameux dans la mazarinade ayant pour titre : *Discours facecieux et politique, en vers burlesques, sur toutes les affaires du temps*, etc.; Paris, 1649, in-4. C'est le maître de cette taverne qui avoit inventé ces soupes nommées à cause de lui *soupes à l'écu d'argent*, et dont Boileau a donné la recette quand il a dit dans sa 3e satire :

> Que vous semble.... du goût de cette soupe?
> Sentez-vous le citron dont on a mis le jus
> Avec un jaune d'œuf mêlé dans du verjus?

1. Vin de teinture (aligant), selon Cotgrave.
2. Vin de Grèce, célèbre depuis long-temps en France, comme on le voit par un passage de Gringore. Sa vogue se maintint mieux encore en Angleterre; on en trouve la preuve dans les vieux dramatistes anglois. V. aussi le *Henri IV* de Shakspeare.
3. Vin de friandise alors très recherché. Courval-Sonnet en parle ainsi dans une de ses satires :

> Les exquis muscadets, appelés vins de couche,
> Sont toujours reservés pour la friande bouche
> De ces bons financiers qui n'espargnent nul prix.

4. Le vin d'Irancy, petite ville à trois lieues d'Auxerre, étoit célèbre. Larivey en parle à la scène 6 de l'acte 2 de *la Vefve*, et l'Auxerrois Roger de Collerye fait dire à *monsieur de Deça* :

> Or il est temps partir d'icy

llou, Argenteuil, Icy et Panorille ; leur defendant
très expressement la cervoise, la Belle Guillemette
Tourne-Moulin[1], la tezanne, la godalle[2], la bière,
si ce n'est en cas d'urgente alteration, et d'avoir trop
croqué la pie[3] et trop soufflé en l'encensoir, et non
autrement; donnant une allarme à jambons, andouilles, cervelats, eschignées et semblables vieux
aiguillons.

En outre enjoignons à nos dits sujets que, en cas
d'escorniflerie, autant maistres que valets trinquent
(*tanquam sposus*) tant que les larmes leur en vien-
nent aux yeux, à la mode du bon pion Biffaut et
son valet Riffleandouille[4], qui mieux vaut.

Et davantage, leur commandons très expresse-

Pour aller boire à Irency
Et engager robe et pourpoint.
Les œuvres de Roger de Collerye, nouvelle édition, donnée
par M. Ch. d'Héricault, *Biblioth. elzevirienne*, p. 152.)

1. Sans doute une marchande de *coco* de ce temps-là,
portant sur sa fontaine, comme ses confrères d'aujourd'hui,
un petit moulin de fer blanc toujours ailes au vent.

2. De *good ale* (bonne bière), boisson angloise qui avoit
été importée chez nous lors de la conquête, et qui n'y avoit
pas fait fortune. On la renvoyoit volontiers à ceux qui l'a-
voient apportée et aux Flamands. V. Froissard, chap. 59,
et Marot, *Ballade sur l'arrivée de M. d'Alençon en Hainaut*.

3. *Croquer la pie*, boire, sucer le *piot*, être bon *pion*. Selon Leroux (*Dict. comique*), *pie* se disoit pour « ivre, saoul,
imbu de vin. »

4. Ce personnage burlesque figure aussi dans l'étrange
pièce de Sigongne, *le Ballet des Quolibets, dansé au Louvre et
à la maison de ville par Monseigneur frère du roy, le quatrième
janvier* 1627. Seulement Rifflandouille n'y est pas valet; il
est passé capitaine.

ment qu'en quelque part ou lieu que ce soit, là où ils trouveront aucun de quelque estat ou qualité qu'ils soient, qui se voudront mesler d'entremettre et user du dit privilége d'escorniflerie (s'ils n'en ont lettres speciales et generales, telles et semblables que ces presentes), de ne les en laisser jouyr, ains les condamner sur le champ en telle amende qu'ils verront estre à faire par raison.

Et encore par ces dites presentes deffendons generalement à toutes personnes, tant soient mestoudins[1] ou esvetez, de ne troubler ou empescher nullement nos dits subjets et vassaux, ny aucuns d'iceux, en la jouyssance de leur dit present privilége, et, en ce faisant (pour harnois de gueule), ne prendre n'exiger d'eux aucuns deniers, or, argent, ny gage quelconque, nonobstant l'ordonnance d'un commun usage qu'on dict :

A Paris, à bon usage,
Qui n'a argent si laisse gage ;

et ce sur peine d'encourir nostre perpetuelle disgrace.

Si donnons en mandement par ces mesmes presentes à nostre rubicondissime conseiller Magistrum Trigorinus Triory, ou, en son absence, à son lieutenant, le seigneur d'Ortouaillon, qu'il fasse ces presentes publier par tous les endroits de nostre obeyssance, et icelles face observer inviolablement de point en point selon leur forme et teneur, nonobstant l'amy Baudichon[2], ny Gautier ou Mitaine,

1. Garçons fringants et bien mis, *mirolets*, selon Cotgrave.
2. Personnage d'une très ancienne chanson qu'on trouve

à ce contraires : car tel est nostre plaisante et envinée volonté. Donné en poste, à nostre chasteau d'Appetit, pres Longue-Dent, et l'avons fait sceller par nostre gand chancelier de paste d'eschaudez[1], par faute de cire bleue, et signé par maistre Cruche Hebriaque[2], nostre grand secretaire et premier chambelan du Port-au-Foin, baillé l'an entier, au mois qui a si a, le jour si tu n'en a cherches-en, si tu en trouves si en prend, et au-dessous la chasser, par nostre greffier Belle-Dare, autrement dit Maunourry; voulons au surplus foy estre adjoustée au vidimus de ces presentes, comme au foye d'un canard à la dodine[3], pourveu qu'elles soient collationnées à l'original d'icelles. Ce fut fait ès presances de Robinet Trinquet, seigneur de Nifles; Grisard, chastelain de Tremblemont, controleur Gelard des Mouches Blanches; Floquet-Javelle, grand escuyer des Mules aux talons, et autres seigneurs des Morfondus.

---

déjà dans les mystères. L'ami Baudichon étoit si bien devenu un type de joyeuseté que l'on disoit, selon Cotgrave, *faire le mibaudichon*, ou simplement *faire le mib*, pour vivre follement.

1. Ce passage seul suffiroit pour prouver que les *échaudés* ne sont pas une invention du pâtissier Favart, père du poète; mais on savoit déjà que, dès le XIIIe siècle, on les connoissoit. Ils sont désignés dans une charte de cette époque par cette périphrase : *Panes qui dicuntur eschaudati*.

2. Bonne pour l'ivresse, de *ebrius*, ivre.

3. La *dodine* étoit une fameuse sauce à l'oignon, bonne surtout pour les canards. Rabelais (liv. 4, ch. 32) parle déjà de *canars à la dodine*.

*Declaration de ceux qui ne doivent jouyr
du privilége et droict d'escorniflerie.*

Nous n'entendons avecques nous
Recevoir le vin de Lion,
Sçavoir : gens plein d'ire et courroux
De noise et de rebellion,
Jureurs, faiseurs de millions
De blasphèmes très execrables;
Ceux-là, avec Pigmalion,
S'en voisent boire à tous les diables.
   Le vin de Bone, pareillement,
N'est receu en nostre banquet.
Sont vilains qui incessamment
N'ont que d'ordes vaines caquet,
Leur langue souillans au bacquet
D'infections à tous propos.
Arrière de nostre banquet
Bouquins de luxure supposts.
   Vuidez d'icy, melancholiques,
Vieux resveurs farcis de chagrin,
Frenezieux et fantastiques;
Vers nous de credit n'avez grain.
De vous aussi ne voulons brin,
Qui, tenant du vin de pourceau,
Vous yvrés et dormez soudain
Comme porcs après le morceau.

Responce des Lyonnistes, Boucquins et Porcelins.

La terre les eaux va beuvant,
L'arbre la boit par la tremine,
La mer espesse boit le vent
Et le soleil boit la marine;
Le soleil est beu de la lune,
Tout boit à son ordre et compas.
Suivant ceste reigle commune,
Pourquoy donc ne boirons-nous pas?

Ceux qui jouyront dudit privilége d'escorniflerie

Tous ceux qui ont le vin de singe
Joyeux, disant le mot,
Soit d'Oriane ou de Marsinge,
Sont bien venus en nostre escot;
Part auront à nostre piot
Pour leur gaillardise et plaisance,
Et tous ceux de vin de marmot
Ne tendans qu'à resjouyssance.

L'estrange ruse d'un filou habillé en femme, ayant duppé un jeune homme d'assez bon lieu soubs apparence de mariage.

Sans lieu ni date, in-8.

Il est comme impossible d'esviter les ruses des filoux de Paris, puis qu'elles sont precautionnées de tant de douceur et de naifveté qu'il semble n'estre permis à un homme de bon jugement d'en avoir aucune sorte de doute, la malice des dits filoux estant montée en un point qui leur faict entreprendre des choses dont l'invention paroist estre plustost partie d'un cauteleux demon que de l'esprit d'un homme.

Il n'y a pas encores huict jours qu'un jeune homme d'assez bon lieu, faisant profession de lettres, que par raison secrette je nommeray Orcandre, estant en chemin pour s'en retourner en son logis, que l'on dit estre dans la rue Sainct-Jacques, il y auroit rencontré un filou habillé en femme, merveilleusement bien desguisé, qui, après une profonde reverence, luy dit (avec une effronterie inconcevable): Monsieur, je crains que vous n'ayez perdu le souvenir de m'avoir veuë en la compagnie d'une personne qui vous honore fort. A quoy Orcandre, après l'avoir attentivement regardée avec beaucoup d'estonnement, luy respond : Madame, il se peut faire que j'ay eu l'honneur de vous voir en quelque part; mais il y a donc fort long temps, puis qu'il ne m'en est resté aucune sorte de memoire.

Sans mentir, luy repart le filou, je suis extremement marrie de quoy vous ne vous souvenez point d'avoir parlé à moy, et encore plus de me voir si peu consolée du mal et de la peine que je souffre depuis un an ou environ qu'il y a de cette veuë, où je me trouvay si fort touchée de la bonté de vostre humeur que depuis les desirs d'en gouster les fruicts à mon aise ne m'ont pas seulement gehenné l'esprit et l'ame, mais mesme m'ont faict mespriser mille rencontres qui se sont offertes pour me marier avantageusement.

Ces paroles plaines de miel ayant doucement frappé l'oreille d'Orcandre, et quant et quant les organes de sa voix, il en perdit comme la parole, se laissant emporter dans l'espoir d'une fortune où il n'avoit jamais pensé, et qu'il croyoit indubitable.

De quoy le filou s'appercevant, et que son dessein reüssissoit si bien en ses premiers effects, en continuant sa pointe, dit à Orcandre : Et quoy! Monsieur, d'où procède le silence que vous gardez si fort? Est-ce à cause de me voir si hardie à vous descouvrir ma passion? Si cela est ainsi, representez-vous la nature de la parfaicte amour, et vous trouverez qu'elle auctorise en tout point la force de mon courage, qui me faict parler de la façon.

Orcandre ayant un peu repris ses esprits, luy repart

qu'il s'estimeroit heureux si elle ne se mescontoit point et ne le prenoit pour un autre, et lui tesmoigneroit en toute sorte d'occasion qu'il estoit personne à aymer parfaictement une femme qui l'obligeroit à cela par la douceur et par la modestie.

Ceste repartie donnant plainement à cognoistre au filou que Orcandre avoit desjà un pied dans le piége, il ne s'oublia point de poursuivre pour attaindre la fin de son dessein, et à cet effet de se servir particulierement des choses qui pouvoient desgager l'esprit d'Orcandre de toutes les craintes dont il pouvoit estre touché.

Il luy dit donc que ce n'estoit point en plaine ruë où il falloit parler d'affaires, et qu'elle seroit très aise que ce fut en quelque honneste lieu que Orcandre choisiroit chez ses amis, où elle luy feroit entendre plus particulierement ses intentions, et voir que les biens dont elle avoit la libre possession et jouissance estoient plus que suffisans à leur faire gouster les douceurs d'une vie tranquille, et que mesme elle avoit grande raison de rechercher l'appuy d'un homme faict comme luy, pour mieux regir et gouverner les effects de ses negoces.

Ceste proposition parut si douce en l'esprit d'Orcandre, qu'en mesme temps elle y fut si fort empreinte, qu'il sembloit que ce pauvre abusé ne respiroit plus qu'un air de langueur en l'attente du jour qu'on devoit parler plus precisement de cette affaire, et par effect il luy dict :

Madame, puis qu'il vous plaist me faire le bien et l'honneur de me rechercher en une chose que je ne crois point meriter, ce sera donc, si vous l'avez pour agreable, chez ma cousine de Vauguerin, fort honneste femme et bien congnue pour sa vertu, que nous pourrons traicter de toutes les conditions necessaires en une semblable rencontre; là où vous pourrez apprendre que, si la fortune m'a esté avare de biens, du moins ne l'a-elle pas esté de reputation à l'endroit de toute la famille dont je suis issu. A quoy le fillou luy fit responce en ceste sorte :

Vous avez la façon trop aimable, Monsieur, pour estre autre que je ne me suis imaginée, et je prens le ciel à tesmoin si je desire d'autre caution pour m'asseurer de vostre vertu et du merite de la maison de votre naissance. Or, puis que l'heur m'en a voulu de vous avoir disposé au mesme point où je desirois vous voir, je demeure fort volontiers d'accord du lieu que vous avez choisi pour conferer nos volontez avec celles de vos amis et connoissans, et vous prie que ce soit au plustost, car je crains que la longueur ne donne moyen à mes parens de destourner une chose que je desire faire malgré eux, et dont je souhaite pationnement l'arrivée.

Pour esviter d'escrire tant d'autres discours qu'ils eurent ensemble sur ce subject, je diray seulement qu'il fut resolu que le lendemain, à deux heures de relevée, on se trouveroit chez la dite de Vauguerin, cousine d'Orcandre, à quoy il fut satisfaict et de part et d'autre.

Au quel lieu ledit Orcandre avoit assemblé beaucoup de personnes d'honneur, des connoissans, qui estoient extrêmement aises qu'une si bonne occasion luy fut escheuë, s'asseurans qu'il la mesnageroit à son advancement et à la grandeur de sa fortune.

Les compliments de part et d'autre ayant esté parachevez, le filou, qui n'avoit point oublié de se parer pour rendre sa commedie plus accomplie, ne manqua point aussi de joindre à cet apas celuy d'un visage riant, plain de douceur et de bonne grace; et, ayant jugé qu'il estoit temps de commencer sa harangue trompeuse, il dit :

Messieurs, je m'asseure qu'il n'y a pas un de vous qui ne sçache bien le subject de cette assemblée, et que les grands discours ne sont par tousjours ceux qui advancent les choses, celle-cy particulierement n'en desirant point de semblable. Je n'ay donc rien à vous dire, sinon qu'il y a plus d'un an que j'ayme Monsieur que voilà, parlant d'Orcandre; et que je desire luy en donner une forte preuve par le lien que je recherche, n'estant pas maintenant à m'informer de ses biens, et voudrois qu'il eust faict la mesme chose des miens, afin qu'il vous peut faire entendre luy-mesme en quoy ils consistent; et, pour vous les exprimer sommairement, je vous diray que je possède par succession, tant de père que de mère, trois maisons, dont la moindre est louée six cens livres, des heritages à plus de huict cens livres de revenu, et environ huict ou neuf mil livres en marchandise qu'on amène à Paris par batteau; et, s'il y a quelqu'un qui en doute, je seray très aise qu'on diffère de parachever la chose commencée jusques à ce que, par une bonne information, on aye receu dans Melun, lieu de ma naissance et de ma demeure, le tesmoignage des veritez que je vous dis; ne craignant rien, sinon que, nos desseins venans à s'esventer, mes parens n'y apportent de l'empeschement à leur possible, me remettant toutes fois à tout ce qu'on en voudra faire.

Ce pauvre Orcandre et tous ceux qu'il avoit assemblez furent si fort esblouys de la naifveté dont le filou desguisoit si bien sa malice et sa ruse qu'en mesme temps ils dirent tous ensemble qu'il n'estoit pas besoin de s'informer davantage, craignant de perdre pour vouloir trop serrer, et mesme que les parens n'empeschassent un effect qu'ils estimoient estre le plus haut degré où la fortune d'Orcandre pouvoit jamais monster.

Tellement qu'en mesme temps le filou fut supplié à se resoudre de faire quelques largesses de ses biens à Orcandre en faveur du mariage. A quoy ne faisant aucune difficulté : Je luy donne de bon cœur, dit-il, dix mil livres en consideration de l'amour que je luy ay porté et luy porte encore plus que jamais.

Cette donnation de vent et de fumée fit naistre des impatiences nouvelles à Orcandre et à tous ses amis que les choses fussent promptement faictes, en sorte qu'ils demandèrent au filou s'il desiroit passer outre; que, pour eux, ils ne demandoient aucun delay.

Le filou, mesnageant ceste chaleur pour le dernier article de son roolle, leur dict : Messieurs, differons encore quelques jours, afin que, par la vente que je desire de faire d'un batteau de foin que j'attends de jour à autre, je puisse avoir en main de quoy rendre celuy de nos nopces plus solemnel et plus celebre, ne desirant pas qu'il en couste à personne qu'à moy.

Ceste dernière ruse fit un puissant effect pour son dessein : car et Orcandre et tous ceux qu'il avoit assemblez, enivrez de l'esperance d'une chose dont la feinte estoit si accomplie par les desguisemens que le filou y praticquoit, lui dirent : Madame, si peu de chose ne nous doit arrester en si beau chemin ; sçachez que vous ne recherchez pas l'alliance d'un homme qui manque d'amis et de connoissances ; nous nous offrons de luy donner la main en tout ce qui nous sera possible, et, si nos forces ne s'y trouvoient assez grandes, nous ne craindrons pas d'y employer encores celles de nos amis, puis que c'est pour une si bonne œuvre.

Messieurs, il en sera tout ce qu'il vous plaira, luy repart le filou, et, en quelque façon que le tout se paracheve, je le tiendrai tousjours à grand bonheur pour moy.

La partie ayant esté remise au lendemain matin, on ne manqua point de se trouver, sur les huict heures, chez la dite de Vaugrin, où, les dernières resolutions du mariage ayant esté prises, et la donnation de dix mil livres faicte par le filou à Orcandre, en faveur de nopces, renouvellée par plusieurs fois, il fut deliberé de faire les fiançailles, pour ne rien obmettre en un si beau dessein.

Les fiançailles estant faictes, le filou se voit importuné de toutes parts de prendre les presens qu'on luy offroit à la foule, les quels il recevoit avec beaucoup de froideur, faisant semblant d'estre faschée de la despense où l'on se mettoit. Cependant on parle du disner, qu'on avoit faict apprester au logis d'un de ceux qui s'estoient tousjours trouvés aux assemblées, et se mit-on en peine d'avoir un carrosse à prix d'argent pour le reste de la journée, tellement que, l'heure du disner estant venue, on emmena le fiancé et la fiancée en grande magnificence dans le dit carrosse, où estoient aussi tous les connaissans d'Orcandre, ravis du bonheur qui lui estoit arrivé, et tesmoignoient mesme en avoir quelque sorte d'envie.

Pendant le disner, il ne fut parlé que du negoce que l'on pouvoit faire par eau; en quoy le filou tesmoignoit par ses discours avoir une grande experiance, ce qui augmentoit tousjours d'autant plus l'oppinion de ceux qu'il trompoit si couvertement.

L'après diner fust convertie en visites que l'on fit, par la commodité du dit carosse de louage; et, sur l'entrée de la nuict, le fiancé et la fiancée, après avoir pris congé de la compagnie, s'en retournèrent au logis de la dite de Vaugrin, où le filou, desirant clorre son dessein par une dernière feinte, fit semblant de se trouver mal, en attribuant la cause au carrosse, dont il disoit n'avoir point accoustumé les secousses ; et en mesme temps, la bonne femme de Vaugrin prenant dans l'un de ses coffres la meilleure de ses robbes et beaucoup d'autres hardes, elle en couvrit ce plus que hardy filou; ce qui l'ayant mis en bel humeur, il commença de caresser Orcandre, le priant de ne s'ennuyer pas, et l'asseurer que le lendemain, après avoir receu de l'eglise ce qu'ils en devoient esperer en leur mariage, il cueilleroit à son aise les fruicts qu'il s'en estoit promis ; et cependant il entretenoit sa duperie par quelques baisers, dont il ne luy estoit point chiche.

Le lendemain venu, le filou se leva environ une heure avant le jour, et, faisant semblant de craindre de n'estre pas assez matinière[1] pour aller aux espousailles, il esveilla Orcandre et luy dict : Monsieur, avez-vous oublié ce qui fut resolu hier au soir avec messieurs vôs amis et connoissans ? Prenez garde : je m'assure qu'ils seront bien tost icy. Et ayant dit la mesme chose à la dite de Vaugrin, pour rendre sa fuitte moins dangereuse, il demanda si l'on ne pourroit point avoir de la lumière pour s'habiller, afin que ces messieurs venant ils les trouvassent tous prests. Et la dite de Vaugrin luy ayant respondu qu'elle alloit se lever, et qu'en après elle trouveroit bien moyen d'allumer la chandelle, le filou, encores qu'il sceust bien qu'il ne falloit que sortir la porte de la chambre pour aller aux aisemens, luy repart : Vrayment, Madame, vous ne me sçauriez obliger d'avantage qu'en faisant ce que vous dictes : car, estant extremement pressée, comme je suis, d'aller à la scelle, je ne puis guères attendre davantage et n'ose en entreprendre le chemin sans lumière, craignant que les aisemens ne soient fort esloignez de ceste chambre et de me blesser en la montée, où il faict encore bien noir. La bonne femme de Vaugrin, ne se deffiant de rien, luy repart de rechef : Puis que vous estes si pressée, vous n'a-

---

1. Le mot *matinier* se disoit alors pour matinal. On ne dit plus guère *matinière* qu'à propos de l'étoile du matin.

vez qu'à ouvrir la porte, dont elle luy donna en mesme temps la clef, et vous trouverez les aisemens à deux ou trois montées au dessus, sans aucun danger et sans aucune peine.

Cet insigne filou, qui avoit vestu les habits de la dite de Vaugrin sur les siens, et avoit les mains pleines de bagues et autres presens qu'on luy avoit faicts le jour auparavant, qui se montoient à plus de deux à trois cens livres, ayant ouvert la porte, il prit la fuitte, et laissa le pauvre Orcandre et la bonne femme de Vaugrin dans des estonnemens et des desplaisirs incroyables.

Voilà, sans aucun artifice, le recit de ce qui a esté dict et faict de plus remarquable en ceste rencontre.

Le Passe-port des bons Beuveurs, envoyé par leur prince pour conserver ses ordonnances, dedié à ceux quy sont capables d'en jouir. Ensuitte la lettre generalle d'escorniflerie[1] *et l'arrest des Paresseux.*

A Paris.
S. D. In-8.

tous presens, passez et à venir. De la part de monseigneur, monseigneur le recteur, vice-recteur, doctorateur, chancelier, garde des bouteilles, procureur general, controlleur des viandes et autres subjects du corps chancelant de l'université bachique establie pour l'erudition de ceux quy aiment à savourer le nectar, et principallement les enfans de ceste celèbre ville de Paris, soubs la protection de monseigneur, salut et dilection sempiternelle en celuy quy *primus plantavit vineam*.

---

1. Cette suite manque, malgré l'annonce du titre. La *Lettre générale d'écorniflerie* est sans doute la même que nous avons donnée dans ce volume. Quant à l'*Arrest des paresseux*, nous n'avons pu le retrouver.

Comme ainsy soit ceux qui font profession de bien laver leurs tripes du jus quy sort des pipes, comme a fort bien remarqué Bruscambille sur le quatrième chapitre de l'epitre *Ad ebrios, in vino veritas*, la verité est dans le vin, comme le vin dans la bouteille, que nous susdits, desirant satisfaire à ce point assez à la verité, savoir faisons à tous ceux qu'il appartiendra qu'aujourd'huy nostre bien-aimé

et tous nos consorts, après avoir esté interrogé sur plusieurs points, ayant beu en prelude à la santé du roy, *à la Royale, à la Ducale, à la Turcque, à la Grecque, à la Suisse, à la Pistache, à la Romanesque, à la Grimouche, à la Comedienne, en Joueur de paume, à l'Occasion, en Vigneron, en Musicien, en Je ne sçay qui intermedium, à la Sourdine, à la Bobille, en Tirelarigot*[1], *tanquam sponsus, sicut terra sine aqua, en Courtier, en Epilogue*, etc., etc., etc., etc., etc., etc.; après avoir recogneu par amples certificats qu'ils sont tonsurez et qu'ils peuvent d'un poignet asseuré lever le cul d'une bouteille; que leurs escripts sçavans leur serviront de commencement à leur dessert à conter merveilles; qu'ils boivent le vin par les nazeaux comme l'arc-en-ciel fait des eaux; que jamais

---

1. L'expression *boire à tire-larigot* a donné lieu à une foule d'étymologies singulières que nous ne répéterons pas ici. Selon nous, elle équivaut à celle-ci : *boire à tire gosier*, le vieux mot *larigaude* signifiant en effet *gosier*, d'après le *Dictionnaire des termes du vieux françois, ou trésor des recherches et antiquités gauloises et françoises*, par Borel. — Quant aux autres façons de boire indiquées ici, nous ne savons comment les expliquer.

le soleil ne les a veu lever si matin qu'ils n'eussent beu, et qu'au soir jamais la nuict noire, tant fust-il tard, ne les aye veu sans boire, ont acquis honorifiquement les degrez de docteurs en la faculté de l'Université bachique.

Voulons et faisons savoir à tous ceux de nostre dicte caballe que, pour les recompenser de leurs vertus et merites, il leur sera permis de vivre jusqu'à leur mort, en depit de tous ceux quy y voudront mettre empeschement, et leur dite mort ne sera qu'un passage pour aller escorniffler en l'autre monde et *in transmigrationem Babilonis*, c'est-à-dire qu'ils seront logez par etiquette dans un merveilleux chasteau, dont la description s'ensuit[1] :

Premierement, le pont levis dudict chasteau est faict de pain de Gonnesse.

Les fossez sont pleins de bons vins muscat, où l'on voit ordinairement potage gras et espissé à la mode des Suisses, gigots de moutons, jambons tous en vie quy se jouent dedans en guise de brochets et de carpes.

Les murailles sont faictes de grosses pièces de bœuf salé entassées les unes sur les autres en façon de pierres de taille.

1. Cette description est une imitation de celle du pays de Coquaigne, telle qu'elle se trouve fort au long dans l'un des fabliaux publiés par Méon (t. 4) : c'est *li Fabliaus de Coquaigne*. Rabelais s'en étoit inspiré auparavant pour le curieux tableau qu'il a fait de l'*Ile de Papimanie* (voy. éd. de l'Aulnaye, in-12, t. 2, p. 121), et enfin Fénelon devoit un peu plus tard concevoir dans le même esprit, et sans doute d'après la même inspiration, sa fable de *l'Ile des Plaisirs*.

Les moulures frisées, corniches et architectures sont composez de cervelas, andouilles, boudins et saucisses.

La tapisserie qui est dedans ne sont que perdrix rosties, oisons farcis, pastez chauds, levraux à la sauce douce, poulets fricassez, salades, grillades, capilotades et carbonades.

La fontaine du lieu est tousjours pleine de hachis et de salmigondis.

Les portes sont composez de belles, bonnes et friandes tartes attachez avec des gonds de macarons et biscuis.

La court est pavée de toute part de dragées, poix musquez, noix confites, muscadins et mirobolans.

La couverture est faite d'ecorce de citron, arrangée comme fines ardoises.

L'arsenac dudict chasteau est remply d'un grand attiral de poilles, de poillons, bassins, chaudrons, lechefrites, pots, pintes, chopines, cruches, assiettes, escuelles, plats, cuillers, fourchettes, grils, cousteaux, chesnets, chandeliers, lampes, broches, marmites, bancs, tables, tabourets, landiers, chaudières, seaux, nappes, serviettes, tisons, fagots, busches, bourrées, entonnoirs, verres, tasses, gondoles et autres menus fatras.

Certifions toutes lesdites choses certaines et veritables; mandons à tous ceux quy ne le voudront croire d'y aller voir : car tel est nostre plaisir.

Enjoignons à tous nos ordres fessiers, je veux dire officiers, de ne jouir de ladicte escorniflerie sans au prealable avoir pris de nos lettres, et deffendons à tous nos subjects de l'un et l'autre sexe, de quelque qualité et condition qu'ils soient, de troubler ces presentes.

Donné en nostre chasteau de Breses, à onze heures du matin, jour de septembre trente-deuxième, quatre mille quatorze cens quatorze vingts quatorze ans, quatorze mois, quatorze septmaines, quatorze jours, quatorze heures, quatorze minutes et quatorze momens après la creation du monde.

Signé :

BOY-SANS-SOIF,
et HARPINEAU[1], *Secretaire.*

---

1. Ce Harpineau, ou plutôt Herpinot, étoit un farceur qui jouoit ses farces aux halles. Nous publierons dans nos volumes suivants quelques pièces parues sous son nom. M. Leber a parlé de lui dans son livre sur Tabarin : *Plaisantes Recherches d'un homme grave sur un farceur.*

*Factum du procez d'entre messire Jean
et dame Renée.*

Quicquid tentabat dicere versus erat.

S. D. In-8.

De Mesme[1], à toy-mesme semblable
Pour la justice inviolable,
Et vous, les anges du conseil
De vostre Mesme non pareil,
Il vous faut la verité dire.
  Il est vray que nostre messire,
Clerc alors, alors escolier,
Laïque alors et seculier,
Je ne sçay pas en quelle année,
Des mains de madame Renée
A reçeu la somme de tant,
Mais sans luy demander pourtant.
  Comme il se plaignoit à sa tante,
Sa compagne, outre son attente,
Avec des escus intervint,
Dont il en prit environ vingt.
Eust-il refusé leur bel offre?

___

1. Claude de Mesme, comte d'Avaux, alors conseiller au grand conseil.

Elles en ont d'autres au coffre!...
Les plus reformez sont vaincus
Par le blond lustre des escus [1].
Vrai est que par obeissance
Il leur en fit recognoissance,
Et vray qu'en l'obligation
Il a mis la condition
De ne payer qu'au prealable
Il n'eust moyen. Au cas semblable,
Il est très veritable encor
Que la dame, en livrant cest or,
L'asseura que de la cedule
Ne s'ensuivroit poursuite nulle,
Et qu'elle en soit prise à serment :
Il ne ment, pour luy, nullement.
Et toutesfois dame Renée,
Contre la parole donnée,
A tout propos, mal à propos,
Ne le laisse point en repos.
A peine est-il seur en l'eglise,
Où les criminels ont franchise [2].
Elle en veut, il n'a pas de quoy.
Necessité n'a point de loy.
Messire Jean est pauvre prestre.
Riche de rien l'on ne peut estre.
Il n'a rente ny revenu,
Gros benefice ny menu ;
Il n'a pas mesme une chapelle :

1. Les écus d'or, valant trois livres.
2. La plupart des églises de Paris étoient lieux d'asile. L'enclos du Temple, le Louvre, avoient aussi ce privilége.

Au blanc il est [1], blanc on l'appelle [2] :
De tout il est destitué :
Il n'est pas mesme habitué [3].

Bien est vray que dame Simonne [4]
A cure pour qui la sermonne ;
Mais ce n'est pour luy ses morceaux,
C'est aux Angevins et Manceaux :
Sur Monstreuil Bellay son attente
Encore incertaine est flotante ;
Sur la Flocelière il ne peut,
Le marquis toutesfois le veut.
Dès qu'il aura le benefice,
Le moindre annuel ou service,
Il luy promet de s'acquitter.
Soy-mesme il veut s'executer.
Si la fortune n'en envoye,

---

1. « On dit d'un homme : Il est réduit au *bâton blanc*, ou absolument réduit au blanc, quand il est devenu extrêmement pauvre et misérable... » (Leroux, *Dict. comique.*)

2. C'étoit le surnom, et non pas sans doute le nom, du pauvre prêtre messire Jean. On lui avoit donné ce sobriquet pour faire de lui l'homonyme de Jean le Blanc. La plaisanterie étoit assez sacrilége, appliquée à un prêtre : car on sait que, dans les pasquils irreligieux, c'est l'hostie qu'on personnifioit sous le nom de Jean Le Blanc. V. *Légende véritable de Jean le Blanc*, 1677, in-12, pièce comprise dans le cabinet jésuitique.

3. On appeloit *habitué* un prêtre qui s'attachoit volontairement au service d'une paroisse et qui y alloit dire la messe.

4. Par dame Simonne Messire Jean n'entend-il pas parler de l'Eglise, de qui l'on n'obtenoit des bénéfices que moyennant finances, ce qui constituoit le crime de *simonie* ?

Il ne sçait point un autre voye.
Ses escoliers sont enlevez
Par les jesuites arrivez.
Il n'a plus ny landis[1], ny toiles,
Ny chandelles : il lit aux estoiles.
Un petit clerc des Bernardins,
Attentif après ses jardins,
Perd la memoire de l'année ;
Un autre à demy l'a donnée.
Celuy qui payoit pour Renaut
En Champagne a gaigné le haut ;
L'un est allé moisne se rendre,
L'autre ne veut plus rien apprendre ;
La maille il n'a pas de Maillé,
D'en avoir il n'est pas taillé.
Il n'est plus de galand au monde ;
Un autre plus ne le seconde ;
Il n'est plus d'abbé de Tyron[2]
Qui le retienne en son giron.
Un seul moyen luy reste à vivre :
Au libraire il revoit un livre
Et violente son humeur
Pour corriger un imprimeur,
Et c'est où la demanderesse
Pour avoir de l'argent s'adresse.
 Quel besoin qu'il vint un huyssier

1. V., sur ce cadeau qu'à certain jour les élèves faisoient aux maîtres, la note d'une des pièces précédentes, p. 41.
2. Philippe Desportes, qui, enrichi par la muse, avoit sans doute pris en pitié et protégeoit le pauvre prêtre poète. Il étoit mort en 1606, c'est-à-dire quelques années avant l'époque où cette pièce dut être écrite.

Encor, appellé Menecier,
Luy signifier la requeste?
Il a bien autre affaire en teste :
Il soigne à la correction
De l'espineuse impression ;
Il veille après le Sainct-Gregoire [1] ;
Il perd le manger et le boire ;
L'Aristophane qu'il traduit
Interrompt son repos la nuict :
Liber encor est à la porte,
Qui de ses feuillages apporte.
Les escoliers chomment après,
Et les imprimeurs sont tous prests
De faire de nouveaux dimanches,
Donnant au Blanc des formes blanches.
 Colas le Duc, à Laon, d'ailleurs,
Emporte ses habits meilleurs,
Et son argent ; il le fait courre
Pour essayer à le recourre ;
Il faut qu'à son autre garçon
Il face rendre sa leçon ;
Le Clerc le presse de sa rime ;
Il n'a pas encore dit Prime,
Il n'a pas dit son chapelet,
Comment aller au Chastelet?
 Sans paroistre à l'heure assignée,
Il consent que dame Renée
Se paye sur Pierre le Lon [2].

1. Il s'agit ici, sans doute, de l'édition des Lettres et autres ouvrages de saint Grégoire de Nysse, que le P. Fronton du Duc donna à Paris en 1615, 2 vol. in-fol.

2. Imprimeur parisien, l'un de ceux dont messire Jean

Or il est à la paye long.
Plus, il luy cede une autre somme
Que luy doit Freval[1], pareil homme,
Et les mois de son escolier;
Il l'avoit jà dit à Choulier,
Qui n'a laissé de le poursuivre;
Mais sans plaider il ne peut vivre.

 Quand au payement de tous frais,
Despens, dommages, interests,
De leurs nullitez il proteste,
Puisqu'il a rendu manifeste
A Choulier, et puis au sergent,
Qu'il cedoit l'arrest de l'argent.

 Quant à l'usuraire demande,
Elle en devroit payer l'amende.
Au quatorzième chant royal,
Tout usurier est desloyal,
L'on doit fuir sa compagnie :
Un saint canon l'excommunie.

 Vous avez au bon droit esgard.
Cependant, Messieurs, Dieu vous gard !
Vous mesme à nul autre semblable
Pour la justice inviolable,
Et vous, les anges du conseil,
De vostre Mesme nompareil.

 Perdere scit, donare nescit.

---

devoit corriger les épreuves, ainsi qu'il vient de le dire. C'est en effet vers cette époque, en 1618, qu'il imprimoit. V. La Caille, p. 228.

1. Jean de Fréval, imprimeur du même temps. V. La Caille, p. 234.

Le Purgatoire des Hommes mariez, avec les peines et les tourmentz qu'ils endurent incessamment au subject de la malice et mechanceté des femmes, quy le plus souvent leur sont données pour penitence en ce monde. Traicté non encore imprimé jusqu'à present, et addressé à ceux et celles quy ne se comportent en leur mesnage selon les loix de la raison.

A Paris, jouxte la coppie imprimée à Lyon, par François Paget, imprimeur.

M.DC.XIX.
In-8°.

Les anciens payens, bien qu'ilz ne recognoissent le mariage pour un grand mistère, comme nous, estoient neantmoing en ce subject plus religieux que nous: car ils estimoient que les mariz estoient les maistres du corps et de la substance des femmes, pour en disposer à leurs plaisirs.

Et maintenant l'on voit ordinairement que quelques hommes pensent prendre des femmes pour en tirer de la compagnie, de l'amitié, de la consolation en leurs adversitez, et neantmoing, quand ils mènent leurs femmes en leurs maisons, ils mettent le plus souvent un enfer pour les tourmenter incessamment et pour combler leur vie de toutes les misères et tribulations, et ce quy est la cause du raccourcissement de leurs jours.

Car souventefois il se trouve des femmes quy font honte à des furies infernales, nées en ce monde pour tourmenter leurs maris; et encore en ces ames molles d'hommes, quy, trop uxorieux [1] et attendriz de ce sexe, trouvent estrange que des maris usent quelques fois de main mise, les quelles à tout le moins doivent recognoistre que les maris ont autant de puissance sur les femmes que l'esprit sur le corps en servitude, pour ne perdre la dignité que Dieu luy a donnée, ce qui occasionne les maris de chastier les femmes quand, au lieu de fidelles compagnes, elles veulent estre la gêne, la torture et la croix des maris; que les femmes ostent le ver quy leur ronge les esprits [2], incessamment plus pernicieux pour elles que ne sont des lions ou serpens, estant les feux quy leur rongent et devorent journellement les veines.

1. C'est-à-dire trop amoureux de leur femme. C'est le mot latin *uxorius*, employé par Horace, liv. 1er, ode 2, v. 18; par Virgile, *Enéide*, liv. 4, v. 266, etc. Il se prenoit, comme ici, presque toujours en mauvaise part, en façon de blâme contre les maris trop foibles.

2. On croyoit que certaines maladies cérébrales venoient d'un ver logé dans la tête. C'est ce qu'on appeloit l'*avertin* (voy. Des Perriers, *Contes et joyeux devis*, nouv. 105 et 125),

Les femmes doivent estre tellement conjointes et obtemperées à la volonté des maris que, quant bien ils les battroient, les affligeant de paroles fastidieuses et grossières, elles sont toutefois tenues de fleschir à leurs maris. Sont-ils subjets au vin? La nature les a conjoinct ensemble. Sont-ils severes, cruels, fascheux et implacables? Ce sont neantmoings leurs membres, voire leur chef, le plus excellent de leurs membres, comme disoit elegamment sainct Basile (*Homel. 7, Exameron*).

Les esclaves pouvoient entierement changer de maistre, mesme auparavant le decès des leurs; mais, quant à la femme, elle est serve pendant que son mary est en vie, et liée à la loy et volonté de son mary, ce dit sainct Chrysostome (*Inferm., de lib. repud.*), et les humeurs fascheuses des maris ne peuvent excuser les femmes de se separer d'avec eux. Nous voyons qu'en nostre corps nous avons plusieurs vices et imperfections : l'un est boiteux, l'autre est tortu, l'autre a la main sèche, et ainsy des autres defaux, et neantmoing il ne se treuve personne si imparfait qui prenne en haine sa propre chair; mais un chacun la nourrit et l'entretient. Il ne se plaint point, il ne coupe point la partie vitieuse, mais la prefère le plus souvent à celle quy est la meilleure : car elle est à luy. Aussy ne faut-il pas que les fem-

---

et ce qu'on nomme encore aujourd'hui dans les campagnes le *ver coquin*. On attribuoit la même cause et l'on donnoit le même nom à la maladie des bêtes à laine que l'on appelle à présent le *tournis*. V. Olivier de Serres, *Théâtre d'agriculture*, in-4, t. 2, p. 768, 838.

mes, quy sont mesme chair avec leurs maris, et quy sont faictes leurs membres par le mariage, se separent d'avec eux pour quelques causes et imperfections que ce puisse estre ; tant s'en faut qu'elles les puissent trainer en justice comme une personne estrangère.

Premierement, la loy de Dieu, qui veut que les femmes laissent pères et mères pour suivre leurs maris (*Genes.*, chap. 1), et donne puissance au mary des vœux de sa femme (*Numer.*, chap. 30), qui luy est subject comme les membres sont à leur chef (*Ester.*, cap. 1, 1 ; *Corint.*, 2 et 1 ; *Petr.*, 3 chap.); c'est pourquoy que la langue saincte, qui a nommé toute chose selon la vraye nature et proprieté, appelle le mary Basal, c'est le seigneur et maistre, pour monstrer que c'est aux maris à commander, et de chastier les femmes quand elles leur desplaisent et sont desobeissantes à leurs commandements.

Mais, pour abreger les descriptions des femmes, usant des termes de ce que dit un certain poëte, sans toutesfois y mettre au nombre d'ycelles celles quy ont la prudence et la sagesse en recommandation, comme estant chose très contraire,

Le premier père Adam, prestre, par l'Eternel,
Dès sa creation fut rendu immortel.
Tout le temps qu'il fut seul, sa vie fut heureuse ;
Mais lorsque de sa chair la femme s'anima,
Elle ravit son cœur, et luy si fort l'aima
Qu'il mourust pour l'amour de sa faim malheureuse.

Ouy, femme, ô que ton cœur est faux et enragé !
Les plus sainctz et devotz tu as trop outragé ;

Tu as remply les cœurs de rage et de furie.
Ce grand poète, grand roy, ce grand prophète sainct,
De la crainte de Dieu ne fut jamais atteinct
Quand il perdit pour toy son capitaine Urie.

L'on ne voit animaux soubz la voute des cieux
Plus cruels et felons et tant pernicieux
Qu'est ce genre maudit, o très maudites femmes!
Les dieux, nous punissant, vous logèrent çà bas
Pour cizailler nos cœurs d'un eternel trepas.
Des damnez malheureux plus saintes sont les ames.

Ny du foudre eclatant l'epouvantable bruit,
Ny les affreux demons quy volent jour et nuit,
Ny les crins herissez de l'horrible Cerbère,
Ny du Cocyte creux la rage et le tourment,
Ny du Père eternel le sainct commandement,
Ne sçauroit empescher la femme de mal faire.

Memoire touchant la seigneurie du Pré-aux-Clercs, appartenante à l'Université de Paris, pour servir d'instruction à ceux qui doivent entrer dans les charges de l'Université.

A Paris, chez la veuve de Claude Thiboust et Pierre Esclassan, libraire-juré et imprimeur ordinaire de l'Université, place de Cambray, vis-à-vis le collége Royal.

M. DC. XCIV.

In-4.

Anno Domini 1694, die quarta mensis septembris, habita sunt comitia ordinaria delegatorum Universitatis apud amplissimum D. Rectorem M. Edmundum Pourchot, in collegio Mazarinæo, in quibus inter cætera dixit ampliss. D. Rector sibi semper summopere cordi et curæ fuisse ne amplius Aca-

---

1. Ce *Mémoire*, fort rare et fort curieux, est, comme on le verra, l'œuvre d'Edme Pourchot, professeur de philosophie au Collége des Grassins, et à plusieurs reprises recteur de l'Université de Paris. Il mourut âgé de 83 ans, le 22 juin 1734, après avoir mérité de tout point ce que dit de lui dans son *Dictionnaire historique* l'abbé Ladvocat, qui l'avoit beaucoup connu : « Il fut sept fois recteur de l'Université et travailla avec zèle *à la défense de ses droits* et au maintien de sa discipline. » Le long travail qui suit, touchant une propriété d'autant plus chère et plus précieuse

demiæ bona in incerto essent, sed tuto loco collocarentur eaque deinceps citra fraudem administrarentur; ideoque diplomate regio, ad Prætorem urbanum, jurium Academiæ facultatem conficiendi librum censualem, quo quincunque in dominio academico seu *Prato Clericorum*, ut vocant, prædia possident, nomen suum profiterentur, unde acquisivissent, quidve annui census aut reditus deberent singuli declararent; rem jam ad exitum esse perductam, paratamque brevem eorum omnium prædiorum simul et possessorum descriptionem, ex qua, si modo, et olim jam placuit, publici juris fieret, documentum commode capiant viri Academici; proinde sibi videri e re esse Academiæ eum typis mandari.

Re in deliberationem missa, audito prius M. Gilberto HEBERT, pro procuratore generali Universitatis, qui una cum M. Medardo COLLETET, Academico quæstore, in eam quoque rem incubuerat, omnes sententiam dixerunt hoc ordine.

M. Petrus GUISCHARD, sacræ Facultatis Theologiæ decanus, dixit summo se affici gaudio quod tandem absolutum esset illud opus jam diu a se expectatum, de quo sæpius ad sacrum ordinem retulisset, nec quicquam morari se quin statim in lucem prodeat.

M. Vincentius COLLESSON, consultissimæ utriusque Juris

à l'Université qu'elle lui fut contestée davantage, est une preuve qu'Edme Pourchot ne négligea rien pour être digne du premier de ces éloges. Il trouva les principaux éléments de son *Mémoire* dans celui, plus important et plus rare encore, qu'Egasse du Boulay avoit publié neuf ans auparavant sous ce titre : *Fondation de l'Université de Paris par l'empereur Charlemagne, de la propriété et seigneurie du Pré aux Clercs*, 1675, in-4. C'est à l'extrême obligeance de M. Le Roux de Lincy que nous devons de connoître ce remarquable volume, dont nous avons vu dans son cabinet le seul exemplaire connu. Il a bien voulu nous permettre, dis-je, de prendre toutes les notes qui pouvoient compléter ou éclaircir différents passages de la pièce reproduite ici.

Facultatis decanus, idem censuit, addiditque certissimam esse hanc viam occurrendi fraudibus hactenus in administratione patrimonii Academici fieri solitis; atque universam Academiam amplissimas teneri agere gratias iis omnibus qui in id opus, ex quo tantum emolumenti sperare liceat, aliquid contulerint; maxime ampliss. D. Rectori, auctori et suasori hujus consilii, quo res Academiæ restituit.

M. Claudius Berger, saluberrimæ Facultatis Medicinæ decanus, idem comprobavit, eoque libentius, quod, ubi, primum jam ab octodecim mensibus sermonem ea de re fecisset ampliss. D. Rector, palam testatus fuerit nihil posse fieri utilius ut prospiceretur rebus Academiæ.

M. Joannes-Baptista Freteau, honorandæ Gallorum nationis procurator, gratias quoque habuit ampliss. D. Rectori de suo in rem Academicam studio, ejus consilium approbavit, et opus, cui etiam ipse allaboraverat, protinus in lucem edendum, quasi Academiæ utilissimum futurum, censuit.

M. Guillelmus Jourdain, fidelissimæ Picardorum nationis procurator, in eamdem sententiam abiit.

Idem olim censuerant M. Joannes Desauthieux, et M. Cornelus Nary : ille venerandæ Normanorum, hic constantissimæ Germanorum nationis procurator; quod etiam ab eorum successoribus fuit confirmatum, atque ita ab ampliss. D. Rectore conclusum.

Memoire instructif touchant la seigneurie du Pré-aux-Clercs, appartenante à l'Université de Paris.

La seigneurie que l'Université de Paris possède au fauxbourg Saint-Germain s'appelle communement le Pré-aux-Clercs, parce qu'anciennement ce n'estoit qu'un grand pré qui estoit destiné pour la promenade des ecoliers. Ce pré estoit divisé en deux parties par un fossé ou cours d'eau de treize à quatorze toises de large, qui commençoit à la rivière de Seine, et, traversant sur le terrain des Petits-Augustins, à peu près à l'endroit où est aujourd'huy l'eglise, alloit se rendre dans les fossez de l'abbaye, proche la poterne qui y estoit alors; c'est-à-dire que ce cours d'eau repondoit à peu près au coin de la rue de Saint-Benoist, à l'extremité du jardin de l'abbaye ; on le nommoit la petite Seine[1]. La partie du Pré la

---

1. Du Boulay, dans son grand travail cité plus haut (*Fondation de l'Université*, etc., p. 130, 139, etc.), explique ainsi les raisons qui, selon lui, obligèrent les moines à établir par cette tranchée une communication entre la Seine et les fossés de leur abbaye : « Ce fut, dit-il, sous la date de 1368, par une necessité d'estat qui obligea les moines de faire de grands fossez tout autour de leur enclos, avec une espèce de citadelle pour y soutenir le siége en cas d'attaque par les ennemis, qui estoient lors en grand nombre repandus par toute la France, et specialement contre les Anglois, qui vouloient se remparer de la Normandie...

plus proche de la ville, comme plus petite, fut nommée le petit Pré, et celle qui s'estendoit vers la campagne, comme plus grande, s'appella le grand Pré-aux-Clercs.

Pour faire venir l'eau de la rivière dans les fossez, on fut obligé de tirer une tranchée au travers du pré jusques à la rivière ; et la partie d'entre ladite tranchée et l'hostel de Nesle fut dès lors appelée le *Petit-Pré*, et l'autre au dessus, vers Chaillot, le *Grand-Pré*. » Ce passage est fort curieux ; mais, comme nous le prouverons, du Boulay auroit dû dire que le fossé de la petite Seine ne fut pas creusé, mais seulement élargi, en 1368. D'après l'*Advertissement de M. Oronce Finé*, etc., que du Boulay reproduit plus loin, p. 246, voici quelle étoit la situation de cette tranchée, dite la petite Seine : « Commençoit lors à l'endroit de deux piliers et colonnes de l'encoignure d'icelle abbaye (*Saint-Germain-des-Prés*)... et suivoit à droite ligne le fossé d'icelle abbaye qui est devant la porte murée jusques à la rivière de Seine... l'embouchure duquel fossé estoit sur la rivière de Seine, entre la fosse Saint-Bon et le Chemin-Vieux. Laquelle fosse Saint-Bon estoit sur le dos de l'embouchure du dit fossé du costé du petit Pré, où il n'y avoit qu'un petit sentier au long dudit fossé finissant à l'endroit de ladite fosse Saint-Bon. » Pour rendre cette description comprehensible pour ceux qui ne connoissent que le nouveau Paris, nous ajouterons que l'ancienne rue des *Petits-Augustins* représentait à peu près, comme direction et comme longueur, le cours de la petite Seine. Ce fossé seulement étoit un peu plus vers la droite en montant à l'abbaye, de sorte que la rue actuelle, en lui supposant un peu plus de largeur, pourroit représenter à la fois et la petite Seine, qu'on appeloit le Chemin-Creux quand elle étoit à sec, et le Haut-Chemin, qui la longeoit. La prise d'eau de cette sorte de chenal se trouvoit donc un peu au dessous du pont des

L'Université tient incontestablement ce patrimoine de la liberalité de nos rois. L'opinion la plus commune est que l'empereur Charlemagne le demembra de la couronne sur la fin du huitième siècle, pour le donner à l'Université, qu'il avoit etablie. Mais, quand mesme elle ne le tiendroit que de quelqu'un de ses plus proches successeurs, elle peut toujours se vanter avec asseurance qu'elle n'a point eu d'autres fondateurs que nos rois, temoin le nom illustre de leur *fille aînée*, dont ils ont bien voulu l'honorer.

Elle possède donc ce domaine en pleine propriété et seigneurie, sans aucune servitude, et comme une

---

Arts et du pavillon ouest du palais de l'Institut, tandis que son embouchure dans les fossés de l'abbaye avoit lieu au point d'intersection de la rue *Jacob* et de la rue *Bonaparte*. Le prolongement de celle-ci jusque vers la rue *Taranne* tient, en effet, la place de celui des fossés de l'abbaye qui sembloit être la continuation en droite ligne de la petite Seine. M. Berty a rendu cette disposition topographique fort claire par le plan annexé à son *Etude... sur les deux Prés aux Clercs et la petite Seine* (*Revue archéologique*, 15 octobre 1855). M. Berty n'a connu ni le *Mémoire* que nous publions ni le travail de du Boulay; mais, guidé par des documents manuscrits, il arrive à peu près aux mêmes conclusions. Il varie seulement d'opinion avec du Boulay pour la date où dut être établie cette *noue*, comme la petite Seine est appelée dans les vieux titres. Il croit avec raison la trouver indiquée déjà dans une charte de 1292. Selon lui, on se seroit contenté, en 1368, de remanier ce fossé et de l'élargir, et ce nouveau travail auroit suffi pour faire désigner, dans un acte de cette même année 1368, la petite Seine par le nom de *Fossé-Neuf*. Ce qu'on lira plus loin donne en partie raison à M. Berty contre du Boulay.

terre de franc-aleu, et tous les procès qui luy ont esté faits sur ce sujet en divers temps ont plutost regardé l'étendue que la proprieté du fond[1].

[1]. Nous ne nous étendrons pas ici au sujet du plus ou moins d'antiquité et de validité des droits de l'Université sur le Pré-aux-Clercs. De tout temps on en douta, et ils furent combattus et défendus à outrance. Pour qu'on juge pièces en main de cet important procès, nous renverrons au *Théâtre des antiquités de Paris*, par J. Du Breul, Paris, 1639, in–4, p. 294, et aux *Nouvelles annales de Paris* de T. Duplessis, 1753, in–4, p. 211, livres où l'opinion favorable aux prétentions des religieux de Saint-Germain-des-Prés est soutenue; pour la cause contraire, nous nous en référerons à l'*Histoire de l'Université* de du Boulay, et surtout à son livre déjà cité tout à l'heure, et dont l'histoire plus ou moins authentique de la donation faite par Charlemagne et confirmée par ses successeurs occupe toute la première partie. Nous nous contenterons de citer quelques phrases assez sceptiques de Sauval sur le même sujet, et d'extraire aussi d'un *Discours* fort rare de P. Ramus, dont nous devons la communication à l'obligeance de M. L. de Lincy, un passage très curieux et plus positif en faveur de l'Université, mais très intéressé à l'être, il est vrai. Voici ce que dit Sauval (*Antiquités de Paris*, t. 2, p. 367) : « Pour ce qui est du Pré-aux-Clercs, l'Université le fait commencer près de l'abbaye Saint-Germain, et de là, le continuant de plus en plus, le conduit si avant qu'il se va perdre bien loin dans la campagne, assurant de plus en plus, sans autre preuve, qu'elle le tient de la libéralité de Charlemagne ou de Charles le Chauve, et que, sous leur règne, c'etoit un lieu où les ecoliers s'en alloient divertir les jours de congé. » Ramus lui-même, quoique défenseur juré des droits de l'Université, n'ose risquer, au sujet de la première donation, qu'une affirmation timide : « *On dit*, écrit-

Ceux qui ont le plus souvent inquieté l'Université pour raison de ce bien ont esté messieurs les abbés et religieux de l'abbaye de Saint-Germain-des-Prez, parceque, leurs murailles touchant, pour ainsi dire, au grand et petit Pré-aux-Clercs, ils le trouvoient fort à leur bienseance, et ils auroient bien voulu l'incorporer à leur domaine, ou du moins en empieter la meilleure partie; mais les ecoliers y alloient trop frequemment pour ne pas s'appercevoir des entreprises qu'ils y auroient pu faire; c'est ce qui engageoit ces religieux à leur susciter tous les jours de nouvelles querelles, afin de les degouter tout-à fait de cette promenade et pouvoir plus aisement s'etendre sur l'un et l'autre pré, ou s'en emparer dans la suite, comme d'un bien abandonné.

En l'année 1254, messire Raoul d'Aubusson, chanoine d'Evreux, ayant acheté de ces messieurs de l'abbaye une pièce de terre de 160 pieds en quarré, moyennant 4 sols de redevance annuelle, cette

---

il, que Charlemagne, fondateur de l'Université, luy donna ce pré de grande estendue, qui contenoit depuis l'isle Maquerelle, tout du long du rivage de Seine, jusques aux rivages de Neelle et muraille de la ville et porte des Cordeliers, boucherie et abbaye de Saint-Germain, et, de là, qu'il se bornoit à l'alignement droict, depuis la chapelle de Saint-Martin-des-Orges jusqu'à ladicte isle, et que ce pré estoit divisé par un grand chemin qui passoit au travers... » (*Harangue de Pierre de la Ramée touchant ce qu'ont faict les deputez de l'Université de Paris envers le roy, mise de latin en françois*; à Paris, chez André Wechel, 1557, *avec privilége du roy* (donné à Reims l'unziesme de juing 1557), in-8 fol. 8.

place [1] luy parut tout-à-fait propre à faire un chemin commode aux ecoliers pour aller à leur pré, et, jugeant que c'estoit le veritable moyen de leur oster le pretexte de se quereller avec les domestiques de l'abbaye, il en disposa quatre ans après en faveur de l'Université.

Cette pièce de terre fut dans la suite l'origine et la source, ou du moins le pretexte, de bien des chicanes et des troubles ; car messieurs de l'abbaye, fachés de la voir au pouvoir de l'Université, n'oublièrent rien pour la luy oster, et, ne pouvant en venir à bout par les voyes de droit, parce qu'ils l'avoient alienée sans contrainte, ils mirent en usage les voyes de fait, jusques là mesme que, dans une querelle qui s'emeut en l'année 1278 [2] entre les ecoliers et les domestiques des moines, il y eut

---

1. Cette place, dite d'Aubusson, estoit située entre les rues que l'on nomme aujourd'huy rues Neuve-des-Fossez et des Mauvais-Garçons (*note de l'auteur*). Elle se trouvait donc un peu plus haut que le carrefour Buci, entre la rue des *Fossés-Saint-Germain* ou de *l'Ancienne-Comédie* et la rue *Grégoire-de-Tours*, pour substituer le nom tout moderne de cette rue à celui des *Mauvais-Garçons*, que les écoliers, ses passants ordinaires, lui avoient si bien mérité autrefois, comme on le voit par un très curieux passage du volume de du Boulay, p. 183. Ces 160 pieds, selon le même du Boulay (p. 47), partoient de la porte Saint-Germain ou des Cordeliers, longeoient le mur en dehors jusqu'à la porte de Buci, et de là gagnoient le pré « par derrière les jardins de l'hostel de Nesle, où sont aujourd'huy plusieurs tripots et jeux de courte paume. » V. encore p. 394.

2. V. sur cette querelle, qu'il place en 1277, Félibien, t. 1er, p. 436.

deux ecoliers de tués, sans compter un grand nombre de blessez dangereusement[1]; de quoy l'Université ayant porté ses plaintes devant Philippe-le-Hardy, lors regnant, ce prince, après avoir fait soigneusement informer de la verité, rendit, au mois de juillet de cette année 1278, un arrest celèbre par lequel il ordonna, entr'autres choses, qu'il seroit fondé deux chapelles aux depens de l'abbaye, l'une dans la vieille chapelle de Saint-Martin-des-Orges, joignant les murailles de l'abbaye, et l'autre dans l'eglise du Val-des-Ecoliers, où les deux qui avoient esté tuez estoient inhumez; lesquelles deux chapelles seroient rentées de 20 livres parisis chacune, et que, vacance avenant, les chapellenies d'icelles seroient à la nomination du recteur de l'Université[2].

1. « Gerard de Moret, abbé de Saint-Germain, dit Piganiol, qui résume le plus brièvement cette affaire, ayant fait batir sur le propre fonds de l'abbaye quelques murailles et autres edifices aboutissant sur le chemin qui conduit au Pré-aux-Clercs, les ecoliers trouvèrent mauvais qu'on eût rendu ce chemin plus etroit, et demolirent les batiments qui avoient été construits. Estienne de Pontoise, religieux et prevôt de l'abbaye, à la tête de leurs domestiques, alla aussitôt sur le lieu pour faire cesser ce desordre; mais ils l'augmentèrent, au lieu de l'apaiser. Gerard Dolé et le fils de Pierre le Scelleur, escoliers, furent tués, et il y en eut plusieurs de blessés. Dolé fut inhumé dans l'eglise du Val-des-Escoliers, et le Scelleur dans l'ancienne chapelle de Saint-Martin-des-Orges. » (Piganiol, t. 8, p. 88.) — Du Boulay, dans son *Hist. de l'Université*, donne de très longs et très curieux détails sur cette rixe, t. 3, p. 490.

2. V. Egasse du Boulay, *Fondation de l'Université*, etc.,

Cependant, comme l'Université vit qu'il luy seroit assez difficile de se conserver cette place d'Aubusson, messieurs de l'abbaye temoignant trop d'empressement pour la r'avoir, elle aima mieux la leur ceder, à la charge neanmoins qu'ils y souffriroient un grand chemin de 18 pieds de large, pour que les ecoliers pussent aller commodement au Pré-aux-Clercs ; et comme le chemin creux ou cours d'eau[1] qui faisoit la separation du grand et petit pré pouvoit encore donner occasion à quelque nouvelle querelle et qu'il accommodoit fort messieurs de l'abbaye, parce qu'outre qu'il conduisoit l'eau dans leurs fossez, il estoit encore fort poissonneux, l'Université, par la transaction qu'elle passa alors avec eux, eut la facilité de le leur abandonner avec le droit de pêche, qui luy appartenoit comme seigneur du lieu, le tout moyennant 14 livres de rente annuelle, ce qu'ils acceptèrent avec joie, et firent mesme confirmer par lettres-patentes du roi Philippe le Hardy.

L'Université, pensant avoir acquis la paix par la

---

p. 173. — D'après l'*Avertissement* d'Oronce Finé, reproduit par du Boulay, p. 240, cette chapelle de *Saint-Martin-des-Orges*, qui, selon D. Bouillart, se trouvoit vers l'angle du jardin de l'abbaye sur le Pré-aux-Clercs, c'est-à-dire, par conséquent, tout près de l'embouchure de la petite Seine dans les fossés (voy. plus haut), auroit été différente de la chapelle de *Saint-Martin-le-Vieux*, et n'auroit dû sa fondation qu'à la circonstance relatée ici. C'est une double erreur.

1. C'est ce passage qui donne pleine raison à M. Berty pour son opinion mentionnée plus haut à propos de l'existence de la petite Seine avant 1368.

cession qu'elle venoit de faire à messieurs de l'abbaye de la place d'Aubusson et du fossé de separation d'entre le grand et le petit pré, crut ne devoir plus songer qu'à l'entretenir religieusement ; mais elle se vit bientost tombée dans de nouveaux troubles : car, quoy qu'il fût specialement porté par la transaction qui avoit esté faite que les ecoliers auroient sur cette place d'Aubusson un chemin libre de la largeur de 18 pieds, pour aller au Pré-aux-Clercs, cela n'empêcha pas qu'on ne les insultât toutes les fois qu'ils y passoient, et que mesme on ne les maltraitât. L'Université eut beau deputer de ses officiers vers l'abbaye, elle n'en eut pas plus de satisfaction ; et comme elle apprehendoit avec assez de raison qu'il n'arrivât encore quelque affaire pareille à celle de l'année 1278, elle s'adressa au pape, qui nomma, par son rescrit du 15 juin 1317, les evêques de Senlis et de Noyon, pour informer des voyes de fait que l'Université alleguoit avoir esté pratiquées ou du moins autorisées par les religieux contre ses supposts et ecoliers[1].

Messieurs de l'abbaye ne se trouvèrent pas dans la disposition de se soumettre à la jurisdiction des commissaires nommez par le pape, et, pour l'eluder avec plus de pretexte, ils soutinrent que la justice sur le Pré-aux-Clercs leur appartenoit, et qu'elle leur avoit esté usurpée par l'Université ; sur quoy, ayant presenté leur requeste à la cour, ils eurent l'adresse

---

1. Ceux-ci, du reste, avoient bien su rendre violences pour violences. V. Félibien, t. 2, p. 539, et le travail de M. Berty, p. 388.

de la faire sequestrer par arrest du 2 may 1318, pendant la contestation (*debato durante*).

Enfin, après vingt-sept années de chicane, l'Université, fatiguée de tant de traverses pour un terrain qui luy estoit infructueux, et voulant acheter la paix à quelque prix que ce fût, souscrivit à une nouvelle transaction avec les dits religieux, par laquelle elle leur ceda de nouveau la place d'Aubusson avec le fossé ou bras d'eau de la rivière de Seine, et les religieux payèrent de leur part à l'Université la somme de 200 livres parisis pour les arrerages qui pouvoient estre dûs de la rente de 14 livres qu'ils s'estoient obligez de leur payer cinquante-trois ans auparavant, lors de la première transaction qu'ils passèrent avec elle ; et, pour mieulx confirmer cette paix et pour avoir mieulx l'amour et la faveur de l'Université, les dits religieux perpetuellement donnèrent, delaissèrent et transportèrent tout ce qu'à eux appartient ou appartenir pourroit au temps advenir à la dite Université ès patronages des eglises, c'est à sçavoir de Saint-André-des-Arcs et de Saint-Cosme et Saint-Damien à Paris, ce qu'ils firent approuver par une bulle de Clement VI l'an 1345.

En 1368, les religieux, ayant eu ordre de fortifier leur abbaye et d'abattre les maisons qui en estoient proches, pour en faire une espèce de citadelle qui pût resister aux incursions des Anglois, la chapelle de Saint-Martin-des-Orges[1] avec la maison du chapelain, qui estoient sur le fonds de l'Université,

1. On comprend, d'après la situation de cette chapelle à

se trouvant estre du nombre de celles qu'il falloit demolir, ils donnèrent à l'Université, par forme de dedommagement tant du patronage de cette chapelle que de la maison du chapelain, le patronage qui leur appartenoit de la cure de Saint-Germain[1]-le-Vieil, avec 8 livres de rente, à prendre en une de 10 livres qui leur estoit due sur une maison sise dans la ville près du couvent des Augustins; et, comme ils avoient encore besoin de terrain pour élargir leurs fossez et faire des tranchées, l'Université leur accorda deux arpens dix verges de terre à prendre dans l'un et l'autre pré, et eux s'obligèrent de luy en rendre deux arpens et demi joignant le petit pré vers la rivière.

Les choses demeurèrent paisibles, du moins en apparence, jusques vers l'année 1538, que, Paris commençant à s'augmenter et à s'aggrandir, les religieux de l'abbaye alienoient tous les jours de leur fonds, qu'ils donnoient à cens et rentes; et, comme il

l'angle des fossés de l'abbaye et de la petite Seine, qu'elle dut être démolie quand on voulut leur donner plus de largeur.

1. Cette petite église, qui avoit servi de refuge aux religieux de Saint-Germain-des-Prés à l'époque des Normands, étoit située rue du Marché-Neuf, en la Cité. C'est la similitude de son nom avec celui de Saint-Martin-le-Vieil qui a fait l'erreur d'Oronce Finé dont j'ai parlé plus haut, et dans laquelle il persévère quand il dit : « Il est vraisemblable que laditte chapelle fondée à Saint-Martin-des-Orges fut translatée à laditte chapelle vieille de Saint-Martin, à cause de la susdite demoliture d'icelle chapelle de Saint-Martin desdits Orges. »

estoit contigu au Pré-aux-Clercs, il leur estoit fort facile d'en demembrer toujours quelque morceau, l'Université ne pouvant pas, à cause de ses occupations continuelles, estre toujours presente ny aller toiser les places que messieurs de l'abbaye vendoient aux particuliers.

Cependant, comme sur la fin de l'année 1539 l'Université s'apperçut que le petit Pré-aux-Clercs, outre qu'il diminuoit tous les jours, ne luy estoit qu'à charge, elle fut conseillée de le bailler aussi à cens et rentes pour y bastir des maisons[1], ce qu'elle a aussi fait dans la suite d'une bonne partie du grand Pré.

Mais, pour plus aisement concevoir comment ce

---

1. Du Boulay, dans son volume cité, p. 336, s'explique avec plus de détails sur les causes qui amenèrent cette résolution de l'Université : « Les procez continuels qu'elle avoit tantost contre les moines, tantost contre les particuliers qui remplissoient d'immondices une partie du petit Pré, et la peine qu'elle avoit aussi, outre la dépense continuelle où elle se trouvoit engagée, pour faire oster le gravois et autres choses que l'on y dechargeoit nuitamment, luy ayant fait prendre resolution, en l'an 1537 et 1538, de bailler ledit petit Pré à cens et rente, au lieu de le faire entourer de fossés et de murailles, ce qui eust encore cousté beaucoup, elle fit faire les publications et solennitez en tel cas requises... » Plus haut il avoit dit (p. 148) : « Cette terre étant ainsi exposée au pillage de toutes parts, elle prit resolution, vers l'an 1538, de vendre du moins le petit Pré, comme le plus exposé à l'usurpation et à la decharge des gravois et immondices du faubourg et de la ville. »

domaine, qui de son origine n'estoit qu'une grande place vague et infructueuse, a changé de nature dans la suite des temps, nous le diviserons en trois parties par rapport aux trois différens temps qu'il a esté donné à cens et rentes par l'Université, tant pour empescher les usurpations qui se faisoient journellement que pour en retirer quelque profit.

La première partie sera composée de ce qui est communement appellé petit Pré-aux-Clercs, donné à cens et rentes par l'Université à M. Pierre le Clerc, vice-gerent du conservateur des privileges apostoliques de l'Université, par contract du dernier mars 1543, à la charge de 2 sols parisis de cens et de 18 livres de rente par arpent, aux droits duquel l'Université a esté subrogée dans la suite au moyen d'un acte passé par le dit le Clerc le 17 aoust 1548, qu'il confirma par un contract de retrocession du 31 octobre 1552.

La seconde partie fera mention des six arpens de terre dependans du grand Pré, donnez à cens et rentes par l'Université à la reine Marguerite par contract du dernier juillet 1606, contre lequel l'Université s'estant pourveue aussi bien que contre l'arrest du parlement qui l'avoit homologué, intervint arrest contradictoire de la dite cour, le 23 octobre 1622; par lequel il fut ordonné que, sans s'arrester au dit contract du dernier juillet 1606, ny à l'arrest d'homologation d'iceluy, les baux faits par la dite reine Marguerite ou par les Augustins, ses donataires, retourneroient au profit de l'Université.

Et la troisième partie consistera au surplus du dit

grand Pré-aux-Clercs, donné à différens particuliers aussi à cens et rentes, depuis le 31 aoust 1639 jusqu'à présent.

PREMIÈRE PARTIE,

Contenant l'aliénation du petit Pré-aux-Clercs.

e fut en l'année 1540 que l'Université passa un premier contrat d'aliénation du petit Pré à M. Pierre Le Clerc, vice-gerant du conservateur des priviléges apostoliques de la dite Université ; mais la minute et la grosse de ce contrat s'estant trouvées adirées, et le dit Le Clerc ayant esté troublé, l'Université luy fit un nouveau bail le 31 mars 1543 [1], à la charge du cens et de 18 livres de rente par arpent.

1. Huit jours après la signature de ce nouveau bail, le recteur élevoit déjà une plainte contre le Clerc pour divers griefs : 1° parcequ'il ne se trouvoit aucune minute du contrat passé avec lui en 1540 ; 2° parcequ'il n'avoit encore rien payé ; 3° parcequ'il n'avoit pas encore commencé à bâtir, ainsi qu'il s'y étoit obligé. — Le Clerc se défendit de son mieux et donna sans doute de bonnes raisons, puisque, malgré les plaintes du recteur, l'assemblée ordonna « que le second contrat confirmatif du premier seroit exécuté. » Si Le Clerc n'avoit pas bâti depuis 1540, c'est qu'il avoit trouvé des obstacles de la part de M. Claude Barbier, de la part surtout du cardinal de Tournon, *qui*, comme il l'allégua dans sa réponse aux plaintes du recteur, *qui eum ædificare impeduit*. « Afin de se mettre en garde à l'avenir

Ce nouveau preneur commença d'abord par disposer de partie du dit petit Pré-aux-Clercs en faveur de plusieurs particuliers, à la charge du cens envers l'Université et d'une rente applicable à son profit à proportion de la quantité de terre qu'il donnoit.

Ce procedé fit murmurer quelques officiers de l'Université, et, pour les appaiser, le dit Le Clerc passa un acte le 17 avril 1548, qui fut suivy d'un contrat d'abandon du dernier octobre 1552, au profit de l'Université, de tous les emolumens qu'il auroit pu retirer de ses sous-baux [1], à la charge par l'Université de les entretenir ; et par le mesme contrat le dit Le Clerc se reserva une place qu'il avoit fait enclorre de murs, à la charge du cens tel qu'il plairoit à l'Université.

contre de pareils empêchements, afin surtout de se prémunir contre ceux que pouvoient lui susciter les moines de Saint-Germain, « il representa, dit du Boulay, qui s'en étonne, que pour la sûreté de son contract il etoit à propos de le faire confirmer par le pape ou par des commissaires à ce deleguez. » L'Université prétendit que le pape n'avoit là rien à voir ; mais Le Clerc, qui tenoit toujours à une sanction ecclésiastique, « ne laissa pas de presenter son contract aux grands vicaires de l'evesque de Paris. » Le 4 octobre suivant il avoit obtenu l'homologation et la ratification qu'il demandoit. V. du Boulay, p. 157-159.

1. Ramus, qui avoit certainement figuré parmi les mécontents dont il vient d'être parlé, ne dut pas être encore satisfait de l'abandon que Le Clerc consent ici. Ses prétentions, toujours fort intéressées, comme on va le voir, alloient plus loin : « Le petit Pré, dit-il dans sa *Harangue* de 1557 (fol. 9), est tout construict et basty de beaucoup de belles maisons que ce seroit grand dommage d'abattre ; pourquoy l'Uni-

Sous-Baux faits par le sieur Le Clerc.

Le premier, d'un morceau de terre propre à faire maison, par contrat du 4 octobre 1543, à M. Martin Fretté, clerc au greffe criminel de la Cour, moyennant 10 deniers parisis de cens, 10 livres tournois de rente.

versité requirt que le revenu de chasque année de ces edifices, qui sont tenuz par quelques particuliers, s'employe aux gages des lecteurs des quatre facultez, de théologie, de droict, de médecine et des arts liberaux. » Or, Ramus étoit un de ces lecteurs royaux. — En faisant et surtout en confirmant par l'acte de 1562 l'abandon mentionné ici, Le Clerc cédoit non seulement aux murmures d'une partie des maîtres et des écoliers, mais aussi à leurs violences. A plusieurs reprises, et principalement en 1548, le Pré avoit été envahi par ceux des écoles, qui avoient toujours été contraires à l'aliénation du terrain et aux constructions qui menaçoient de couvrir tout le champ de leurs promenades et de leurs jeux. « En juillet 1548, dit du Boulay (p. 166), ils s'avisèrent de desmolir quelques maisons, tant de celles qui estoient desjà basties que de celles qu'on bastissoit, et mesme mirent le feu à quelques unes. » V. aussi Du Breul, p. 294. On comprend alors que Le Clerc eût certain empressement à se défaire de terrains dont la possession étoit aussi périlleuse. En 1552, les écoliers firent pis encore, et c'est ce qui dut engager Le Clerc à renouveler sa demande de rétrocession, et l'Université à n'y pas être contraire. Profitant de ce qu'après la retraite de Charpentier, le 14 mars 1555, l'Université se trouvoit sans recteur, et étant d'ailleurs excités par Pierre Ramus et par Pierre Galland, celui-là, comme huguenot, les animant surtout contre les religieux de Saint-Germain et leurs continuels empiétements, celui-ci les

Le deuxième, du 9 des dits mois et an, d'une autre petite portion de terre, à Nicolas Delamarre, moyennant 1 denier de cens et 2 sols de rente.

lançant de préférence contre les habitations dont on encombroit le Pré, tous les mutins des écoles vinrent s'en prendre à la fois aux moines de Saint-Germain et aux propriétaires des maisons du grand et du petit Pré-aux-Clercs. Cette sorte d'invasion se trouve décrite avec tous ses ravages par Félibien (t. 2, p. 1025) et par du Boulay (p. 167). J. Du Bellay l'a aussi racontée dans ce passage de sa *Satyre de Maistre Pierre du Cuignet sur la petromachie de l'Université de Paris*, déjà citée par M. Ch. Vaddington dans son excellente Vie de Ramus :

> Venez tous esteindre le feu
> Que ces Pierres ont excité
> Parmi nostre Université,
> Qui, n'estant d'un recteur guidée,
> Semble une jument desbridée,
> Ou une barque vagabonde
> Laissée à la merci de l'onde.
> Le Pré-aux-Clercs en est temoing
> Où il n'y a si petit coing
> De muraille qu'à coup de pierre
> On ne fasse broncher par terre,
> Lapidant les champs fructueux
> Et les beaux logis somptueux,
> Ausquels la pierreuse tempeste
> Gresle sans fin dessus la teste.

La grande affaire de l'Université, c'étoit de s'opposer aux usurpations des moines de Saint-Germain ; mais pour cela il ne lui falloit pas moins que l'accord et l'appui de tous ses membres. Afin de se les rallier, elle leur fit une concession : elle souscrivit à la demande de Le Clerc, reprit ses terrains ; et, quoique Ramus fût, au sujet des maisons déjà construites et louées, de l'avis émis plus haut, elle n'hésita pas à

Le troisième, du 5 janvier 1544, à Guillaume Maillard, libraire, d'une pièce de terre contenant 142 toises, moyennant 4 deniers parisis de cens et 17 livres 15 sols de rente.

Le quatrième, du dit jour 5 janvier 1544, à Husson Frerot, doreur sur fer, d'une pièce de terre contenant 146 toises, moyennant 4 deniers de cens et 25 livres 10 sols de rente.

Le cinquième, des dits jour et an, à Richard Carré, brodeur, d'une pièce de terre contenant 138 toises, moyennant 4 deniers parisis de cens et 24 livres de rente.

Le sixième, du 18 juin 1545, à Nicolas Baujouen, aussi brodeur, d'une pièce de terre contenant 157 toises, moyennant 4 deniers parisis de cens et 15 livres 14 sols de rente.

Le huitième, des mesmes jour et an, à Jean Dupont, sergent à verge au Chastelet, d'une pièce de terre contenant 168 toises, moyennant 4 deniers parisis de cens et 16 livres 16 sols de rente.

Le neuvième et dernier, du 7 may 1546, à Jean Courjon, marchand mercier, d'une pièce de terre contenant 380 toises, moyennant 8 deniers de cens et 25 livres de rente.

---

décider qu'on en feroit table rase. « L'Université, dit du Boulay (p. 167), se trouva fort embarrassée dans cette conjoncture d'affaires, et se vit obligée de defaire ce qu'elle avoit fait, c'est-à-dire de consentir la demolition des maisons qu'elle avoit stipulé de faire bastir par le contract faict avec Le Clerc, afin de reunir par ce moyen tous les esprits à combattre contre les ennemis communs. »

De manière que le dit sieur Le Clerc avoit disposé de 15 à 16 cens toises de terre du dit petit Pré avant la retrocession qu'il en fit après à l'Université, sans y comprendre le jardin qu'il se reserva, sur lesquelles places sont aujourd'huy baties plusieurs maisons dans les rues du Colombier et des Marais, dans l'ordre et ainsi qu'il va estre expliqué.

Première maison, rue du Colombier [1].

La première maison où se trouve aujourd'huy commencer la censive de l'Université est la sixième que l'on rencontre à main droite dans la rue du Colombier, y entrant par la rue de Seine, la gauche et le commencement de la dite rue estant aujourd'huy de la censive de l'Abbaye.

Cette maison est bastie sur 64 toises de terre, faisant partie de 138, que M. Pierre Le Clerc donna à cens et rente, par contrat du 5 janvier 1544, à Richard Carré, brodeur, moyennant 4 deniers parisis

1. On l'avoit d'abord appelée le *chemin aux clercs;* puis le voisinage d'un *colombier* dépendant de l'abbaye lui avoit fait donner le nom qu'elle porte ici. (V. Sauval, t. 1, p. 127; Jaillot, *Quartier Saint-Germain*, p. 26.) Elle alloit de la rue de Seine à celle des Petits-Augustins. « C'est maintenant, dit M. J. Pichon, une portion de la rue Jacob, par suite de cette manie qu'ont messieurs de la préfecture de changer tous les noms des rues, souvent aux dépens du bon sens et toujours à ceux de l'histoire. » (*Notices biographiques et littéraires sur la vie et les ouvrages de Jean Vauquelin de la Fresnaye et Nicolas Vauquelin des Yveteaux...* Paris, 1846; in-8, p. 41, note.) Nous aurons plus loin à citer souvent cette curieuse brochure.

de cens et 24 livres de rente, laquelle, par acte du 3 juillet au dit an, ayant esté reduite à 17 livres 5 sols, il en fut le dit jour racheté 13 livres 15 sols, et le surplus, montant à 3 livres 10 sols, declaré non rachetable [1].

Ces 64 toises de terre furent vendues par le dit Carré au sieur Adam Godard, marchand au Palais, par contract du 28 aoust 1554; sur lesquelles ayant fait bastir une maison avec cour et jardin, il la revendit, par contract du 29 janvier 1556, à François Desprez, commis à relier les livres de la chambre des comptes [2], et à Catherine Longis, sa femme [3].

---

[1]. Dans le volume de du Boulay, la transaction de Le Clerc avec Carré est seule mentionnée (p. 163). Il n'y est point parlé des contrats qui suivirent et qui sont analysés ici. De même pour les autres maisons. Du Boulay se contente de relater en peu de mots les actes conclus entre Le Clerc et les premiers cessionnaires.

[2]. Il seroit curieux d'avoir la minute de ce contrat et de voir si François Desprez y a signé. Selon les exigences singulières de son emploi de relieur à la chambre des comptes, il n'auroit pas dû pouvoir le faire. On sait, en effet, d'après Pasquier (*Recherches de la France*, liv. 2, chap. 5), et d'après un document inédit publié par M. L. Lalanne dans ses *Curiosités bibliographiques*, p. 309, que, suivant une mesure prise en 1492, lors de la réception de Guillaume Oger, le « relieur de la dite chambre devoit affirmer qu'il ne savoit *lire ne escrire.* » Et cela, dit Pasquier, « afin qu'il ne descouvrist les secrets des comptes. »

[3]. Elle étoit sans doute fille ou sœur du libraire Jean Longis, dont la Caille a parlé dans son *Histoire de l'imprimerie et de la librairie* (in-4, p. 97), sous la date de 1528 à 1541, et qui, d'après un acte que cite du Boulay (p. 398),

La dite veuve Desprez, après la mort de son mary, donna, par contrat du 29 janvier 1557, en contr'-échange de la moitié de la dite maison (l'autre luy appartenant, à cause de la communauté), à Nicolas Bonfils, à cause de Michelle Desprez, sa femme, et à Raoul Brojard, à cause de Nicole Desprez, aussi sa femme, filles et heritières du dit défunt et d'elle, une rente sur la ville, au moyen de quoy la totalité de la dite maison luy appartint [1].

La dite veuve Desprez epousa en secondes noces Christophe Godin, chirurgien, dont elle eut Jean et Catherine Godin, lesquels, après sa mort, echangèrent, par contract du 23 juillet 1597, la susdite maison, avec Jean Petit, procureur au parlement, contre 600 livres comptans et 100 livres de rente sur un particulier.

Le dit M. Petit racheta, le 22 avril 1598, la rente de 35 sols dont la dite maison estoit chargée.

possédoit lui-même dans ces environs « un quartier six perches de terre, pris en une pièce assise près le petit Pré-aux-Clercs, tenant d'une part à la grande rue allant de l'Abbaye, pardessus les fossez, à la rivière de Seine, et d'autre part audit petit Pré. »

1. « Il est à remarquer que derrière cette maison il y a un petit bassement construit sur 5 toises de terre en quarré, que le dit Carré vendit à Louis Lemaignan, par contrat du 2 novembre 1543, que le dit Lemaignan vendit depuis à M. Charlet, auditeur des comptes, et qui furent par luy depuis vendues, le 24 janvier 1564, à Helie de la Faye, duquel M. Jean Petit, procureur, les acquit conjointement avec une maison sise rue de Seine, par contract du août 1573. Elles sont chargées d'un denier de cens... » (*Note de l'auteur.*)

Le 8 juillet 1624, damoiselle Anne Petit, sa fille et heritière, veuve de M. Jerôme Godefroy, procureur au parlement, vendit la dite maison à M. Michel Pousteau, aussi procureur.

Le 17 septembre 1643, le dit Pousteau la vendit à damoiselle Marguerite Rollot, veuve de Georges de Bourges, et depuis de Vincent de la Prime, avocat, dont elle eut Charles de la Prime, sur qui la dite maison ayant esté saisie reellement, elle fut adjugée, par sentence du nouveau Chastelet du 14 septembre 1675, à Guillaume de Voulges, marchand, qui en passa titre nouvel le 6 novembre suivant.

Jeanne Varet, veuve de Guillaume de Voulges, a passé titre nouvel par devant Baglan et son confrère, notaires à Paris, le 11 septembre 1694.

Deuxième maison.

Cette maison, joignant la precedente, est bastie sur 69 toises de terre, faisant moitié des 138 mentionnées en l'article precedent, données au dit Carré par Le Clerc.

M. Marin Duhuval, prestre habitué à Saint-André-des-Arts, les acquit du dit Carré, par contract du 22 aoust 1545.

Il y fit bastir une maison, laquelle ses heritiers vendirent après sa mort à messire Jean de Feu[1], conseiller au parlement, par contract du   ,

---

[1] Il comptoit parmi les plus fameux du Parlement. « Avant que le marchand y entrast, est−il dit dans *l'Anti-Caquet de l'accouchée*, il y avoit trop de gravité. On ne pouvoit, au

chargée de 35 sols de rente et de 4 deniers parisis de cens envers l'Université.

Les heritiers du dit sieur de Feu vendirent, par contract du 16 may 1634, la susdite maison à M. Pierre Hardy, controlleur des fortifications de Picardie, et à damoiselle Marie Barret, sa femme.

La dite maison ayant depuis esté saisie reellement sur les dits sieur et damoiselle Barret, elle fut sur eux vendue et adjugée, par sentence des requestes du Palais du 30 may 1646, à M. Claude Noël, receveur general des finances en Berry, lequel en passa aussitost declaration au profit de messire Nicolas-Jean Chevalier, seigneur de Breteville[1], conseiller au grand conseil.

Les heritiers et creanciers du dit sieur de Breteville ont vendu depuis la dite maison à Gilles Dupont, marchand, par contract du 8 juillet 1671, lequel en a fait declaration au profit de Charles Gohier, secretaire du roy, par acte du 30 decembre 1675. Le dit sieur Charles Gohier a passé titre nouvel par devant Baglan, notaire, le 25 octobre 1694.

---

temps passé, approcher ses conseillers, Saint-Valerien, la Roche-Tomas, Vignolle, Ruelle, Regnard, *Feu*, et un tas d'autres des parlements et chambre des comptes, dont la race est noble jusques à la quatrième generation. » (*Les Caquets de l'accouchée*, notre édit., p. 254.) Il fut l'un de ceux que les seize proscrivirent au mois d'avril 1591. (L'Estoille, édit. Michaud, p. 47.)

1 C'est le même que nous avons rencontré dans le *Caquet de l'accouchée*. Il étoit alors devenu président et jouoit un grand rôle. V. notre édition, p. 27, note.

Troisième maison.

Cette maison est bastie sur 142 toises de terre bailliées à cens et rentes le 5 janvier 1544, par le dit sieur Le Clerc, à Guillaume Maillard, marchand libraire et doreur de livres, moyennant 4 deniers parisis de cens et 24 livres 10 sols de rente, reduite après à 17 livres 15 sols, dont il en pourroit estre racheté 14 livres 5 sols.

Jean Bonamy, aussi libraire, ayant acquis les droits du dit Maillard, passa au dit Le Clerc titre nouvel des dites 142 toises de terre le 19 aoust 1545.

Les heritiers du dit Bonamy vendirent par contract du   à messire Jean De Feu, conseiller au parlement, la maison bastie sur la dite place, chargée seulement de 3 livres 10 sols de rente et de 4 deniers parisis de cens envers l'Université, dont ses heritiers passèrent titre nouvel le 1er septembre 1631.

Ces mesmes heritiers vendirent, par contract du 16 may 1634, la dite maison avec ses appartenances, à M. Pierre Hardy, controleur des fortifications de Picardie, et à damoiselle Marie Barret, sa femme.

Elle fut dans la suite, conjointement avec la precedente, sur eux saisie réellement, et enfin adjugée au dit M. Noël, qui en passa declaration au profit du dit sieur de Breteville.

Gilles Dupont, marchand, qui avoit acquis des heritiers du dit sieur de Breteville la precedente maison, acheta encore celle-cy par le mesme contract.

Elle appartient presentement au dit sieur Charles Gohier, secretaire du Roy, qui a passé titre nouvel pardevant Baglan, notaire, le 25 octobre 1695.

Quatrième maison.

Cette maison est batie sur partie de 146 toises de terre données à cens et rentes, par contract du 5 janvier 1544, par le dit sieur Le Clerc, à Husson Frerot, doreur sur fer[1], moyennant 4 deniers parisis de cens et 25 livres de rente, reduite après à 18 livres. M. René Reignier, ayant acquis les droits du dit Frerot, fit bastir deux maisons sur la dite place, et, après sa mort, Marguerite Lespicier, sa veuve, ayant fait saisir reellement la dite maison sur M. Pageot, tuteur des enfans mineurs du dit défunt Reignier et d'elle, par sentence des requestes du palais du 31 mars 1628, elle fut adjugée à M. Athanase Amy, avocat en la Cour, chargée de 9 livres de rentes et de 4 deniers parisis de cens envers l'Université. Le dit sieur Amy en passa titre nouvel le 25 juillet 1631 ; damoiselle Marie Prevost, sa veuve, en passa encore

---

1. Comme celle des brodeurs, dont il sera parlé plus loin, la confrérie des doreurs sur métaux étoit de création récente. Elle ne devoit même être tout à fait constituée que par règlement de Charles IX, en 1573. Chose nouvelle, elle prenoit pied dans les quartiers nouveaux, où elle n'avoit pas à craindre le contact hostile des communautés plus anciennes. Il paroît qu'elle fut nombreuse dans ces parages, car elle avoit choisi pour paroisse l'église voisine des Grands-Augustins. V. *Mélanges d'une grande bibliothèque*, ch. 5, p. 68, et *Guide du corps des marchands*, 1766, in-8, p. 232.

titre nouvel le 21 decembre 1661, et depuis les heritiers des dits sieurs et damoiselle Amy en ont passé titre nouvel pardevant Baglan, le 26 may 1695, savoir : M. Athanase Amy, prestre ; M. Gilles Amy, avocat en parlement; damoiselle Magdelaine Rousseaux, veuve de Bon Charles Amy, bourgeois de Paris.

Cinquième maison.

Cette maison est batie sur l'autre moitié des dites 146 toises de terre mentionnées en l'article precedent; elle fut vendue par le sieur Reignier, comme estant aux droits du dit Frerot, à M. Estienne Bonnetz, procureur en la Cour, chargée de 4 deniers parisis de cens et de 9 livres de rente, par contract du 4 aoust 1607.

Le dit sieur Bonnet, mariant Marguerite Bonnet, sa fille, avec M. Pierre Calluze, principal commis au greffe criminel de la Cour, luy donne la dite maison par son contract de mariage du 7 octobre 1629.

La dite veuve Calluze, après la mort de son mary, vendit la dite maison à M. Henry Mouche, avocat, par contract du 25 janvier 1658; le dit sieur Mouche, par son codicille du 27 aoust 1678, passé par devant Savigny, notaire, substitua à M. Theodore Raffou, son neveu, la dite maison, chargée de 2 deniers de cens et 9 livres tournois de rente foncière; le dit sieur Raffou a passé titre nouvel pardevant Baglan, notaire, le 6 may 1695.

Sixième et septième maison.

Ces deux maisons, qui en faisoient autrefois trois, sont basties sur 157 toises de terre données à cens et rente par le dit Le Clerc à Robert Sourdeaux, praticien, par contract du 18 juin 1545, moyennant 10 deniers parisis de cens et 15 livres 14 sols de rente foncière.

Le 27 janvier 1547, le dit Sourdeau echangea la dite place avec M. Jean Mallet, prestre habitué de Saint-André-des-Arcs.

André Mallet, son frère et heritier, vendit les trois maisons basties sur la dite place à M. Ambroise Amy, procureur, par contract du 20 decembre 1559, lesquelles il fit après reduire en deux.

M. Athanase Amy, aussi procureur en la dite Cour, fils et heritier du dit defunt, eut les dites deux maisons.

Elles echurent après en partage à M. Ambroise et Jean Amy, auxquels M. Guillaume Amy, substitut de M. le procureur general du parlement, ayant succedé, il en a fait donation entre vifs, par contract passé pardevant Garnier, notaire, et son confrère, le 30 mars 1689, à damoiselles Jeanne et Marie-Magdelaine Amy, sœurs, lesquelles en ont depuis vendu une, sçavoir:

La sixième, à M. Jean Prarcos, avocat en la Cour, le 28 may 1687, par contract passé par devant Le Roy et Taboüé, notaires, de laquelle le dit Prarcos en a passé titre nouvel par devant Lorimier, notaire, le 1er janvier 1692.

La septième appartient aujourd'huy à damoiselle Jeanne Amy, fille majeure, comme donataire du dit Guillaume Amy, laquelle en a passé titre nouvel le dit jour, premier janvier 1692, pardevant Lorimier, notaire.

LE PRÉ-AUX-CLERCS.

Huitième et neuvième maison.

Ces deux maisons sont basties sur 168 toises de terre baillées à cens et rente par le dit le Clerc à Jean Dupons, sergent à verge au Chastelet de Paris, par contract du 18 juin 1545, à la charge de 16 livres 16 sols de rente et quatre deniers parisis de cens.

Le 13 mai 1582, Louis et Marie Dupont, enfans et heritiers du dit Jean Dupont, vendirent à M. Guillaume Guyon, procureur en la cour, la susdite place.

Le 17 mai 1605, Nicole Hardricourt, veuve du dit Guyon, vendit conjointement avec ses enfans une maison bastie sur partie de la dite place à M. Estienne Tricot.

Le 10 juin 1619, Barbe Guyon, veuve de Louis de Vezines, et Magdeleine Guyon, sa sœur, filles et heritières du dit feu Guyon, vendirent par echange à M. Jean Boyer et à Marthe le Prestre, sa femme, les deux tiers à elles appartenant sur une autre maison bastie sur le restant de la dite place.

Les 21 janvier 1631 et 28 decembre 1635, Philippes Demontgé, tailleur, et Jeanne Dubreuil sa femme, acquirent de Hugues Macquerel et de Barbe Lebassy l'autre tiers de la dite maison.

Les 7 aoust et 7 octobre 1645, Charles Tricot, secrétaire de la chambre du Roy, fils et heritier du dit Estienne Tricot, et les dits Demontgé et sa femme vendirent à messire Charles Loiseau, conseiller en la Cour des aydes, les dites deux maisons basties sur les dites 168 toises de terre, dont il passa titre nouvel le 27 novembre au dit an.

M. Charles Loiseau, conseiller en la cour, fils et heritier du dit feu sieur Loiseau, a passé titre nouvel et reconnoissance pardevant Baglan et son confrère, notaires à Paris, le 29 juillet 1694, au terrier de l'Université.

Dixième maison.

Cette maison est bastie sur la petite place et jardin que le dit sieur Le Clerc s'estoit reservée par le contract de retrocession qu'il fit à l'Université, le dernier octobre 1552, du bail qu'elle luy avoit fait de tout le petit Pré-aux-Clercs, moyennant deux sols parisis de cens.

Monsieur le cardinal de Givry acquit des heritiers du dit Le Clerc la dite place et jardin, et les vendit à M. Guillaume Lusson, docteur en la faculté de médecine, par contract du 9 avril 1604, dont messire Guillaume Lusson, son fils, president en la Cour des monnoyes, passa titre nouvel le 2 may 1646.

Le dit sieur Loiseau, conseiller en la Cour des aydes, a, depuis, acquis cette maison des heritiers du dit sieur Lusson, par contract du 23 septembre 1658.

M. Charles Loiseau, conseiller en la Cour, fils et heritier de M. Charles Loiseau, conseiller en la Cour des aydes, en a passé titre nouvel, et ensemble des deux precedentes maisons, pardevant le dit Baglan, notaire, le 29 juillet 1674.

Onzième et douzième maison.

Ces deux maisons sont basties sur 380 toises de

terre, données à cens et rente, le 7 mars 1546, par le dit sieur Le Clerc à Jean Courjon, bourgeois de Paris, moyennant 8 deniers parisis de cens et 25 livres de rente.

Le 24 janvier 1547, Jean Beddon, ayant les droits cedez du dit Courjon, racheta 19 livres de la sus dite rente, laquelle fut, par ce moyen, reduite à 6 livres.

Le 2 aoust 1582, François Coquet, sieur de Pontchartrain, et damoiselle Heleine de Servient, son epouse, acquirent de Jeanne Beddon, fille et heritière du dit Beddon, une grande maison sur partie des dits 380 toises.

Le 12 novembre au dit an, les dits sieur et damoiselle de Pontchartrain echangèrent la dite maison et le restant des dites 380 toises avec Jean Honoré, sieur de Bagis.

Damoiselle Marie Honoré, sa fille et heritière, epouse de M. Claude Thiballier, ecuyer, sieur d'Anglurre, en passa titre nouvel le 11 novembre 1645.

Dame Marie Thiballier, fille et heritière du dit feu sieur Thiballier et de la dite dame Marie Honoré, ayant acquis du sieur François Thiballier, son frère, la dite maison et place, comme luy estant eschue en partage, elle la fit abattre, et en fit construire deux neuves au lieu d'icelle.

Elle en vendit une [1], le 16 may 1665, à M. Geor-

---

1. Cette maison a son entrée par la rue des Marais, derrière celle qui appartient aujourd'huy à M. Thuault, procureur en la Cour. (*Note de l'auteur.*)

ges Baudouin, controlleur de la maison du roy, sur lequel l'Université l'ayant fait saisir reellement, faute de payement des lods et ventes, elle fut adjugée par sentence des requestes du palais du 18 aoust 1666, à M. Guillaume Le Juge, secretaire du Roy, et à damoiselle Marie Haslé, veuve de Michel Petit, controlleur des decimes, dont la dite veuve Le Juge et les heritiers de la dite damoiselle Haslé, veuve Petit, ont passé titre nouvel le 17 mars 1688, pardevant Baglan et Le Sec de Launay, notaires.

Et à l'egard de l'autre maison, ayant esté saisie reellement sur la dite dame Thiballier, elle fut adjugée par sentence des requestes du palais du dernier fevrier 1672, à M. Jacques Pannart, avocat, qui en passa declaration au profit de M. Jean Thuault, procureur en la Cour, le   juin 1695.

Le dit M. Thuault, par sentence des requestes du palais du   aoust 1694, a esté condamné, de son consentement, à payer seulement 10 deniers de cens, la dite sentence portant au surplus titre nouvel.

Et a le dit sieur Thuault passé titre nouvel, le 28 juin 1695, pardevant Baglan et son compagnon [1], notaires.

---

1. Les notaires ne s'appeloient pas autrement entre eux. Celui des *Femmes savantes* (act. v, sc. 3), refusant d'introduire dans son acte les termes pédantesques que désire Philaminte, lui dit :

> ... Si j'allois, madame, accorder vos demandes,
> Je me ferois siffler de tous *mes compagnons*.

Treizième et quatorzième maison.

Ces deux maisons sont basties sur 59 perches de terre, données à cens et rente par l'Université à Alexandre Papin, par contract du 21 fevrier 1565, moyennant 12 livres de rente et deux sols parisis de cens.

Le 25 fevrier 1584, le dit sieur Papin vendit à Christophle Lemercier, masson[1], les dites 59 perches de terre, à la charge du cens et de la rente envers l'Université; sur lesquelles le dit Lemercier fit bastir une maison, qui est la quatorzième, faisant l'encoignure des rues Jacob et des Petits-Augustins.

Le 11 novembre 1584, le dit Lemercier en vendit la moitié à Baptiste Androuet, sieur du Cerceau[2], architecte du roy.

Le 23 mars 1602, Marguerite Raguidier, sa veuve, la revendit à Jacques Androuet, aussi sieur du Cerceau[3].

---

1. Peut-être est-ce le père de Jacques Lemercier, né en 1590, et qui construisit la Sorbonne, le palais Cardinal, l'Oratoire et Saint-Roch.

2. La Croix du Maine, dans sa *Bibliothèque françoise* (1584, in-fol., p. 175), explique ainsi comment il ne faut pas voir ici autre chose qu'un surnom donné au célèbre architecte : « Jaques Androuet, Parisien, surnommé du Cerceau, qui est à dire cercle, lequel nom il a retenu pour avoir un cerceau ou cercle pendu à sa maison, pour la remarquer et y servir d'enseigne (ce que je dis en passant, pour ceux qui ignoreroyent la cause de ce surnom). »

3. Ce passage nous a fort embarrassé. Baptiste du Cerceau, qualifié ici architecte du roi, est celui que l'Estoille

Damoiselle Marie Androuet, sa fille et heritière, epousa Elie Beddée, sieur des Fougerais, docteur en medecine.

Et damoiselle Marie Beddée, leur fille, veuve de M. André Colombet, possède aujourd'huy la dite maison, qui est la quatorzième, et elle en a passé titre nouvel pardevant Baglan, notaire, le 6 juillet 1687.

appelle du Cerceau le jeune, et qui, suivant le même écrivain, donna le plan et dirigea les premières constructions du Pont-Neuf. Lorsque après sa mort, dont nous trouvons pour la première fois ici une date approximative, sa veuve, Marguerite Raguidier, vendit sa maison du Pré-aux-Clercs, quel est le Jacques Androuet qui l'acheta? Est-ce un frère du défunt, qui seroit resté inconnu jusqu'ici, ou bien est-ce le père même de Baptiste, le célèbre architecte protestant? Cette dernière opinion est la plus probable, d'autant plus qu'elle s'accorde jusqu'à un certain point avec ce que l'Estoille a dit de la maison possédée par Androuet le père dans le Pré-aux-Clercs. Voici ce qu'il écrit à la date du mois de décembre 1585 : « André (*Androuet*) du Cerceau, architecte du roy, homme excellent et singulier en son art.... aima mieux enfin quitter et l'amitié du roy et ses biens que de retourner à la messe. Et, après avoir laissé là sa maison qu'il avoit nouvellement bastie avec un grand artifice et plaisir au commencement du Pré-aux-Clercs, et qui fut toute ruinée sur lui, prist congé de Sa Majesté, la suppliant ne trouver mauvais qu'il demeurast aussi fidèle au service de Dieu, qui estoit son grand maistre, comme il avoit toujours esté au sien, en quoi il persevereroit jusqu'à la fin de sa vie. » Jacques du Cerceau fut donc propriétaire d'une maison au *commencement du Pré-aux-Clercs*. L'Estoile et notre *Memoire* sont d'accord sur ce point. En décembre 1585 il la quitte,

Le 11 juillet en l'an 1602, Marin Bricard et Antoinette Delaistre, sa femme, veuve auparavant du dit Lemercier, vendirent l'autre moitié de la dite place à M. Jean Beddée, sieur de la Gourmandière, avocat au parlement, sur laquelle il fit bastir une maison, qui est la treizième, de laquelle David et Elie Beddée, ses enfans et donataires universels, passèrent titre nouvel le 29 aoust 1669.

toujours d'après l'Estoile. Or c'est ici qu'il se trouve en contradiction avec notre *Memoire*, d'après lequel la maison acquise par Baptiste en 1584 n'auroit été cédée par sa veuve à Jacques du Cerceau qu'en mars 1602. N'y auroit-il pas, dans le *Memoire* de Pourchot, une erreur dans la manière dont les noms sont placés, et ne pourroit-on pas tout concilier en substituant l'un à l'autre, en faisant de Jacques le premier propriétaire et de Baptiste le second acquéreur, chose d'autant plus rationnelle que Jacques est le père et Baptiste le fils ? L'auteur des *Architectes françois du XVIe siècle*, M. Callet, avoit eu en main un manuscrit « échappé de l'incendie de la bibliothèque de Saint-Germain-des-Prés », et concernant, d'après ce qu'il en dit, les titres de propriété de la maison de du Cerceau ; il s'y trouvoit même annexé une vue et un plan de cette belle demeure, qu'il reproduisit l'un et l'autre dans son ouvrage (2e édit., p. 95). Les détails trop succincts que donne M. Callet, et qu'il lui eût été si facile de rendre complets avec les pièces alors à sa disposition, confirment à peu près ce que nous venons d'avancer. Suivant lui, Jacques du Cerceau eût laissé deux fois sa maison à son fils Baptiste : la première en 1585, lors de son exil volontaire, rappelé par l'Estoille ; la seconde lorsqu'il partit pour Turin, où, toujours d'après M. Callet, il seroit mort en 1592. Resteroit à savoir comment il se fit que, cette dernière date étant admise et notre hypothèse maintenue, la maison ne passa aux mains de son nouveau pro-

M. Alexandre Simon Bolé, seigneur de Champlay, a acquis, par contract du 29 fevrier 1669, la dite maison de Benjamin Beddée.

M. Louis Jules Bolé, marquis de Champlay[1], marechal des camps et armées du roy, fils unique et seul heritier du dit feu sieur Bolé et donataire entre vifs de dame Marguerite Lemaçon, sa mère, possède aujourd'huy la dite maison, lequel a esté condamné, par sentence du Chastelet du 9 fevrier 1695, à passer titre nouvel à la dite Université.

Rue des Marais[2].

Il n'y avoit anciennement dans cette rue qu'une grande maison et jardin, bastie sur deux places données à cens et rentes par le dit sieur Le Clerc, par contracts des 4 et 9 octobre 1543, à Mathurin Fretté

priétaire qu'en 1602, et pourquoi la transmission si directe du père au fils n'eut pas lieu, et pourquoi enfin c'est la veuve qui fut investie du droit d'aliéner la maison. Ces questions sont encore plus inextricables pour nous que les autres.—Le médecin des Fougerais, qui, comme mari de la fille de du Cerceau, se trouva propriétaire de cette maison, n'est autre que celui dont Molière s'est moqué dans *l'Amour médecin*, sous le nom de Desfonandrès, *tueur d'hommes*. V. Cizeron-Rival, p. 25.

1. Louis de Champlais, qui devint marquis par suite de l'érection de la baronnie de Courcelles en marquisat (1667). Son fils devint le mari de cette fameuse marquise de Courcelles dont M. P. Pougin a publié avec tant de soin les *Mémoires* dans la *Bibliothèque elzevirienne*.

2. On trouve la première mention de cette rue en 1540;

et à Nicolas de la Marre, à la charge de 6 livres de rente et de 2 sols parisis de cens.

selon La Tynna, en 1543, selon M. Berty (*Rev. archéolog.*, octobre 1855, p. 391). La Tynna veut qu'elle doive son nom aux *marais* qui l'infectaient, et M. Berty, au contraire, lui donne pour parrain un certain Nicolas Marets, « qui, en 1529, possédoit une pièce de terre d'un arpent et demi et quinze perches, s'étendant le long du chemin creux, entre le petit Pré-aux-Clercs et la Seine. » L'opinion de La Tynna est la meilleure. Elle se trouve confirmée par ce passage du mémoire de du Boullay, p. 68 : « Le costé de la rivière, y est-il dit, n'etoit pas haut comme il l'est à present, et ainsi beaucoup plus sujet aux inondations, pour si peu que la rivière fut grosse ; et, parce que l'on y portoit et deschargeoit la plupart des gravois et immondices de la ville, il s'y faisoit des bourbiers et des marecages qui ne se dessechoient que dans les grandes chaleurs, et c'est assurement de là que la rue des Marais porte le nom qu'elle porte. »

3. Ce Martin, et non pas Mathurin Fretté, eut une grande part, en 1559, aux premières mesures prises contre les Huguenots, en raison même de la position de sa maison, qui le faisoit le voisin d'un grand nombre d'entre eux : car ils affluoient, comme on sait, dans le Faubourg-Saint-Germain, et surtout dans cette rue des Marais, « que nous autres, dit d'Aubigné, appelons le Petit-Genève ». (*Le baron de Fœneste*, liv. 3, chap. 13.) — Fretté étoit donc en lieu commode pour les bien épier, et sa qualité de *clerc au greffe criminel de la cour du parlement* ne répugnoit pas à cet emploi. Regnier de la Planche (*Hist. de l'estat de France*, etc., in-8, t. 1, p. 51) le donne même pour « caut et rusé en ces matières, s'il en fut oncques. Aussi, dit-il, estoit-il dressé de la main du feu president Lizet, en sorte que, quand on ne pouvoit tirer tesmoignage et confession suffisante des accusez de ce crime (de religion), on mettoit ce fin Freté

Ces deux places furent, quelque peu de temps après, acquises par Thomas de Burgensis, qui y fit bastir la dite maison, qui avoit deux corps de logis en aile avec cour au milieu et jardin au derrière, dont Jeanne de Burgensis, sa fille, veuve de Hie-

aux cachots avec eux, lequel savoit si bien contrefaire l'Evangeliste que le plus subtil avisé tomboit dans ses filets. » Ce qu'on cherchoit surtout, c'étoit à surprendre quelques uns des Huguenots « mangeant de la chair aux jours defendus ». On savoit qu'en cette même rue des Marais un nommé Le Visconte, dont nous n'avons pu retrouver la maison, « retiroit coustumierement pour cela les allans et venans de la religion ». Ses voisins, et Fretté tout le premier, l'avoient dénoncé. C'est donc chez les *accusateurs*, et nommément chez notre clerc du greffe, qu'on résolut « de dresser des embûches un jour de vendredy..... Freté, dit Regnier de la Planche, alleché de la depouille de ses voisins pour les avoir de longtemps remarquez, retire chez soy quarante ou cinquante sergentz en sa part, qui estoyent entrés à la file. Et sur les onze heures estans arrivés Thomas Bragelonne, surnommé le Camus, conseiller au Chatelet..., avec deux ou trois commissaires des plus envenimez contre cette doctrine, la maison du Viconte fut incontinent environnée et rudement assaillie. » La lutte fut longue ; « Bragelonne et ses commissaires furent en grand danger d'estre tuez. » Si bien que ceux qu'on vouloit prendre « eurent loisir de se sauver, et les autres de la religion des maisons prochaines eurent aussi temps de se retirer, quittant leurs maisons à la merci des juges et sergens, qui y trouvèrent richesses d'or et d'argent monnoyé, principalement chez ce Viconte, où ses hostes avoient laissé leur argent en garde. » La Planche cite parmi ceux de cette rue qui avoient aussi quitté la place un gentilhomme nommé La Fredonnière.

rome Berzeau, herita, et dont elle fit ensuite donation entre vifs, par acte du 5 septembre 1576, à Hierome de Berzeau, sieur de la Marcillière, son fils.

Le 2 juillet 1583, Guillaume Taveau, bourgeois de Paris, fondé de procuration du dit sieur de la Marcillière du 25 juin precedent, vendit la dite maison à Jean Robineau, sieur de Croissy-sur-Seine, secretaire du roy.

Le 11 janvier 1602, le dit sieur Robineau vendit la susdite maison à Claude Lebret.

Le 28 mars 1607, le dit Lebret la revendit à M. Nicolas le Vauquelin, seigneur des Yveteaux et de Sacy, conseiller d'estat, laquelle il fit decreter sur le dit Lebret, et s'en rendit adjudicataire par sentence du Chastelet du 19 septembre au dit an.

Le dit sieur des Yveteaux la donna à M. Nicolas le Vauquelin, seigneur de Sacy, son neveu, et à dame Marguerite Dupuis, son epouse, en faveur de leur contract de mariage du 17 octobre 1644.

Le dit sieur de Sacy, tant en son nom, comme donataire du dit sieur des Yveteaux, son oncle, de la moitié de la dite maison, que comme tuteur de damoiselle Charlotte Gabrielle le Vauquelin, sa fille et de la dite defunte dame Marguerite Dupuis, vendit la totalité d'icelle, par contract d'echange du 30 decembre 1658, à M. Jacques Lemaçon, seigneur de la Fontaine, intendant et controlleur general des gabelles de France.

Le dit sieur de la Fontaine fit après construire trois maisons au lieu de celle qu'il avoit acquise du dit sieur de Sacy, et, depuis, ses creanciers ayant vendu ses biens, les dites trois maisons ont esté partagées en sept, desquelles :

Première maison.

La première, ayant face sur la rue des Petits-Augustins, bastie sur   toises de terre, appartient à M. Edme Robert, cy-devant intendant et tresorier de feu Son Altesse Royale Mademoiselle de Montpensier, lesquelles il a acquises de Pierre Sinson, charpentier, et de Marie Bequet, sa femme, sous le nom de Martin de la Croix, par contract du 6 mars 1672, dont il a passé titre nouvel le 13 février 1691, pardevant Baglan, notaire.

Au derrière de laquelle maison il y a joint vingt-quatre toises et demie de terre qu'il a acquises des heritiers de feu M. le president Le Boulanger, par contract du   , qui les avoit acquises de M. le president Thevenin ou de ses heritiers, à qui dame Claude de la Roue de Gallardon les avoit vendues, laquelle les avoit acquises de Gabriel Montagne, par contract du 14 mai 1606, qui les avoit aussi acquises de Nicolas Beaujouen, lequel les avoit pris à cens et rentes du dit sieur Le Clerc, par contract du 18 juin 1645 [1], moyennant 8 deniers de cens et 49 sols de rente.

---

1. Cette petite portion de terre cédée par Le Clerc à Baujouen étoit une de celles sur lesquelles on n'avoit pas construit, « à cause, dit du Boullay, p. 260, que l'on apprehendoit les desordres et insultes des escoliers. » Les mêmes craintes étoient préjudiciables aux maisons bâties. « Et ceux mesmes, dit encore du Boullay, qui y avoient des mai-

Seconde maison.

La seconde, faisant face sur la rue des Augustins, joignant la precedente, avec issue à porte cochère dans la rue des Marais, bastie sur.... toises de terre, a esté acquise par M. Jean de Joncoux, avocat au parlement, de M. Jacques Lemaçon, seigneur de la Fontaine, par contract passé pardevant Plastrier, notaire, le 10 juin 1659.

Troisième maison.

Cette maison, qui est bastie sur 161 toises de terre, a esté acquise par le mesme sieur de Joncoux, du dit sieur de la Fontaine, par contract du dernier septembre 1672, passé pardevant le dit Plastrier, notaire, lesquelles deux maisons ont esté vendues par damoiselle Françoise Marguerite de Joncoux [1], fille majeure, seule et unique heritière du dit M. Jean de Joncoux, à M. Jean Chastelier, avocat en parlement, par contract passé pardevant Couvreur et son compagnon, notaires, le 24 may 1695, lequel sieur Chastelier en a passé titre nouvel pardevant Baglan, notaire, le 7 juin 1695.

---

sons ne trouvoient pas bien souvent à qui les louer, et ainsi l'Université ne pouvoit estre payée de ces cens et rentes. »

1. Françoise Marguerite Joncoux, fille du gentilhomme auvergnat qui vient d'être nommé, et de qui elle tenoit la maison de la rue des Marais désignée ici, s'est distinguée parmi les écrivains jansénistes. C'est elle qui a traduit les notes de Wendrock (Nicole) sur les *Provinciales*. Elle étoit née en 1668, et mourut le 27 septembre 1715.

Quatrième maison.

Cette maison appartient aux sieurs Le Doux, procureur au Chastelet, et Domillier, comme l'ayant acquise de M. Charles Sinson, avocat en la cour, et autres, par contract passé pardevant Lebeuf et Boindin, notaires, le 2 septembre 1688.

Cinquième maison.

La cinquième maison, bastie sur.... toises de terre, appartenante à M. François Commeau, avocat, comme l'ayant acquise des creanciers et directeurs des creanciers du dit sieur de La Fontaine, par contrat passé pardevant Baglan et son confrère, notaires, le 31 janvier 1682.

Sixième maison.

La sixième maison, bastie sur.... toises de terre, acquises par M. Antoine de Massanes, secretaire du roy, des creanciers et directeur des creanciers du sieur de La Fontaine, par contrat passé par devant Prieur et Baglan, notaires, le 17 janvier 1682.

M. Thomas Hardy, ecuyer, seigneur de Beaulieu, oncle et tuteur d'Auguste et de Jacques de Massanes, enfans et heritiers de M. Antoine de Massanes, ecuyer, lequel estoit fils et heritier du dit sieur de Massanes, secretaire du roy, en a passé titre nouvel le 20 février 1691 par devant Baglan, notaire.

Septième et dernière maison.

La septième et dernière maison, bastie sur....

toises de terre, acquises par M. Augustin de Louvancourt, conseiller du roy, maistre ordinaire en sa chambre des comptes, et l'un des quatre secretaires d'icelle[1], des creanciers et directeurs des creanciers du dit sieur de La Fontaine, par contrat passé par devant Dettoyes et Baglan, notaires, le 27 février 1682, dont le dit sieur de Louvancourt a passé titre nouvel par devant Barbar et Baglan, notaires, le 20 fevrier 1691.

Toutes ces sept maisons, basties sur les dites places données à cens et rentes aus dits Fretté et Delamarre par le dit Le Clerc, ne sont aujourd'huy chargées que de 2 sols 6 deniers de cens, la rente de 6 livres ayant esté rachetée par le dit sieur Hercules de Vauquelin, par quittance passée par devant Baglan et son collègue, notaires, le 8 mars 1690.

1. Il avoit pour fille Mlle Marie de Louvencourt, qui eut une sorte de réputation poétique vers 1680. On trouve de ses vers dans la *Nouvelle Pandore* de M. de Vertron et dans les *Entretiens de morale* de Mlle de Scudéry.

SECONDE PARTIE,

Concernant les six arpens de terre dependans du grand Pré donnés à cens et rente à la reine Marguerite par contract du dernier juillet 1606

On a dejà dit, dans la division de ce memoire, que, l'Université s'etant pourveüe contre le contrat de bail à cens et rente qu'elle avoit fait à la reine Marguerite de 6 arpens de terre dependans du grand Pré[1], parcequ'ils ne luy produisoient que 60 livres de rente, pendant que les Augustins reformés, qu'on nomme Petits-Augustins, à qui cette reine les avoit donnez[2],

---

1. « La reine Marguerite, duchesse de Valois..., traitta avec l'Université, en l'an 1606, pour 6 arpens de terre sciz au petit Pré, à la charge de 12 *deniers parisis de cens et de* 10 *livres de rente foncière pour chaque arpent, lods et ventes, saisines et amendes*, le cas avenant, qu'elle reconnoist, par le contract du 31 juillet au dit an, appartenir à la dite Université *en plein fief, à cause des dons et liberalitez des roys de France*; lequel contract fut homologué par arrest du 5 septembre 1609.... » (Du Boullay, p. 341.)

2. Une première donation aux Augustins déchaussés avoit eu lieu en 1608, par suite d'un vœu fait par la reine, « à l'imitation du patriarche Jacob », lequel consistoit en deux points : « le premier, de donner à Dieu la dîme de tout son bien; le second, d'édifier un autel..., lequel sera appelé l'*autel Jacob*, qui sera composé d'une grande eglise pour celebrer le divin service de l'office ordinaire qu'on a accoustumé dire et

en retiroient près de 2000 livres annuellement, il intervint arrest contradictoire, le 23 décembre 1622, entre l'Université, les Augustins, comme donataires de la dite reine, et les particuliers ausquels il avoit esté fait des sous-baux [1]; par lequel arrest il est porté que les rentes constituées sur les places dépendantes des dits six arpens données à cens et rentes par les dits Augustins ou la dite reine tourneroient au profit de l'Université, desquels sousbaux suit la teneur.

chanter... » L'église, qui n'étoit d'abord qu'une chapelle ronde, fut construite. V. *Suppl.* à du Breul, p. 72, et le Plan de Mérian. Le nom de la rue voisine garda le souvenir du vœu singulier fait par la reine au patriarche *Jacob*. Les pères Mathieu et François Amyot reçurent cette magnifique donation au nom de l'ordre des Augustins déchaussés. La reine avoit fait préalablement accorder par le roi au père Amyot un brevet lui permettant « de recevoir et occuper tous biens,... et bastir convents de son ordre en tous lieux et endroits de son royaume. » (L'Estoile, 16 juin 1607, édit. Michaud, t. 2, p. 429.) — Par malheur, les Augustins déchaussés ne satisfirent pas la reine, qui vouloit des « religieux qui chantassent à nottes ». Elle les congédia en 1612, pour prendre des moines chantant mieux. Ce furent les Augustins réformés, ou *Petits-Augustins*. Les Augustins deschaux, ou *Petits-Pères*, s'en allèrent au faubourg Montmartre, où ils consacrèrent, sur un terrain dépendant de la Grange-Batelière, une église à Notre-Dame-des-Victoires. (*Suppl.* à du Breul, *ibid.*).

1. Le 15 avril 1614, l'Université avoit déjà obtenu du roi des lettres de rescision annulant le contrat qu'elle avoit fait avec la reine Marguerite. Elle s'étoit fondée, dans cette demande d'annulation, sur ce que les 6 arpens concédés à la reine « pour employer à son plaisir et contentement par-

Sous-baux faits par la reine Marguerite ou par les Augustins, ses donataires.

Le premier, par contrat passé pardevant Guillard et Bontemps, notaires au Chastelet, le 12 février 1611, à M. Nicolas Le Prestre, sieur de la Chevalerie, secretaire de la chambre du roy, de 396 toises de terre, y compris 176 toises, à cause de 4 toises de face sur 44 de longueur, qui luy furent delaissées franches et quittes, à la charge par luy de faire faire à ses propres frais et depens, à l'endroit où estoit l'egout, une voute et arcade de maçonnerie de 6 pieds de large sur hauteur competente, pour le passage des eaux et immondices du fauxbourg[1], après lequel fait il pourroit appliquer à son profit et à tel usage qu'il jugeroit à propos le surplus des dites 176 toises de terre, ou mesme celles sur ledit egout; et à l'egard des 220 toises faisant le surplus des dites 396 toises mentionnées au dit contrat, il payeroit

---

ticulier, et pour le seul usage d'icelle dame et de son hostel », avoient été détournés de cette destination à ce point que « mesme ont esté faits des baux à personnes particulières, lesquelles maintenant y batissent ». (Du Boulay, p. 300.)

1. Cet égout, construit suivant les conditions imposées ici, passoit sous une partie des jardins de des Yveteaux, dont il sera parlé tout à l'heure. V. Félibien, *Preuves*, t. 2, p. 136. — Il étoit d'autant plus nécessaire de le voûter que la peste, dont ces cloaques étaient un foyer permanent, avoit dernièrement sévi dans ces quartiers. L'Estoille dit, sous la date du 6 septembre 1606 : « La peste est au logis de la reine Marguerite, dont deux ou trois de ses officiers meurent, et entr'autres un miserablement dans une pauvre

aus dits religieux 88 livres de rente, et à l'Université 12 deniers parisis de cens.

Le deuxième, par contrat passé pardevant les mesmes notaires le 12 juillet 1613, par les dits Augustins au dit sieur de la Chevalerie, de 750 toises de terre, moyennant 225 livres de rente.

Le troisième, par contrat passé pardevant les mesmes notaires, le 8 janvier 1618, par les dits Augustins au dit sieur de la Chevalerie, de 180 toises, moyennant 48 livres de rente.

Le quatrième, par contract passé par devant les mesmes notaires le 12 juillet 1613, par les dits Augustins, à Jean Clergerie, marchand au Palais, de 200 toises de terre, moyennant 60 livres de rente et 2 deniers de cens.

Le cinquième, par contract passé par devant les mesmes notaires le dit jour 12 juillet 1613, par les dits Augustins, à Alphonse Mesnard, marbrier, de 103 toises, moyennant 31 livres de rente.

Le sixième, par contrat passé par devant les mesmes notaires le dit jour 12 juillet 1613, par les dits Augustins, à Jacques Prudhomme, boulanger, de 100 toises de terre, moyennant 30 livres de rente et 1 denier de cens.

Le septième, par contract passé par devant les mesmes notaires le 12 avril 1613, par les dits Augustins, à Guillaume Lelamer, orfévre, qui en passa declaration au profit de René Lebreton et de Fran-

---

mazure, près les Frati ignoranti, la fait retirer à Issy, au logis de la Haye, se voiant, à raison de cette maladie, abandonnée de ses officiers et gentilshommes. »

çois Percheron, de 300 toises de terre, moyennant 90 livres de rente et 3 deniers de cens.

Le huitième, par contract passé par devant les mesmes notaires le 12 avril 1613, par les dits Augustins, à Simon Devaux, parfumeur[1], de 300 toises de terre, moyennant 90 livres de rente et 3 deniers de cens.

Le neuvième, par contrat passé par devant les mesmes notaires le 18 avril 1613, par les dits Augustins, à Jacques Rousseau, brodeur[2], de 100 toises de terre, moyennant 30 livres de rente et 1 denier de cens.

1. Les modes italiennes importées par les Médicis avoient donné une grande extension au commerce des parfums, et l'on avoit pu s'y enrichir à Paris. C'est ce que fit le sieur Devaux, à qui nous voyons acheter ici 300 toises de terrain. Il avoit sa boutique près la Magdeleine, c'est-à-dire à la descente du pont Notre-Dame, non loin de celle où le parfumeur milanois René, qu'on accusoit d'avoir empoisonné Jeanne d'Albret dans une paire de gants parfumés, avoit tenu son commerce. L'Estoille nous parle de Devaux à propos d'un cabinet qu'il eût bien voulu lui vendre. « Homme des plus curieux de Paris, il avoit, dit-il, le bruict d'être fort riche et aisé. » (Mardi, 7 octobre, 1608. Edit. Michaud, t. 2 p. 476.)

2. C'est le troisième brodeur que nous rencontrons dans ce quartier. Félibien nous en nomme encore un autre (*Preuves*, t. 2, p. 136). Il sembleroit par là que cette corporation, alors nouvelle, puisque ses statuts ne datent que de 1648, y comptoit, comme celle des doreurs (V. plus haut), un assez grand nombre de ses membres. Ce qui l'indiqueroit encore mieux, c'est qu'elle avoit pris pour paroisse l'église voisine des Grands-Augustins. (*Le Guide du corps des marchands*,

Le dixième, par contract passé par devant les mesmes notaires le 10 avril 1613, par les dits Augustins, à Jean Dubut, de 100 toises de terre, moyennant 30 livres de rente et 1 denier de cens.

Le onzième, par contract passé par devant les mesmes notaires par les dits Augustins, le 13 avril 1613, à Mathieu Ladant, de 100 toises de terre, moyennant 30 livres de rente et 1 denier de cens.

Le douzième, par contrat passé par devant les mesmes notaires par les dits Augustins, le 18 may 1613, à Mathieu Hautecloche, de 100 toises de terre, moyennant 30 livres de rente et 1 denier de cens.

Le treizième, par contract passé pardevant les mesmes notaires par les dits Augustins, le 18 may 1613, à Pierre Hanon, de 150 toises de terre, moyennant 45 livres de rente et 4 deniers de cens.

Le quatorzième, par contract passé pardevant les mesmes notaires par les dits Augustins, à Philippe Bacot, peintre[1], le 24 octobre 1613, de 199 toises de terre, moyennant 59 livres 14 sols de rente et 2 deniers de cens.

Le quinzième, par contract passé pardevant les mesmes notaires par les dits Augustins, au dit Pierre Hanon, le 12 juillet 1613, de 205 toises de terre, moyennant 61 livres de rente et 10 deniers de cens.

1766, in-8, p. 180.) Un peu plus tard il s'en porta un certain nombre vers la rue de Sèvres, dans la *nouvelle rue de Sèvres*, qui, à cause d'eux, prit, en 1676, le nom de rue des Brodeurs.

1. Peintre artisan, sans doute, car nous ne connoissons pas d'artiste de ce nom.

Le seizième, par contract passé pardevant les mesmes notaires par les dits Augustins, à Jean Hovalet, le dit jour 12 juillet 1613, de 105 toises de terre, moyennant 31 livres 15 sols de rente et 1 denier de cens.

Le dix-septième, par contract passé pardevant les mesmes notaires, par les dits Augustins, à Pasquier Ruelle, boulanger, le dit jour 12 juillet 1613, de 108 toises de terre, moyennant 31 livres 3 sols 6 deniers de rente et 2 deniers de cens.

Le dix-huitième, par contract passé pardevant les mesmes notaires, par les dits Augustins, le dit jour 12 juillet 1613, de 100 toises et demie, à Hubert-le-Sueur, moyennant 33 livres 3 sols de rente.

Le dix-neuvième, par contract passé pardevant les mesmes notaires, le 9 octobre 1613, par les dits Augustins, à Nicolas Dehene, de 117 toises et demie, moyennant 35 livres 5 deniers de rente.

Le vingtième, par contract passé pardevant les mesmes notaires, le 12 juillet 1613, par les dits Augustins, aux religieux de la Charité, de 1275 toises de terre, moyennant 382 livres 14 sols de rente et 12 deniers parisis de cens par arpent[1].

---

1. Les frères de la congrégation de Jean de Dieu, ou de *la Charité*, s'étoient d'abord établis, par la protection de Marie de Médicis, qui en avoit fait venir cinq de Florence, sur l'emplacement pris un peu plus tard par les Augustins réformés. C'est lors de la grande fondation religieuse de la reine Marguerite, et à la prière même de cette princesse, qu'ils avoient dû leur céder la place. Les Augustins, en échange, leur accordèrent les 1275 toises de terrain mentionnées ici, et que les bâtiments de l'hôpital de la Charité

LE PRÉ-AUX-CLERCS. 139

Tous les particuliers denommez dans les dits sousbaux ayant donc eté obligez, au moyen du dit arrest contradictoire du 23 decembre 1622, de payer à l'Université non seulement les cens, mais encore les rentes à la charge desquelles les dits baux leur avoient esté faits, ils en passèrent declaration au profit de l'Université.

Le premier preneur, qui estoit messire Nicolas Le Vauquelin, seigneur des Yveteaux[1] et de Sacy, conseiller d'estat, lequel, sous le nom de M. Nicolas Le

occupent aujourd'hui. Auprès se trouvoit un cimetière, qui leur fut aussi donné. Il attenoit à la léproserie où l'on portoit les malades de ce faubourg en temps de peste, et dont la petite chapelle, nommée Saint-Pierre ou *Saint Père de la Maladrerie*, cédée de même aux frères de la Charité, devint leur première église. Quand la population huguenote avoit commencé de s'étendre dans le Pré-aux-Clercs, le cimetière lui avoit été abandonné. Au mois de mai 1603 on y enterroit encore des protestants, puisque nous y voyons porter le 21 de ce mois là le corps du trésorier Arnauld, commis de M. de Rosny. V. L'Estoille. L'année d'après, par arrêt du Conseil, ces inhumations durent cesser, et en 1606 le cimetière, étant donné aux frères de la Charité, fut ainsi rendu aux sépultures catholiques. Il occupoit, dans la rue *aux Vaches* ou *de Saint-Père*, appelée *des Saints-Pères* par altération, l'espace qui s'étend depuis la rue Saint-Dominique jusqu'un peu au delà de la rue Saint-Guillaume. Au mois de juin 1844, faisant un égoût rue des Saints-Pères, les ouvriers trouvèrent à cette hauteur un grand nombre d'ossements dans des cercueils de plâtre.

1. Nous n'avons trouvé nulle part, même dans le *Mémoire* de du Boulay, une explication plus complète et une analyse plus détaillée des titres de propriété de cette belle maison

Prestre, sieur de la Chevalerie, avoit acquis des dits Augustins, par trois differens contracts, 1130 toises de terre, en passa declaration, titre nouvel et reconnoissance à l'Université, le 13 mars 1624, et promit luy payer à l'avenir les 361 livres de rente à la charge desquelles les dites 1130 toises de terre avoient esté données au dit sieur de la Chevalerie.

Le dit sieur des Yveteaux joignit à ces 1130 toises de terre autres 602 toises 2 tiers 4 pieds, qu'il avoit dejà acquises sous le nom du dit sieur de la Chevalerie, par contract du 14 juillet 1610, de François Fontaine, secretaire du roy, qui les avoit acquises de Richard Tardieu, sieur du Mesnil, à qui l'Université en avoit fait bail, le 5 septembre 1588, moyennant 43 livres de rente et 2 sols parisis de cens.

Cette rente fut rachetée par le dit sieur des Yveteaux, sous le nom du dit sieur de la Chevalerie, par quittance du 6 novembre 1610, moyennant 914 livres sols, lesquelles furent employées, sçavoir : 445 livres 5 sols à payer à M. Germain Gouffé, receveur de l'Université [1], pareille somme à lui due pour reste de compte, et les 468 livres 17 sols 5 deniers restans furent donnés à constitution de rente au collège des Cholets, qui fut rachetée le 12 octobre 1617.

de des Yveteaux, si célèbre au temps de Louis XIII, aussi bien à cause de l'étendue et de la beauté de ses jardins qu'en raison de la vie extravagante qu'y menoit le vieux poète courtisan.

1. Ce M. Germain Gouffé s'étoit chargé, au mois de janvier 1593, « de faire desseicher, labourer et mettre en bonne nature de terre... la quantité de douze arpents, à prendre

Le dit sieur des Yveteaux, de toutes ces quatre places qui estoient joignantes l'une à l'autre et contenoient 1732 toises 2 tiers 4 pieds, tenant d'un bout à la rue lors appellée de la Petite-Seine, et aujourd'huy des Petits-Augustins, d'autre à M. Pierre Calluze, qui estoit au lieu de Jean Clergerie, et au nouveau jardin des dits Augustins, contenant trois quartiers six perches de terre des dits six arpens, d'un costé à la rue Jacob et d'autre au monastère des dits Augustins, composa un grand clos et jardin, planté en partie d'arbres de haute futaye, lequel avoit communication avec sa maison et jardin, sise rue des Marais, au moyen d'une voute qui avoit esté pratiquée sous terre, dans la dite rue de la Petite-Seine [1].

au grand et petit Pré-aux-Clercs... », plus une pièce du même petit Pré « joignant la maison Du Cerceau... » Deux laboureurs : Menessier, demeurant rue de la Harpe, Allan, demeurant aux Bordeliers, avoient pris cette tâche « moyennant quatre escus sols par an ».

1. D'après ce qu'il écrivit lui-même en 1645, lors de son procès avec son frère, dans un factum analysé par M. J. Pichon, des Yveteaux avoit acquis cette maison de la rue des Marais, « par décret, 17,000 livres, huit ans avant la mort de son père, c'est-à-dire en 1599, sur le prix de la charge qu'il avoit été obligé de vendre... » (J. Pichon, *Notices biographiques et littéraires sur la vie et les ouvrages de Jean Vauquelin de la Fresnaye et Nicolas Vauquelin des Yveteaux*, 1846, in-8; p. 40.) Selon du Boulay, au contraire (p. 312), il ne l'auroit acquise qu'en 1607, au mois de mars, en se reconnoissant débiteur envers les moines de Saint-Germain d'une rente annuelle de six livres, dont cette maison, seule de toutes celles de la rue des Marais, étoit restée

Le dit sieur des Yveteaux donna, le 18 octobre 1644, à messire Nicolas Le Vauquelin, seigneur de Sacy, son neveu, et à dame Marguerite Dupuis, son epouse, en faveur de leur contract de mariage, le

chargée. Du Boulay pense aussi (p. 395) qu'elle avoit été bâtie à l'endroit où se trouvoit cette place d'Ancelyre, située entre la chapelle de Saint-Martin-des-Orges et les jardins de Nesle, et servant de passage aux écoliers qui se rendoient au Pré-aux-Clercs (p. 87-88). Enfin il y retrouve encore (p. 312) la maison de Martin Freté, dont il a été parlé plus haut à propos des premières mesures prises contre les huguenots de la *petite Genève*. Telle qu'elle étoit quand il l'acheta, elle ne lui eût pas fait grand honneur; aussi se mit-il à l'embellir et à augmenter ses jardins dans les vastes proportions dont on vient de parler. « En ce temps-là, dit Tallemant, il n'y avoit rien de bâti au delà dans le faubourg Saint-Germain. On l'appeloit pour cela le *dernier des hommes*. Cette maison, ajoute-t-il, a l'honneur d'être aussi extravagamment prise que maison de France. Le grand jardin qu'il y joignit, et auquel on va par une voûte sous terre, est à peu près de mesme. Il s'y mit à faire là dedans une vie voluptueuse, mais cachée : c'estoit comme une espèce de grand seigneur dans son serrail. » (Edit. P. Paris, t. 1er, p. 345.) Il est parlé dans les *Mélanges* de Vigneul-Marville (t. 1er, p. 177) des beautés de ce jardin, et surtout des mascarades pastorales et lyriques qu'il y menoit avec la du Puy, cette chanteuse des rues dont il avoit fait la dame et la déesse de cette belle demeure. Il en est aussi question dans le *Segraisiana* (p. 103) et dans le *Chevræana* (p. 290), où il est dit à propos de des Yveteaux et de sa bergère, « qui jouoit de la harpe parfaitement bien » : « A l'âge de soixante et dix ans, il lui faisoit prendre une houlette garnie de rubans couleur de feu, un habit propre; prenoit à son tour une autre houlette, un chapeau de paille, un habit tel que Cela-

dit grand clos et jardin, avec les batimens qu'il y avoit fait construire, et le dit sieur de Sacy, après la mort de la dite dame Marguerite Dupuis, son epouse, tant comme donataire pour moitié du dit sieur des

don le pouvoit porter dans l'Astrée; et, par une allée sous terre, ils entroient dans un jardin qui etoit à lui. » Dans le grand procès que lui suscita le meurtre de Lezinière, frère de la du Puy, tué dans son jardin même en des circonstances qui seront expliquées sommairement plus loin, des Yveteaux eut à subir toutes sortes de reproches au sujet de sa vie voluptueuse et cachée. Dans le *Factum pour madame Catherine Couldray, veuve de Lezinière*, on dit que sa maison est « un dédale embarrassé », tout rempli de valets, « et dont l'entrée est si difficile que tous ceux qui y ont esté savent que les portes de la Bastille ne sont pas plus etroittement gardées. » (Page 13.) « Le sieur des Yveteaux, y est-il dit plus loin (p. 36-37), ne se soucie point que l'on publie sa vie molle et delicate. Quand il est dedans son jardin habillé en pasteur avec sa belle Iris, la reine de la harpe, et que, pour le divertissement de sa debauche, il fait porter un jambon à la mesme forme que le pain benist à l'eglise, comme il se void par la description qu'il en a fait faire par le sieur de Saint-Amant, il ne voit pas qu'il y ait d'autres divinités que celles de la poésie, ny d'autre ciel que la demeure de son jardin, où il establit le sejour de toutes ses voluptez et de tous ses crimes. » On lui reproche encore d'être resté là caché trente-cinq ans à mener une vie horrible. (*Réplique de la veuve de Lezinière*, p. 5) Enfin on ne lui pardonne même pas les dieux de plâtre dont son jardin étoit orné. On lui dit, dans une satire en strophes ayant pour titre *les Bastons rompus*, et mise à la suite de ce dernier factum :

La Bible te semble une farce;
Par tes discours et tes escrits

Yveteaux, son oncle, que comme tuteur de damoiselle Charlotte-Gabrielle Le Vauquelin, sa fille, vendit, par contract du 10 decembre 1659, à messire Jacques Le Maçon, sieur de la Fontaine, intendant et contro-

> De Dieu tu fais toujours mespris,
> Et n'en connois point que ta garce.
> Ton jardin, à ce que tu dis,
> Est ton unique paradis ;
> C'est là que tu fais l'idolastre
> D'un Mercure, d'une Venus,
> Et d'autres marmousets de plastre
> Que l'Eglise n'a point connus.

La voûte faisant communiquer entre eux le petit et le grand jardin passoit, comme il est dit ici, et comme l'avoit deviné M. Paulin Paris, sous la rue des Petits-Augustins, et non pas sous celle des Marais, ainsi que l'a écrit M. J. Pichon (p. 41). Les 1732 toises du grand jardin ne pouvoient, en effet, se trouver que dans les terrains vagues s'étendant au delà de la rue des Petits-Augustins, entre cette rue, la rue Jacob et l'enclos du couvent, jusque vers la rue des Saints-Pères. Il eût d'ailleurs été impossible que, comme le veut M. Pichon, des Yveteaux possédât l'espace compris entre la rue des Marais et celle du Colombier, puisqu'il étoit occupé par le terrain de G. Gouffé (voy. plus haut) et la maison de du Cerceau. La maison du poète, son petit jardin, la basse-cour avec les bâtiments en dépendant, où se trouvoit cette riche collection de tableaux que le propriétaire estimoit autant que tout le reste (voy. M. Pichon, p. 42), toute cette partie de la propriété de des Yveteaux, reliée au reste par la voûte souterraine, s'étendoit entre la rue des Marais, du côté des numéros pairs, et l'hôtel de Larochefoucauld-Liancourt, dont la rue des Beaux-Arts a, comme on sait, pris la place. Il paroît même, selon Tallemant, que Mme de Liancourt, voulant s'agrandir de ce côté, offrit à des Yveteaux 200,000 livres de sa maison et

leur general des gabelles de France, 1200 toises ou environ, faisant partie du grand clos et jardin, chargées seulement de deux sols six deniers de cens; et, pour les 361 livres de rente, il declara qu'elles devoient estre payées et acquittées à la decharge de la succession du dit feu sieur des Yveteaux, son oncle, par messire Hercules le Vauquelin, maistre des requestes, au moyen d'un contract passé entre le dit defunt sieur des Yveteaux et le dit sieur le Vauquelin, maistre des requestes, le vingt-septième jour de decembre 1644, ce qui fut fait par quittance du douzième jour de juillet 1685[1].

de ses deux jardins. Le plus grand des deux, celui qui étoit au delà de la rue des Petits-Augustins, avoit une petite porte sur la rue Jacob. C'est sur le seuil de cette porte que le mari de la du Puy vint se placer un soir, poussant de grands cris pour attirer l'attention et exciter la pitié de des Yveteaux; ce qui lui réussit : car il ne fallut que ce manége pour ouvrir la maison à ce couple d'intrigants, qui y fut bientôt maître. En 1636, à cause de cette même porte de derrière, nous trouvons des Yveteaux forcé de contribuer, ainsi qu'un boulanger son voisin, pour le pavage de la rue Jacob. (Félibien, *Preuves*, t. 2, p. 135.)

1. Des Yveteaux avoit d'abord vendu la nue propriété de sa maison à Hercule, son neveu, nommé ici, et le même dont Tallemant a dit : « Ce monsieur le maistre des requestes pretendoit estre seul heritier du bonhomme, car il y avoit assez à esperer ». Malgré cette vente, qui n'étoit sans doute faite que fictivement, et pour satisfaire en apparence à l'avidité du neveu, des Yveteaux crut pouvoir céder aux obsessions de la du Puy quand il fut question de marier la fille qu'ils avoient eue ensemble avec Nicolas Vauquelin de Sacy, un autre de ses neveux. Il leur donna, par leur con-

Sur ces 1200 toises de terre ou environ acquises par le dit sieur de la Fontaine, il a esté dans la suite basti plusieurs maisons, par differens particuliers, au moyen des achapts qui ont esté faits.

trat de mariage, ce qu'il avoit déjà vendu à Hercule : de là de grandes querelles, de là même des rixes continuelles, dont la dernière finit par un assassinat. Des Yveteaux s'explique ainsi sur les suites de cette funeste donation dans le *factum* qu'il fut obligé de publier pour se justifier du crime commis chez lui : « Pour rachepter le repos de sa vieillesse, il fut, lui des Yveteaux, contraint de forcer le dit sieur de Sacy, son second neveu, de se priver des conditions de son dit mariage, et de faire une transaction par laquelle il s'est desisté de la donation, quoi qu'acceptée, insinuée et faicte par un contrat de mariage qui l'a engagé dans des malheurs infinis,... en ce que le dit neveu (Hercule) ayant eu quelque ombrage que cette transaction ne pouvoit subsister, comme faicte avec mineure, et contre la solidité d'un contrat de mariage, il auroit supposé quantité de gens de neant, abandonnez et desesperez, pour provoquer ledit sieur de Sacy, son cousin germain, en duel, et autre occasion d'assassin, l'un des quels, nommé Lezinière, a esté celuy qui en a voulu faire l'execution, d'où s'en est ensuivy la mort qui cause l'etat du procès. » Ce Lezinière, en effet, qui étoit frère de la du Puy, au lieu de faire cause commune avec elle, s'étoit fait, dans cette affaire, le spadassin d'Hercule. Non content d'une première querelle dans laquelle il avoit blessé Sacy, il vint un soir faire tapage chez des Yveteaux. La du Puy voulut le calmer. Sacy, qui rentroit, se mit de la partie. Il en résulta une rixe violente dans laquelle Lezinière, renversé, fut percé de coups d'épée par le valet de son adversaire, et mourut. Il est inutile d'entrer dans les détails du procès qui suivit ; il ne nous importe que pour ce qui a rapport à la maison. Or, c'est Tallemant qui nous renseigne le mieux sur ce point. « Pour

Premierement, M. Pierre Dubois, maçon, acquit du dit sieur de la Fontaine 14 toises de face sur 25 toises et 2 pieds de profondeur, faisant partie desdites 1200.

L'Hôtel-Dieu de Paris acquit du dit Dubois et de Marie Arnoult, sa femme, par contract du 12 novembre 1670, deux grandes maisons, joignantes l'une à l'autre, basties sur les dites 14 toises de face et 25 toises 2 pieds de profondeur, ayant vue sur la rue des Petits-Augustins, desquelles deux maisons a esté passé titre nouvel le 24 novembre 1694, pardevant Baglan, notaire.

finir, dit-il, tous ces differends, on fit une transaction par laquelle, moyennant 80,000 livres, Sacy et sa femme renonçoient à la maison. Ils s'en sont fait relever depuis. » Il paroît cependant que la transaction passée entre des Yveteaux et Hercule fut bonne et valable en partie, puisqu'elle est rappelée ici avec sa date du 27 décembre 1644. Tout le grand jardin étoit sans doute resté le partage de Sacy, tandis que la maison et le petit jardin étoient celui d'Hercule. C'est comme propriétaire de cette partie qu'il devoit être tenu de payer le cens grevant la totalité des terrains. Un factum, sous forme d'une *lettre de M. le président de la Fresnaye* (le père d'Hercule) *à M. des Yveteaux, son frère*, nous prouve qu'en effet la maison avoit été achetée et payée par le maître des requêtes, et que le reste, le grand jardin sans doute, étoit aux mains de Sacy et de la fille de la du Puy, sa femme. « En traitant avec vous, y est-il dit, de la propriété de votre maison, dont vous vous réservez l'usufruit, il vous a payé comptant 81,000 livres et s'est obligé d'ailleurs à 42,000 livres. Ceux qui ont volé la plus grande partie de votre bien ne sont pas satisfaits s'ils n'ont le reste. Pour y parvenir, ils veulent avoir cette maison que vous avez vendue,

La troisième maison, bastie sur sept toises de face dans la dite rue des Augustins, sur 25 de profondeur, fut vendue par le dit sieur de la Fontaine à Pierre Tapa, masson, laquelle maison a esté depuis acquise par M..... de Vigny, par contract du..., et a passé titre nouvel le dixième jour de juillet 1694, pardevant Baglan, notaire.

La quatrième maison, bastie sur sept toises de face dans la dite rue, sur 25 de profondeur, contenant cour et jardin, appartenant à M. Salomon Domanchin[1], qui a passé titre nouvel le dix-septième jour de juillet 1690, pardevant Baglan, notaire.

La cinquième maison, acquise par damoiselle

et l'argent que mon fils a payé. » Ce qui prouve que les 123,000 livres données ici par Hercule devoient suffire à peine pour payer la maison et les meubles, sans compter le grand jardin, c'est que nous avons vu tout à l'heure madame de Liancourt offrir pour le tout 200,000 francs, somme qui même étoit encore insuffisante, puisque, d'après le *factum* de des Yveteaux (page 9), d'autres estimoient « cette belle maison du prix de 100,000 escus. » Pour en finir, nous dirons, d'après Tallemant (édit. P. Paris, t. 1, p. 346), que Richelieu fut de ceux à qui cette maison fit envie. « Il eut quelque pensée d'y bâtir, mais il trouva que cela estoit trop loin du Louvre..., parce qu'il falloit gagner le Pont-Neuf pour s'y rendre. »

1. C'est sans doute le Domanchin dont parle Sandras de Courtilz dans les *Mémoires du comte de Rochefort*, p. 341, et dont le nom est cité dans la longue pièce monorime *l'Epitaphe du bibliothécaire* (le Conservateur, avril 1758, p. 110). Sandras le donne pour « un fameux usurier qui avoit volé pour le moins cinquante mille écus à un gentilhomme nommé Méré. » Le prénom tout israélite de Salomon, qui lui est donné ici, ne répugne ni à la qualité, ni au méfait.

Magdeleine de Galmet, femme separée quant aux biens d'avec M. Gilles Launay, historiographe de France [1], bastie sur 52 toises et demie de superficie, ayant face dans la dite rue des Petits-Augustins, laquelle elle a depuis vendue aux religieux de la Charité, par contract du dix-huitième jour de juillet 1676, pardevant Huart et Duparc, notaires, lesquels religieux en ont passé titre nouvel le premier jour de mars 1695, pardevant Baglan et son confrère.

La sixième, bastie sur sept toises de face dans la dite rue, sur 25 de profondeur, acquise par Cesar Baudet, marchand, et depuis par lui vendue à M. Louis Rellier, par contract du..., qui a passé titre nouvel pardevant Baglan, notaire, le vingt-quatrième jour d'aoust 1694.

La septième maison, bastie sur trois toises et demie de face dans la dite rue, sur 10 de profondeur, appartenante à M. Estienne Magueux, avocat, au moyen du contract du dix-neuvième jour d'avril 1668, pardevant Dupuys et Plastrier, notaires, et a le dit sieur Magueux passé titre nouvel le septième jour d'aoust 1694, pardevant Baglan, notaire.

La huitième maison, bastie sur six toises de face dans la dite rue, sur dix de profondeur, et faisant l'encoigneure d'icelle rue et de la rue Jacob, appartenante à M. Gilles de Launay, historiographe de France, au moyen de l'acquisition par luy faite de la dite place du sieur de la Fontaine par deux différents contracts..., passez pardevant Sadot et Plastrier, notaires, dont le dit sieur de Launay a passé titre nouvel

[1]. Nous ne savons quel est ce monsieur Gilles de Launay, historiographe de France en 1676.

le vingt-quatrième decembre 1686, et depuis encore, le troisième jour de mars 1695, pardevant Baglan, notaire.

La neuvième maison, bastie sur quatre toises de face dans la dite rue Jacob, sur dix de profondeur, appartenante au dit M. Estienne Magueux, avocat, qui a passé titre nouvel pardevant Baglan, notaire, le septième jour d'aoust 1694.

Les dixième et onzième maisons, basties sur onze toises et demie de face dans la dite rue Jacob, sur quinze toises trois pieds de profondeur, appartenantes à M. Jacques Poignet, charpentier, et Judith Guyerreau, sa femme, au moyen du contract d'acquisition passé pardevant Plastrier et son confrère le dix-neuvième jour d'avril 1668, de messire Jacques le Maçon, seigneur de la Fontaine, lequel sieur Poignet a passé titre nouvel, pardevant Baglan et son confrère, le 6 may 1687.

La douzième maison, bastie sur cinq toises de face dans la dite rue, sur quinze de profondeur, appartenante cy-devant au dit M. Estienne Magueux, avocat et à la damoiselle sa femme, au moyen de l'acquisition par eux faite de messire Jacques le Maçon, seigneur de la Fontaine, par contract du dix-neuvième jour d'avril 1668, pardevant Dupuys et Plastrier, notaires, laquelle ils ont depuis vendue à M. Jacques Laugeois, secretaire du roy, par contract passé pardevant Devin et Sainfray, notaires au Chastelet de Paris, le 21 juillet 1670, dont le dit sieur Laugeois a passé titre nouvel et reconnoissance pardevant Baglan et Boucher, notaires au Chastelet, le huitième jour de mars 1687.

La treizième maison, bastie sur sept toises de

face dans la dite rue, sur vingt-deux de profondeur, où pend pour enseigne l'Hôtel de Suède [1], bastie par Bernardin Fouques, qui l'avoit acquise de..., laquelle il a depuis vendue à M. André Bihoreau l'aîné par contract du..., qui en a passé titre nouvel le huitième jour de fevrier 1695, pardevant le dit Baglan, notaire.

[1]. Les hôtels garnis furent toujours très nombreux dans ce quartier. Celui qu'on nomme ici et l'hôtel de l'Aigle, qui vient après, ne s'y trouvent plus toutefois. C'étoit encore, à la fin du XVIIe siècle, une mode pour les étrangers de venir loger au faubourg Saint-Germain. Nous lisons dans les *Annales de la cour et de Paris* pour 1697 et 1698, t. 2. p. 135 : « Depuis que la paix étoit faite, il y avoit un si grand abord d'étrangers à Paris que l'on en comptoit quinze ou seize mille dans le faubourg Saint-Germain seulement. Cette affluence y fit tellement renchérir les maisons que celles qui s'y louoient pendant la guerre mille ou douze cents francs y valoient alors cinq cents escus. Le nombre de ces étrangers s'accrut alors bientôt de plus de la moitié, de sorte que, par la supputation qui en fut faite peu de temps après, c'est-à-dire au commencement de l'année suivante, on trouva qu'il y en avoit plus de trente-six mille dans ce seul faubourg. »—Dulaure, dans sa *Nouvelle description des curiosités de Paris*, 1785, in-12, t. 1, p. 327, cite, dans la seule rue Jacob, trois hôtels parmi les plus excellents de Paris : *l'hôtel de Danemarck, l'hôtel d'Yorck, l'hôtel du Prince de Galles*. Ce dernier, comme nous le voyons sur le plan de Maire, étoit très vaste : ses jardins alloient jusqu'à la rue des Marais. Le maître de l'hôtel d'Yorck parloit anglais, et il y avoit tout proche un café où l'on étoit servi à l'angloise. Toutes ces commodités furent sans doute cause que Sterne se logea dans cette même rue quand il vint à Paris. *L'hôtel de Modène*, où il descendit, s'y trouvoit, en face de la rue

La quatorzième maison, où pend pour enseigne l'Aigle-Noir, bastie sur huit toises de face dans la dite rue, pareille quantité sur le derrière, sur vingt-trois de profondeur, revenant à cent quatre-vingts toises en superficie, appartenante à messire Louis de Lasseré, conseiller au parlement [1], comme fils unique et seul heritier de messire Jean de Lasseré, aussi conseiller en la dite cour, qui l'avoit acquise par echange de messire François Deshotels, secretaire de Son Altesse Royale, et de Marie Balisson, sa femme, par contract passé pardevant Gabillon et Plastrier, notaires, le trentième jour de juillet 1661, dont le dit sieur de Lasseré a passé titre nouvel et reconnoissance pardevant Baglan et Boucher, notaires, le vingt-deuxième jour de may 1691.

La quinzième maison, bastie sur dix toises deux pieds de face dans la dite rue, contenant en superficie deux cens huit toises un tiers, appartenante, sçavoir: la moitié et les deux tiers en l'autre moitié à M. Nicolas Henin, secretaire du roy, au moyen de l'acquisition qu'il en a faite à titre d'echange de

des *Deux-Anges*. V. Paulin Crassous, *le Voyage sentimental*, traduit en françois, Paris, 1801, pct. in-18, t. 3, p. 146. — La rue des Deux-Anges devoit peut-être elle-même son nom à une hôtellerie. Il s'en trouvoit déjà une portant cette enseigne sur le quai du Louvre. V. les *Mém.* de Monglat, collect. Petitot, 2e série, t. 51, p. 268.

1. Il descendoit de Louis de Lasseré, proviseur du collége de Navarre, dont le portrait se voyoit sur les vitraux de la chapelle de ce collége. Celui qui est nommé ici, fort savant homme et du meilleur monde, mourut au Temple en 1754, à quatre-vingt-quatre ans. V. Piganiol, t. 5, p. 188-190.

LE PRÉ-AUX-CLERCS.

M. Claude de la Haye, seigneur de Vaudetart[1], maistre d'hôtel du roy et de la reine, de M. Estienne Bulleu, conseiller du roy, président au grenier à sel de Paris; dame Denise de Malaquin, son epouse, et autres ès noms qu'ils ont procedé, heritiers en partie de defunt messire Charles de la Haye et dame Denise de Baillou, sa première femme, par contract passé pardevant Galloys et Laurent, notaires au Chastelet de Paris, le quatorzième jour de septembre 1610, ausquels defunts sieur et dame de la Haye la dite maison appartenoit au moyen de l'acquisition faite de..., par contract du..., dont le dit sieur Henin a passé titre nouvel le 16 avril 1687.

La seizième maison, bastie sur six toises de face sur ladite rue Jacob, cinq toises et demie sur le derrière, sur vingt toises un pied de profondeur, revenant en superficie à 115 toises et demie, appartenante à M. Louis de Lasseré, conseiller au parlement, comme fils unique et seul heritier de defunt M. Jean de Lasseré son père, aussi conseiller en la dite cour, lequel avoit acquis la dite maison de M. Nicolas le Vauquelin, tant comme donataire du sieur des Yveteaux, son oncle, que comme tuteur de damoiselle Charlotte-Gabrielle le Vauquelin, sa fille, par contract passé pardevant le Bœuf et Boindin, notaires, le 27 octobre 1661, dont le dit sieur de Lasseré a passé titre nouvel et reconnoissance pardevant Boucher et Baglan, notaires, le 21 may 1689.

1. C'est le de la Haye chez lequel nous avons vu la reine Marguerite chercher un asile à Issy contre la peste. V. plus haut, p. 134, note. — Les seigneurs de Vaudetart avoient leur sépulture dans l'église d'Issy. (Piganiol, t. 9, p. 256.)

Les 17e, 18e et 19e maisons, sont basties sur cent six toises deux tiers, lesquelles ont esté acquises par maistre Laurent Reverend, secretaire du roy, du dit sieur de Sacy, par contract passé pardevant Manchon et son confrère, notaires, le 14 mars 1663, les biens duquel sieur Reverend sont aujourd'huy en direction.

La vingtième maison appartient aux enfans et heritiers du dit sieur de Sacy, qui en estoit proprietaire, sçavoir : de la moitié comme donataire du sieur des Yveteaux son oncle, et de l'autre moitié comme l'ayant depuis acquise des heritiers de Charlotte-Gabrielle de Vauquelin sa fille, et de dame Margueritte Dupuis sa première femme, par transaction passée pardevant..., notaires, le..., dont les dits heritiers de Sacy ont passé titre nouvel pardevant Baglan, notaire, le 19 avril 1695.

Toutes lesquelles maisons sont basties tant sur les onze cens trente toises de terre acquises par le dit sieur des Yveteaux sous le nom du dit sieur de la Chevalerie [1] des dits religieux Augustins, que sur les six cens deux toises deux tiers quatre pieds qu'il avoit deja acquises des dits Augustins, sous le nom du dit sieur de la Chevalerie, par contract du 14 juillet 1610.

Toutes les dites maisons ne sont aujourd'huy chargées que de trois sols neuf deniers de cens, les ren-

1. Ce la Chevalerie, qui a tant de fois été nommé comme mandataire de dés Yveteaux, étoit d'une famille huguenote, qui passa en Prusse vers la fin du XVIIe siècle, et de laquelle se trouvoit être Mme de la Chevalerie morte à Berlin en 1736. (*Ducatiana*, t. 1, p. 56.) — Celui dont il est parlé ici tenoit par les femmes à la famille de la mère de Boileau. V. Berriat S.-Prix, *Œuvres de Boileau*, t. 4, p. 442.

tes de 364 livres d'une part, et 6 livres d'autre part, ayant esté rachetées par quittances des 12 juillet 1685 et 8 may 1690.

Derrière les dites maisons est le nouveau jardin des religieux Augustins, contenant trois quartiers six perches de terre, que la cour, par le sus dit arrest du 23 decembre 1622, leur a permis de se reserver, à la charge de payer à l'Université huit livres deux sols de rente et neuf deniers de cens, dont ils ont passé titre nouvel le 29 mars 1695, pardevant Baglan, notaire [1].

A la suite de la maison du sieur de Sacy est une

1. Du Boulay (p. 320) dit que pour ce terrain les religieux devoient payer 10 livres de rente et 12 deniers parisis de cens par arpent. Afin de frustrer l'Université, ils firent racheter une partie des dites rentes, selon du Boulay; mais l'Université para le coup : elle fit aux moines un procès, à la suite duquel ils furent condamnés, le 19 août 1645, à payer à l'Université 31 livres de rente, rachetables de 620 livres, et cela sans préjudice de ce qu'ils devoient pour le bail qu'ils avoient fait avec le marbrier Alphonse Mesnard, pour 300 toises dont il sera parlé plus loin, sans préjudice non plus d'une rente de 36 livres par eux due pour 120 autres toises de terre, ni enfin de 48 livres de rente « portées, par contract du mesme jour, au profit de Roland le Duc, de 160 toises de terre sur la rue Saint-Père..., lequel bail ils avoient artificieusement fait declarer nul et resolu. » Les Augustins ne s'en étoient pas tenus à se décharger indûment de leur redevance envers l'Université; il paroît, d'après l'arrêt rendu contre eux, qu'ils avoient empiété sur le terrain du Pré-aux-Clercs au delà des limites que leur assignoit l'acte de donation de la reine Marguerite. V. l'arrêt, donné *in extenso* par du Boulay, p. 326.

vingt-unième maison bastie sur deux cens toises de terre données à cens et rente par les dits Augustins, par contrat du 12 juillet 1613, à Jean Clergerie, moyennant six livres de rente et deux deniers de cens.

Elle fut saisie reellement sur la succession du dit Clergerie, et adjugée, par sentence du Chastelet du 12 may 1627, à maistre Pierre Calluze, principal commis au greffe criminel de la cour.

Damoiselle Marguerite Calluze, sa fille et héritière, ayant epousé messire Claude Guyon, seigneur de la Houdinière, elle a esté sur eux saisie et adjugée, par sentence du Chastelet du 23 juin 1691, au sieur Marquis Desfeugerais, moyennant 26,700 livres, chargée de soixante livres de rente et deux sols de cens, lequel a esté condamné, par sentence du Chastelet du..., à passer titre nouvel; et il a passé ledit titre nouvel le 27 juin 1695, pardevant Baglan, notaire.

La vingt-deuxième est sur cent toises de terre données à cens et rente par les dits Augustins, par contract du 12 juillet 1613, à Jacques Prudhomme, boulanger, moyennant trente livres de rente et un denier de cens.

François Dubois, serrurier, en acquit la moitié, et les deux tiers en l'autre moitié, par sentence de decret du Chastelet de Paris du 25 may 1658, sur la veuve et heritiers du dit Prudhomme, et l'autre tiers de la seconde moitié de Jean Briest de Touteville, bourgeois de Paris, et Magdeleine Dragée, sa femme, par contract d'echange passé pardevant Lefranc et Gabillon, notaires, le 7 aoust 1664.

Le dit Dubois et Marguerite Fromentel, sa femme, vendirent la dite maison à Florent Fromentel, aussi serrurier, et Marie Thilorier, sa femme, par contract passé pardevant Levasseur et Mouffle, notaires au Chastelet, le 24 juillet 1666.

Le dit Fromentel et sa femme en passèrent titre nouvel pardevant les mêmes notaires le 16 septembre suivant, et ont passé un autre titre nouvel le 7 juin 1694, pardevant Baglan, notaire.

A la suite de cette maison estoit une place, contenant trois cens quatre-vingt-trois toises douze pieds, donnée anciennement à cens et rente par les dits Augustins à Alphonse Mesnard, marbrier, par contract du 12 juillet 1613, moyennant trente-une livres de rente, lequel contract ayant esté resolu par sentence du Chastelet du 18 decembre 1615, ils rentrèrent dans la dite place, dont ils furent condamnez par arrest contradictoire de la cour, du 19 aoust 1645, de payer à l'Université le rachapt de la dite rente de trente-une livres, montant en principal à 620 livres, ce qu'ils firent par quittance du 27 octobre 1657.

Les dits Augustins ont depuis fait bâtir sur cette place, qui fait l'encoigneure de la dite rue Jacob et de celle des Saints Pères, six maisons qui s'etendent jusqu'à la maison de M. de Bernage de S.-Maurice, maistre des requestes, et ont passé titre nouvel pardevant Baglan, notaire, tant de cette place que de leur nouveau jardin, le 29 mars 1695, comme il a esté dit à l'autre page.

De l'autre costé de la dite rue Jacob, à commencer à l'encoigneure de la rue cy-devant appelée des

Egouts, et à present de Saint-Benoist[1], sont les maisons suivantes :

Première et seconde maisons.

Ces deux maisons sont bâties sur trois cens toises de terre données à cens et rente par les dits Augustins à Guillaume Le Camus, orfèvre, par contract du 12 avril 1613, moyennant 90 liv. de rente et deux sols six deniers de cens, lequel Le Camus en passa le mesme jour declaration au profit de René Le Breton et de François Percheron.

Les dits Le Breton et Percheron vendirent une maison, avec le commencement d'une autre bâtie sur la dite place, à maistre Michel Chauvin, procureur au grand conseil, par contracts des 4 decembre 1625 et 8 mars 1630.

Le dit sieur Chauvin en vendit une à messire Louis Dulac par contract du 13 may 1653.

Le dit sieur Dulac l'echangea le..., avec messire Christophe Sanguin, president en la cour.

Messire Denis de Palluau, conseiller en la dite cour, et dame Catherine Le Grand son epouse, acquirent une des dites deux maisons, qui est la seconde, par contract d'echange du 31 may 1669, de Florent Fleury, licencié ès lois, fondé de procuration des sieurs Denis Sanguin, aussi conseiller en la dite cour, Jacques Sanguin, et d'Antoine Sanguin, enfans et heritiers du dit messire Christophe Sanguin.

---

1. Elle s'appela d'abord le Grand et le Haut-Chemin, puis rue des Vaches, puis rue des Egouts. (Du Boulay, p. 402.)

La dite dame veuve du dit sieur de Palluau en a passé titre nouvel le 5 janvier 1688.

A l'egard de l'autre maison, qui est la première et qui fait l'encoigneure des rues Jacob et Saint-Benoist, elle a esté adjugée sur la succession dudit Chauvin, par arrest de la Cour du 24 avril 1694, à François Nourry, ancien consul et marchand drapier, à la charge de payer à l'Université quarante-cinq livres de rente et quinze deniers de cens personnellement, faisant moitié de la somme de quatre-vingt-dix livres de rente, et deux sols six deniers de cens, à prendre solidairement sur la maison dudit sieur Nourry et sur celle de ladite dame de Palluau. Ledit sieur Nourry a passé titre nouvel pardevant Baglan, notaire, le 5 may 1694.

Troisième et quatrième maisons.

Ces deux maisons sont bâties sur trois cens toises de terre données à cens et rente par les dits Augustins au dit nom à Simon Devaux, parfumeur, par contrat du ... avril 1613, moyennant quatre-vingt-dix livres de rente et trois deniers de cens, lequel contrat ayant esté depuis resolu, lesdits religieux en firent un autre aux mesmes conditions à Jean de Lespine, charpentier, le 5 octobre 1618 [1].

Ledit Jean de Lespine et Marie Bigot, sa femme, ayant fait bâtir deux maisons sur la dite place, ven-

1. Ce Jehan de l'Espine est sans doute le même qui fit connoître à l'Estoile le riche parfumeur Devaux, son ami. V. le passage déjà cité, *Journal de l'Estoile*, édit. Michaud, t. 2, p. 476.

dirent la plus petite, par contract du 28 septembre 1628, à Robert Gillot, sieur des Periers, exempt des gardes du corps du roy, sans la charger d'aucune rente, mais seulement de deux deniers parisis de cens envers l'Uuniversité.

Le 2 janvier 1665, Elisabeth de la Planche, veuve du dit sieur des Periers, passant titre nouvel à l'Université, s'obligea seulement de luy payer les dits deux deniers de cens, conformément au contract d'acquisition de ladite maison, et à une transaction passée entre ladite Université et son defunt mary, le 5 mai 1629, homologuée par arrest de la Cour, du 19 novembre suivant, rendu entre ladite Université, ledit defunt sieur des Periers et ledit Delespine et sa femme, vendeurs, par lequel il fut ordonné que ladite rente de 90 livres par an, seroit assise et perçue sur l'autre grande maison appartenante audit Delespine et sa femme.

Valentin Drouyn, sieur de Boisimont, et damoiselle Jeanne Gillot des Periers, sa femme, fille et heritière desdits sieur et dame des Periers, vendirent ladite maison, par contrat du 14 mars 1671, à Louis Poncet et à la demoiselle Louise de la Grange, sa femme, chargée de deux deniers parisis de cens seulement, sur lesquels Poncet et sa femme ladite maison a été vendue et adjugée au sieur René le Sourd, marchand drapier, par sentence des requestes du Palais du 24 juillet 1673.

Ledit le Sourd en a fait donation à damoiselle Marguerite le Semelier, laquelle estant decedée, M. Thomas le Semelier, notaire au Chastelet, son père et son heritier, en a passé titre nouvel, par devant

LE PRÉ-AUX-CLERCS. 161

Baglan, notaire, le 15 juillet 1694, à la charge des
dits deux deniers de cens. La dite maison est bastie
sur 6 toises de face sur la rue Jacob, et sur 18 toises
de profondeur, y compris le jardin, qui a 5 toises de
largeur. Cette maison avoit esté supprimée dans les
comptes pour couvrir une malversation, et elle y a
esté remise par M. Colletet[1], receveur de l'Université, en 1695.

A l'egard de l'autre grande maison, elle fut vendue et adjugée sur le dit Delespine et sa femme, par
arrest du 28 novembre 1640, à M. Louis Cochon,
avocat, à la charge des dites 90 livres de rente et
5 deniers de cens envers l'Université.

Dame Denise de Roques, sa veuve, en passa titre
nouvel, conjointement avec ses enfans, le 12 janvier 1669, pardevant Boucher et Levesque, notaires.

Cinq, six et septième maisons.

Ces trois maisons sont basties sur 100 toises de

---

1. Ce nom de Colletet, porté par deux poètes qui l'ont
popularisé, étoit très honorablement connu dans la bour-
geoisie parisienne aux XVIe et XVIIe siècles. Il en étoit de
lui à peu près comme de celui de Scarron : c'étoit une espèce de noblesse dans la roture. Une maison de la rue de la
Mortellerie s'appeloit maison Colletet, et paroît avoir été
très fameuse dans le quartier. V. Félibien, *Preuves*, t. 2,
p. 34. Félibien parle d'un Colletet qui étoit dans les ordres. (*Id.*, 1, 685.) Enfin nous savons que cette famille tenoit par alliance à celle de Boileau (Berriat Saint-Prix,
OEuvres de Boileau, t. 4, p. 456), ce qui rend moins justi-
fiables encore les attaques du satirique contre François Colletet.

terre d'une part, données à cens et rentes par les dits Augustins, par contracts du 13 avril 1613, à Jacques Rousseau, brodeur, moyennant 30 livres de rente et 1 denier de cens, et 100 toises de terre d'autre part, données par les dits Augustins aux mesmes conditions, par contract du 18 des dits mois et an, à Jean Dubut.

Ledit Rousseau ayant fait bastir une maison sur la dite place, elle fut sur luy saisie, et adjugée à Charles Gazeau, masson, le 20 septembre 1617.

Le 21 juillet 1624, le dit Gazeau la vendit à Jean de la Jarrie, boulanger.

Le 5 aoust 1638, le dit de la Jarrie et Marguerite Lorillier, sa femme, la revendirent à damoiselle Marguerite Regnouet, femme separée de biens de M. Jean Baptiste Mathieu[1], historiographe de France.

A l'egard des autres 100 toises de terres acquises par le dit Dubut, il en vendit 50, le 18 octobre 1618, à Julien le Charetier.

Le dit le Charetier en retroceda depuis dix au dit Dubut, et n'en retint que 40, chargées de 12 livres de rente.

---

1. Fils de P. Matthieu, dont il publia l'*Histoire de France*, Paris, 1631, 2 vol. in-fol. Il y avoit joint l'*Histoire de Louis XIII*. La femme qu'on lui donne ici n'auroit pas été sa seule épouse, s'il falloit en croire la *Biographie universelle*, qui le marie avec Louise de la Cochère, d'une famille noble de Florence. Toujours d'après le même recueil, il en avoit eu deux fils et une fille, qui se fit religieuse dans le tiers ordre de Saint-François, et y vécut d'une manière très édifiante. Sa vie a été publiée par le P. Alexandre, récollet. *La Vie de la venerable M. Matthieu*, Lyon, 1691, in-8.

Le 18 janvier 1633, le dit Dubut et Charlotte Ladam, sa femme, vendirent à Jean Amy, bourgeois de Paris, une maison bastie sur 60 toises de terre, chargée envers l'Université de 18 livres de rente.

Le 14 may 1640, le dit Amy eschangea avec la dite damoiselle Mathieu la dite maison.

Le 22 decembre 1617, Innocent Loison acquit du dit le Charetier les dites 40 toises de terre, sur lesquelles il fit bastir une maison.

Le 19 novembre 1640, Anne Cochon, veuve du dit Loison, et Jean Desmarests, à cause de Catherine Loison, sa femme, et fille et heritière du dit defunt Loison, vendirent à la dite damoiselle Mathieu la dite maison, chargée de 12 livres de rente envers l'Université.

Au moyen de quoy la dite damoiselle Mathieu fut proprietaire des dites trois maisons, basties sur les dites 200 toises de terre, desquelles elle disposa par donnation entre vifs, du 23 fevrier 1674, en faveur des religieux de la Charité, lesquels, pour l'indemnité, payèrent, en 1675, 9,000 livres et 600 livres pour le rachapt de la rente de 30 livres. Les dits religieux ont passé titre nouvel le 6 juin 1687, et encore le 1er mars 1695, pardevant le dit Baglan, notaire.

Huitième maison.

Cette maison est bastie sur 200 toises de terre baillées à cens et rente par les dits Augustins au dit nom, par contracts des 13 avril et 18 mai 1613, à Mathieu Ladam et Mathieu Hautecloche, brodeurs, moyennant 60 livres de rente et quatre deniers de cens.

Les 18 juin et 4 juillet au dit an, les dits Hautecloche et Ladam cedèrent leurs droits à Mathieu Labbé, marchand.

Le 12 juin 1614, le dit Labbé vendit la dite place à M. Robert Frissard, avocat, sur laquelle il fit bastir la dite maison.

Le 5 decembre 1637, le dit sieur Frissard ceda la dite maison à damoiselle Marie Frissard, sa fille, pour demeurer quitte envers elle de ce qu'il luy devoit par son compte de tutelle.

La dite damoiselle Frissard epousa Claude Arnoullet, sieur de Bezons, controleur provincial du regiment de Champagne [1].

Damoiselles Angelique et Louise Arnoullet de Bezons, leurs filles et heritières, en ont passé titre nouvel le 6 juin 1687, pardevant Baglan et son confrère, notaires.

Neuf et dixième maisons.

Ces deux maisons sont basties sur 150 toises de terre données à cens et rente par les dits Augustins, au dit nom, à Pierre Hanon [2], par contract du 18 mars

---

[1]. Un autre M. de Bezons, qui fut membre de l'Académie françoise, demeuroit au faubourg Saint-Germain. (Tallemant, in—12, t. 8, p. 31.)

[2]. Il étoit sans doute le fils de l'entrepreneur Pierre Hannon, qui bâtit, en 1550, le *cloître des Célestins* (Piganiol, t. 4, p. 253), et, comme lui, il devoit être maçon. On a dû remarquer que ce sont souvent des entrepreneurs, charpentiers ou maçons, qui prennent à cens les terrains du Pré-aux-Clercs, afin d'y construire et de revendre ensuite, comme on fait aujourd'hui dans les quartiers neufs.

1613, moyennant 45 livres de rente et 2 sols six deniers de cens.

Le 5 mars 1616, le dit Hanon en ceda 30 toises à Didier Deschamps et à Catherine Dudoigt, sa femme, à la charge de 9 livres de rente et de 2 deniers de cens.

Le 27 decembre 1617, les dits Deschamps et sa femme en vendirent 15 toises à André Millois.

Le 12 avril 1618, le dit Deschamps et sa femme vendirent à Nicolas de Hene, charpentier, une petite maison bastie sur les autres 15 toises de terre.

Le cinquième janvier 1622, le dit Millois vendit au dit de Hene une maison bastie tant sur les dites 15 toises à luy cedées par le dit Deschamps que sur autres 13 toises qu'il avoit depuis acquises du dit Hanon.

Le 17 may 1623, Arnaud de Lassaignes acquit du dit Hanon le restant des dites 150 toises, montant à 107 toises, lesquelles, avec les 30 qu'il avoit vendues au dit Deschamps et les 13 qu'il avoit pareillement vendues au dit Millois, faisoient les 150 qu'il avoit prises à cens et rente des dits Augustins.

Le dit de Lassaignes en passa aussi tost declaration au profit des religieux de la Charité.

Le 6 mars 1624, les dits de Hene et sa femme vendirent aux dits religieux les deux petites maisons par eux acquises des dits Deschamps et Millois, lesquelles les dits religieux firent decreter et s'en rendirent adjudicataires par sentence du Chastelet du 22 may au dit an.

Le 2 mars 1637, les dits religieux furent condamnez, par sentence des requestes du Palais, à payer et continuer à l'Université les dites 45 livres de rente, avec le cens et le droit d'indemnité.

Et le sixième jour de septembre 1647, Messieurs de l'Université estant convenus avec les dits religieux de la Charité de faire mesurer et arpenter tant les places que ces religieux possedoient de leur chef dans la censive de la dite Université que comme estant aux droits des nommez Hanon et Scourjon sur les rues Jacob, des Deux-Anges et du Colombier, il s'est trouvé, par l'arpentage qui a esté fait des dites places par le Mire, juré arpenteur, le dit jour, que l'ancienne place que les dits religieux avoient acquise des dits Augustins par contract du 12 juillet 1613 contenoit 1359 toises deux tiers, sçavoir : 28 toises de face sur la rue Jacob[1], 48 toises 2 pieds 8 pouces et 7 lignes du costé des dits Hanon et Scourjon, et 48 toises 4 pieds de face sur la dite rue des Saints-Pères, et qu'en deduisant 84 toises pour continuer, le cas y echeant, la rue des Deux-Anges[2], au travers de l'hôpital, jusqu'à la rue des Saints-Pères, ils possedoient reellement en la censive de la dite Université, non comprises les maisons qu'ils ont acquises de-

1. C'est la partie dont il est parlé ainsi dans le *Supplément* de Dubreul (1639, in-4, p. 42) : « Sur le devant est un autre bastiment regardant le Pré-aux-Clercs, où sont de belles salles hautes et convenantes, et par bas des galeries en forme d'arcades ou de cloistres, et un beau, grand et spacieux preau qui sera au milieu. »

2 Ce projet de prolongation de la rue des *Deux-Anges*, qui eût été si préjudiciable à l'hospice de la Charité, ne fût pas réalisé. Aujourd'hui cette rue, qui étoit très sale et peu habitée, est fermée par une porte du côté de la rue Jacob, et par une maison assez récemment bâtie du côté de la rue Saint-Benoît.

puis, 1291 toises 2 tiers de terre, et un peu plus, revenant en tout, à raison de 6 sols par toise, à 387 livres 11 sols 1 denier de rente par chaque an, laquelle rente a esté depuis rachetée par quittance du.... Les dits religieux ont passé titre nouvel par-devant Baglan, notaire, le 1er mars 1669.

Onze, douze, treize et quatorzième maisons.

Ces quatre maisons, sçavoir, deux dans la rue Saint-Benoist et deux dans la rue des Deux-Anges, sont basties sur 199 toises de terre, données à cens et rente par les dits Augustins à Philipes Bacot, peintre, par contract du 24 octobre 1613, moyennant 59 livres 14 sols de rente et 2 deniers parisis de cens.

Le dit Bacot ayant fait bastir sur ladite place et ne payant point ladite rente de 59 livres 14 sols, le bastiment et la place furent sur luy saisis reellement, et adjugez, par sentence des requestes du Palais du 6 novembre 1632, à M. Jean Lemoyne, contrôleur des guerres, lequel, par son testament du 19 novembre 1632, fit ses légataires universels M. Philippe Jolly, secretaire du roy, et damoiselle Jeanne Cressé, sa femme[1].

Le dit sieur Jolly fit abattre la maison construite

---

1. Elle étoit sans doute de la même famille que la mère de Molière, *Marie Crissé*, et que ce médecin *Crissé*, dont Beffara a prouvé la parenté avec le grand comique, et auquel il arriva une si singulière aventure, racontée par Gui Patin (lettre du 21 nov. 1669). V. Taschereau, *Vie de Molière*, 2e édition, p. 151, 208.

par le sieur Bacot, et en fit faire quatre à sa place, dont la première, dans la rue Saint-Benoist, est à porte cochère; la seconde, tenante à la precedente, est aussi à porte cochère, avec une petite porte; les troisième et quatrième sont la première et seconde à gauche de la rue des Anges, en y entrant par la rue Saint-Benoist.

La dite damoiselle veuve Jolly en passa titre nouvel le 16 juillet 1661. Jeanne-Françoise Ranquet, veuve de Louis Jolly, fils et heritier de la dite damoiselle Jolly, au nom et comme tutrice des enfans mineurs du dit defunt et d'elle, en a passé titre nouvel pardevant Baglan le 5 mars 1696.

La quinzième maison.

Cette maison est bastie sur 49 toises de terre, vendues, par contract du 11 septembre 1620, à Philippes Leber, par Pierre Hanon, faisant partie de 205 toises qu'il avoit prise à cens et rentes des dits Augustins, par contract du 12 juillet 1613, moyennant 61 livres 10 sols de rente.

Les religieux de la Charité ont depuis acquis les droits des enfans et heritiers du dit Leber par contract du..., et ont passé titre nouvel le 1ᵉʳ mars 1695, pardevant Baglan, notaire.

La seizième maison.

Cette maison est bastie sur 36 toises de terre, derrière laquelle il y avoit un grand jardin contenant 120 toises, faisant en tout 156 toises, lesquelles, avec les 49 mentionnées en l'article precedent, font les 205 toises prises à cens et rente par le dit Hanon des dits Augustins.

Le dit Hanon fit bastir cette maison, laquelle fut vendue, le cinquième novembre 1644, par Pierre de Lespine et Françoise Belier, sa femme; Jean Belier et Germaine Merceau, sa femme; Denis des Hayes et Geneviève Belier, sa femme ; Jean Lambert, tuteur de Jean, son fils et de Barbe Belier, sa femme, tous heritiers de Marguerite Lasseré, leur mère et ayeulle, troisième femme du dit Hanon, à Charles de Luppé et Barbe Hanon, sa femme, à laquelle Barbe Hanon le surplus de la dite place appartenoit, comme fille et heritière du dit Hanon.

Le 5 novembre suivant, les dits de Luppé et sa femme vendirent à Jacques Nau[1], secrétaire de la chambre du roy, et à Marie de la Lende, sa femme, le jardin, contenant 120 toises, estant derrière la dite maison.

Et, le 11 février 1645, ils vendirent aus dits sieur et damoiselle Nau la dite maison, laquelle les dits sieur et damoiselle Nau revendirent, avec le dit jar-

---

[1]. Ce M. Jacques Nau ne seroit-il pas le même que M{ }^{lle} de Montpensier s'étoit attaché, comme conseiller, pour débrouiller ses procès, et dont Richelieu l'avoit ensuite forcée de se défaire, parcequ'il le soupçonnoit de lui être contraire dans son esprit et de la pousser à des intrigues hostiles à sa politique? V. *Mémoires de M{ }^{lle} de Montpensier*, coll. Petitot, 2ᵉ série, t. 41, p. 447-491. Nous avons déjà vu Edme Robert, intendant de Mademoiselle, acheter des terrains de ce côté (V. plus haut, p. 128), et nous savons d'ailleurs que Gaston y recherchoit de pareilles acquisitions pour les personnes attachées à la maison de sa fille,

din, aux religieux de la Charité, par contract du 4 juin 1646, lesquels, au moyen de ce et de l'acquisition qu'ils avoient faite des droits du dit Leber, furent possesseurs et propriétaires des dites 205 toises de terre, chargées de 61 livres dix sols de rente, qu'ils furent condamnez à payer à l'Université par sentence des requestes du Palais du 20 decembre 1647, laquelle rente a depuis esté rachetée par quittance du.. ; et ont passé titre nouvel comme dessus.

et que, pour leur obtenir une préférence sur tous autres acheteurs, il usoit de l'influence de son nom auprès du recteur de l'Université. Voici, entre autres, une lettre qu'il lui écrivit à ce sujet. Nous la trouvons dans le curieux *mémoire* de du Boulay (p. 316-317) :

« *A monsieur le recteur de l'Université de Paris.*

« Monsieur le recteur de l'Université de Paris, m'ayant été promis par vos predecesseurs en vostre charge la preferance de places qui vous restent encore à vendre au Pré-aux-Clercs, par la dame marquise de Saint-Georges, gouvernante de ma fille, je vous escris cette lettre pour vous faire la mesme prière en sa faveur que je leur ay faite, et vous assure que vous me ferez en cela un singulier plaisir. Je sçay qu'il vous sera d'autant plus aisé qu'il vous doit estre indifferend à quelles personnes vous bailliez les dittes places, pourvu que le prix en soit esgal. Et toutefois, quand je verray que ma recommandation aura prevalu en faveur de la ditte dame marquise de Saint-Georges, j'en tiendray l'effect à une particulière defference que vous y aurez voulu rendre, qui me conviera à vous en tesmoigner mon ressentiment aux occasions qui s'en pourront offrir, et comme je suis,

« Monsieur le recteur de l'Université de Paris,
  « Votre bien bon amy,
      « Gaston. »

Dix-sept et dix-huitième maisons.

Ces deux maisons sont basties sur 105 toises de terre baillées à cens et rente par les dits Augustins à Jean Hovalet[1], par contract du 12 juillet 1613, moyennant 31 livres 13 sols de rente et 1 denier de cens.

Le dit Hovalet céda ses droits à Pierre Corrup par acte du 8 novembre suivant.

Le 29 septembre 1614, le dit Corrup vendit la moitié desdites 105 toises à Timothée Pinet.

Les dits Corrup et sa femme firent bastir une maison sur l'autre moitié des dites 105 toises de terre, après la mort duquel Corrup la moitié qui luy appartenoit en la dite maison ayant esté saisie reellement, elle fut vendue et adjugée sur sa succession, par sentence du Chastelet du 21 juin 1628, à Gabriel Le Clerc, cabaretier, lequel, le 29 janvier 1630, acquit l'autre moitié de la dite maison de Suzanne Guesnard, veuve du dit Corrup.

Les religieux de la Charité ont depuis acquis les droits du dit Le Clerc par contract du..., et ont passé titre nouvel comme dessus.

A l'egard de la place vendue au dit Timothée Pinet par le dit Corrup, il y fit bastir une maison, qu'il vendit à messire Paul Hurault de l'Hospital, archevêque d'Aix, par contract du 11 may 1619, chargée de 16 livres 16 sols 6 deniers de rente en-

1. La maison Hovalet se trouve indiquée sur le plan de Gomboust.

vers l'Université, lequel sieur archevêque la fit decreter et s'en rendit adjudicataire par sentence du Chastelet du 19 decembre 1620.

La dite maison fut encore depuis saisie reellement sur le dit sieur archevêque d'Aix, et adjugée, par arrest de la cour du 1 mars 1626, à Jean Cheron, apotiquaire.

L'Université, par l'arrest d'ordre des deniers provenus de ladite maison, du 21 juillet 1628, fut colloquée pour la somme de 316 livres 16 sols, faisant le principal des dites 16 livres 16 sols 6 deniers de rente qui luy estoit dû sur icelle.

Marguerite Laurent, veuve du dit Cheron, vendit, conjointement avec ses enfans, la dite maison, par contract du 31 mars 1646, à Louis de Riancourt, huissier, lequel en passa le même jour declaration au profit des dits religieux de la Charité.

Dix-neuvième maison.

Cette maison est bastie sur 54 toises, faisant moitié de 108 données à cens et rente par les dits Augustins, par contract du 12 juillet 1613, à Pasquier Ruelle, boulanger, moyennant 32 livres 9 sols 6 deniers de rente et 2 deniers de cens.

Ces 54 toises de terre furent vendues par contract du 22 juin 1614, sur lesquelles y ayant fait bastir la dite maison, ils la vendirent après, par contract du...., à M. Gervais Aubay, M⁰ queux de la reine, et à Charlotte Dubois, sa femme.

Vingtième maison.

A l'egard des autres 54 toises de terre, le dit Ruelle y ayant fait bastir une maison, Pierre de Poulain, ecuyer, sieur de la Folie, tant en qualité de donataire des dits Ruelle et sa femme, par acte du 27 janvier 1631, de la moitié de la sus dite maison, qu'à cause de l'acquisition par luy faite de l'autre moitié d'icelle, par contract du 16 juin 1635, de Pierre Mercadier, postulant[1] au Palais, et de Catherine Veillon, sa femme, veuve auparavant de Nicolas Mergerie, auquel la sus dite moitié appartenoit, comme fils et seul heritier de Marie Herisson, sa mère, veuve auparavant du dit Ruelle, vendit la dite maison aux religieux de la Charité par contract du 19 juin 1636.

Vingt-une et vingt-deuxième maisons.

Ces deux maisons sont basties sur 110 toises et demie données à cens et rente par les dits Augustins, par contract du 12 juillet 1613, moyennant 33 livres 3 sols de rente, à Hubert le Sueur, lequel les ceda à Thomas Nepvot, qui les vendit, par acte du 10 mars 1616, à Jacques Rolland, lequel en retroceda la moitié au dit Nepvot le 27 juillet suivant.

Le dit Rolland fit bastir une maison sur les dites 55 toises un quart, qu'il vendit depuis aux religieux de la Charité par contract du 21 janvier 1625.

Le dit Nepvot vendit le 4 aoust 1616 à Jean le Gay les dites 55 toises un quart, que le dit Rolland luy avoit retrocedées.

Le dit le Gay les revendit le 18 novembre suivant à Jean de Lespine, charpentier, sur lesquelles il y

1. Le postulant étoit un avocat ou un procureur qui plaidoit dans les justices inférieures.

fit bastir une maison qu'il vendit à Laurent Nota par contract du 16 octobre 1619.

Le dit Nota la vendit par echange, le 21 may 1624, à Joseph le Virelois, greffier au baillage de Tresnel, lequel la vendit après aux religeux de la Charité, par contract du 4 juin 1626.

Les religieux de la Charité ont passé un seul titre nouvel de toutes les places et maisons mentionnées cy-dessus qu'ils possèdent dans la censive de l'Université, moyennant douze deniers de cens par chacun arpent, pardevant Baglan, notaire, le 1er mars 1695.

TROISIÈME PARTIE,

Concernant l'alienation faite de partie du surplus du grand Pré-aux-Clercs depuis 1639 jusqu'à present.

Les adjudicataires du parc de la reine Marguerite s'etendant de jour en jour aux depens de l'Université[1], pour raison de quoi il y a procès, comme nous le dirons dans la suite, elle resolut de faire afficher la quantité de

1. L'Université n'étoit pas seule à se plaindre de ces empiétements et des constructions trop multipliées dans le Pré-aux-Clercs. Il y eut, selon Sauval, des ordres de Louis XIII et de Louis XIV faisant défense de passer certaines limites. « Néanmoins, ajoute-t-il (t. 2, p. 368), on ne laisse pas d'avancer toujours et de les passer, ce qui oblige quelque-

terre dependante du grand Pré qu'elle vouloit donner à cens et rente, et elle en obtint permission de la cour après l'information faite que cette alienation ne pouvoit estre que très utile à l'Université et très avantageuse au public.

fois de les reculer et mettre un peu plus loin. » — La première usurpation ne venoit pas des *adjudicataires* dont il est ici parlé, mais de la reine Marguerite elle-même, qui avoit donné un exemple trop bien suivi. Ne s'en tenant pas aux six arpents que l'Université lui avoit vendus dans le Pré-aux-Clercs, elle avoit empiété sur cinq ou six autres, comme il est dit dans la *Requeste verbale* du 24 octobre 1616; « et, afin d'en oster à l'advenir toute connoissance, elle a non seulement fait arracher les bornes et combler les tranchées qui separoient le dit Pré d'avec les terres voisines, mais mesme elle a fait faire de larges et profondes tranchées dans iceluy Pré par le moyen desquels son usurpation est demeurée jointe au *parc* qu'elle vouloit dresser derrière son hostel. » Ce parc, qu'on appeloit aussi le *jardin*, les *allées*, le *cours de la reine Marguerite*, comme dit Sauval (t. 2, p. 250), et dont nous avons parlé (V. notre t. 1, p. 219), s'étendoit loin dans le Pré-aux-Clercs en longeant la Seine : il alloit jusqu'à la *halle Barbier*, qui se trouvoit rue du Bac, sur l'emplacement occupé depuis par l'hôtel des Mousquetaires. L'enclos du palais de la reine Marguerite en étoit séparé par la rue des Saints-Pères. On entroit dans ce parc par une grille, visible, comme le reste, sur le plan de Mérian. La reine n'avoit pas osé, à ce qu'il paroît, s'emparer de cette rue comme elle avoit fait de celle des Petits-Augustins, qu'elle avoit, sans autres façons, englobée presque tout entière dans son enclos. « Quant à l'autre bout de la rue des Augustins (celui qui touche au quai), lisons-nous dans le *Mémoire* de du Boulay, p. 403, la reine Marguerite l'avoit fait enfermer en son enclos, en

On commença d'abord par dresser la rue que l'on nomme aujourd'huy de l'Université, laquelle fut prise sur son fonds, de mesme que l'avoient esté les rues de Jacob, de la Petite-Seine, aujourd'huy des Augustins, partie de la rue du Bac et partie de celle des Saints-Pères; après quoy elle fit des contracts de baux à cens et rente avec Messieurs Tambonneau, president en la chambre des comptes ; de Be-

sorte que l'on n'y pouvoit plus passer pour aller à la rivière. Mais, après son décès, dit encore du Boulay, son hostel ayant esté decreté, sur l'opposition qui fut faite intervint arrest, le 14e aoust 1619, par le quel il fut ordonné que distraction seroit faite des criées du dit hostel de la consistance de dix-huit pieds, à commencer du coté de la grande porte par laquelle on entre au couvent des Augustins, et continuer au travers de la cour dudit hostel, jusques au chemin public d'entre la rivière et l'hostel. » Cet hôtel de la reine Marguerite, sur lequel nous n'aurons plus à revenir, avoit son entrée rue de Seine, où l'on en trouve des restes dans la maison portant le n° 6. Sur le plan de Quesnel, et mieux encore sur le plan Mérian, on le trouve complétement figuré avec ses trois corps de logis, dont celui du milieu étoit couronné d'un dôme ; avec son double perron sur la cour, son jardin et le parc qui en étoit le prolongement. Après la mort de la reine, les bâtiments de cet hôtel ne furent pas ruinés, comme dit Sauval : ils furent mis en location par petites parties (V. notre t. 1, p. 207), puis, vers 1639, acquis par Mme de Vassan, qui les loua au président Séguier. En 1718, le président Gilbert des Voisins en devint propriétaire et y fit des réparations qui ont donné au corps de logis encore debout la physionomie qu'il a aujourd'hui. V. Jaillot, *Quartier Saint-Germain*, p. 79, et G. Brice, t. 4, p. 76.

rulle, conseiller d'Estat; le Coq, Pithou, de Berulle et de Bragelonne, conseillers en la cour; l'Huillier et Leschassier, maistres des comptes; Bailly de Berchère, tresorier general de France à Châlons, et le Vasseur, receveur general des finances à Paris. Les contracts furent passez avec ces messieurs pardevant Levesque et Boucot, notaires au Chastelet de Paris, les 31 aoust et 3 septembre 1639, lesquels furent homologuez à la poursuite et diligence des dits sieurs preneurs, et sur leur requeste, par arrest definitif du 19 fevrier 1641, duquel jour les rentes à la charge desquelles les dites places leur avoient esté données ont commencé à courir[1].

Ces places estoient toutes contiguës les unes aux autres, et celle donnée au sieur de Berchère, attenant le cimetière dit des Huguenots, aujourd'huy appartenant en partie à la Charité, estoit la première dans la rue des Saints-Pères; ensuite, dans la même rue estoit celle donnée à monsieur le Coq de Corbeville; puis, dans la rue de l'Université, celle donnée à monsieur Pithou, celle donnée à monsieur Berulle, conseiller d'Estat, celle donnée à monsieur le presi-

---

1. Qu'encore que l'echeance des rentes de toutes ces maisons ait esté fixée au 19 fevrier, cependant les receveurs de l'Université n'en ont compté que comme echeantes au dernier septembre. (*Note de l'auteur.*) — « MM. Lecoq, Pithou et Tambonneau, lisons-nous dans du Boulay (p. 317), commencèrent de faire bastir des maisons depuis le cimetière des Huguenots, qui aboutit de ce côté à la rue Saint-Père; et, pour rendre ces maisons remarquables et distinctives de celles des moines, l'Université les chargea d'un gros cens de 8 et 10 livres. »

dent Tambonneau, celle donnée à monsieur Seguier, celle donnée à monsieur Lhuillier, celles données à messieurs Leschassier et de Bragelonne, celle donnée à monsieur le Vasseur, qui tient aujourd'huy au grand hostel que l'Université a fait bastir sur son fonds, lequel fait l'encoigneure de la dite rue de l'Université et de la rue du Bac.

Messieurs de l'Abbaye, qui n'ignoroient pas que ces places, comme dependantes et faisant partie du Grand-Pré-aux-Clercs, appartenoient très legitimement à l'Université; que mesme elle en avoit passé des contracts de baux à cens et rentes que la cour avoit homologuez par son arrest du 19 fevrier 1641; ne laissèrent pas de faire entendre aux mesmes preneurs que ces places estoient dans leur censive, et les obligèrent à les reconnoistre et leur en faire mesme de nouveaux contracts; après quoy ces Messieurs de l'Abbaye virent que les bastimens estoient presque finis. Ils firent saisir entre les mains des dits sieurs preneurs les rentes qu'ils s'estoient obligez de payer à l'Université, sous le faux pretexte que ces dites places leur appartenoient en propre; et comme tout le parlement estoit très convaincu de la possession legitime de l'Université, ils crurent qu'en s'adressant à un autre tribunal et depaïsant pour ainsi dire la matière, ils pourroient plus aisement parvenir à leurs fins. Ils portèrent donc l'affaire au grand conseil, et y firent assigner l'Université, laquelle, quoy qu'elle ait ses causes commises à la grand'chambre, ne fit aucune difficulté de paroistre devant ce tribunal, très asseurée que son bon droit et la justice de sa cause prevaudroient infailliblement à l'injuste prétention de Messieurs de l'Abbaye, lesquels, quoy qu'ils eussent fort embrouillé l'affaire, ayant pris des lettres en forme de requeste civile contre plusieurs arrests du parlement qui les avoient deboutez de pareille demande, ne purent si bien deguiser la verité qu'elle ne fût reconnue. En effet, après que cette affaire eut esté plaidée fort solemnellement de part et d'autre, il intervint arrest sur les conclusions de monsieur le procureur general le 20 juillet 1646, qui cassa les pretendus baux faits par l'Abbaye, et maintint l'Université dans la possession des dites places.

Detail des baux faits par l'Université les 31 aoust et 3 septembre 1639, homologuez par arrest de la Cour du 19 fevrier 1641[1], *et autorisez par arrest du grand conseil du 20 juillet 1646.*

Première maison.

Le premier des baux faits par l'Université est celuy qu'elle passa pardevant Levesque et Boucot, notaires au Chastelet de Paris, le 31 aoust 1639, avec M. Pierre Bailly, ecuyer, sieur de Berchère, tresorier general

---

1. Ces dates concordent à merveille avec ce que Corneille fait dire à Dorante et à Géronte à l'acte 2, scène 5, de sa

de France à Chalons, d'une pièce de terre sise sur la rue des Saints-Pères ou de la Charité, attenant le cimetière des Religionnaires, duquel une partie appartient aussi à l'Université [1]. Cette place, conte-

comédie du *Menteur*, jouée, comme on sait, en 1642, c'est-à-dire au moment même où l'on devoit achever de bâtir les hôtels dont nous voyons acheter ici le terrain, et qui changèrent si complétement la physionomie du Pré-aux-Clercs. Voici ce curieux passage, où sont rappelés tous les travaux accomplis alors dans Paris, tant dans l'île Saint-Louis, où l'on commençoit à bâtir, que dans le Pré-aux-Clercs et dans le nouveau quartier Richelieu, sur les anciens remparts, auprès du Palais-Cardinal :

DORANTE.

Paris semble à mes yeux un pays de romans :
J'y croyois ce matin voir une *île* enchantée ;
Je la laissai deserte et la trouve habitée ;
Quelque Amphion nouveau, sans l'aide des maçons,
En superbes palais a changé ces buissons.

GERONTE.

Paris voit tous les jours de ces metamorphoses :
Dans tout le Pré-aux-Clercs tu verras mêmes choses.
Et l'univers entier ne peut rien voir d'égal
Aux superbes dehors du *Palais-Cardinal*.
Toute une ville entière, avec pompe bastie,
Semble d'un vieux fossé par miracle sortie,
Et nous fait présumer, à ses superbes toits,
Que tous ses habitants sont des dieux ou des rois.

Dans ce qu'il dit sur le *Pré-aux-Clercs* à cette date de 1642, Corneille se trouve être plus vrai que Sauval lui-même dans un passage trop vague de ses *Antiquités de Paris* (t. 2, p. 368).

1. Piganiol confirme la situation de la maison de M. Bailly de Berchère, t. 8, p. 96-97.

nant 432 toises en superficie, fut donnée moyennant
10 livres 8 sols parisis de cens, qui font 13 livres
tournois, et 432 livres de rente. Ledit sieur de Berchère fit bastir trois maisons sur cette place, dont il
en vendit une, qui est celle du milieu, à dame Renée
de Boulainvilliers, comtesse de Courtenay, veuve du
sieur marquis de Rambure, par contract du 5 juillet
1643, à la charge de l'acquitter envers l'Université de
300 livres de rente, faisant partie des 432 livres portez
par son bail, et de 10 livres 8 sols de cens, et outre
ce, moyennant 58,000 livres, dont il resteroit 6,000
livres ès mains de la dite dame, pour servir au rachapt des dites 300 livres de rente, à laquelle clause
la dite dame de Rambure n'a point satisfait, et sur
laquelle, dans la suite, la dite maison a esté vendue
et adjugée à M. Claude Tiquet, conseiller en la cour [1],
par sentence des requestes du Palais du 7 septembre 1689, lequel a passé titre nouvel, le 16 mars
1696, pardevant Baglan, notaire.

Deuxième et troisième maisons.

A l'égard des deux autres maisons, les créanciers
des sieur et dame de Berchère les ont vendues,
sçavoir : une à dame Marguerite d'Almeras [2], veuve

1. C'est le même que sa femme, la belle et trop fameuse
Mme Tiquet, tenta deux fois de faire assassiner. On conçoit,
d'après la situation de la maison qu'ils habitoient, comment
il se fit que l'exécution de la coupable eut lieu, le 17 juin
1699, au carrefour de la Croix-Rouge, qui étoit la place de
Grève de la justice de Saint-Germain-des-Prés. (V. Guyot
de Pitaval, *Causes célèbres*, t. 4, p. 43, et t. 5, p. 485.)

2. Elle étoit fille de ce d'Almeras qui fit sous Louis XIII

de M. Roger-François de Fromont, secrétaire des commandemens de feu S. A. R. Monsieur, duc d'Orléans [1], par contract passé pardevant Le Secq de Launay et Quarré, notaires, le 19 septembre 1668, et l'autre à M. Roger-François de Fromont, ecuyer, sieur de Villeneuve, par contract passé pardevant les mesmes notaires, le 26 des dits mois et an ; le dit sieur de Fromont a passé titre nouvel le 22 mars 1687, pardevant Baglan, notaire.

Quatrième et cinquième maisons.

Ces deux maisons, dont l'une, joignant la precedente, fait l'encoigneure de la dite rue des Saints-Pères, et l'autre est la première à main gauche dans la rue de l'Université, sont basties sur 420 toises de terre données à cens et rente par l'Université, par contract passé pardevant Levesque et Boucot le 8 aoust 1639, à messire Jean Le Coq, seigneur de Corbeville, conseiller en la grand'chambre, moyennant 420 livres de rente et 10 livres parisis de cens; a passé titre nouvel le 26 février 1695, pardevant Baglan, notaire [2].

une si grande fortune comme financier et comme fermier des postes. (V. sur lui la *Chasse aux larrons* de J. Bourgoing.)

1. Ceci donne encore raison à ce que nous avons dit de l'empressement des officiers de la maison de Gaston ou de celle de sa fille à venir s'établir dans ces quartiers, qui avoient, entre autres avantages, celui de n'être pas éloignés du Luxembourg.

2. La maison de M. Lecoq est indiquée sur le plan de Gomboust, au coin de la rue des Saints-Pères et de la rue de l'Université. Cette dernière y est appelée rue de *Sorbonne*.

Sixième maison.

Cette maison est bastie sur 420 toises de terre données à cens et rente par contract passé pardevant les dits Levesque et Boucot, notaires, le 8 aoust 1639, à messire Pierre Pithou, conseiller au parlement, moyennant 10 livres parisis de cens et 420 livres de rente, laquelle a esté rachetée par quittance du 19 juillet 1651.

Messire Henri de Bullion, conseiller au parlement, et dame Magdelaine de Vassan, son epouse, ont acquis par contract d'echange passé pardevant Mousnier et Le Secq de Launay, notaires, le 25 may 1675, la dite maison de messire Nicolas Durand de Villegagnon, et de damoiselle Elisabeth Pithou, son epouse, fille et heritière du dit feu sieur Pithou.

La dite dame veuve de Bullion et ses enfants ont passé titre nouvel à l'Université le 10 septembre 1691, pardevant Lorimier, notaire.

Elle a aussi ce nom sur les plans de Bullet et de Jouvin. Sauval (t. 1, p. 152) dit que c'est à tort qu'on le lui donne, car rien n'indique qu'elle l'ait jamais réellement porté. G. Brice (t. 4, p. 59) est d'un avis contraire, et soutient que ce nom désigna au moins la partie comprise entre la rue des Saints-Pères et la rue du Bac. Jaillot pense, de son côté, que c'est la rue Saint-Dominique qui, en 1673, s'appeloit rue *de Sorbonne*. (*Quartier Saint-Germain*, p. 81.) Quant à Piganiol (t. 8, p. 169), il donne tort et raison à G. Brice : raison si, pour l'époque où cette désignation put être en usage, il s'en tient à la date du plan de Gomboust, c'est-à-dire à 1652; tort, s'il soutient que ce nom dut être employé plus tard. Cette opinion de Piganiol est certainement la meilleure.

Septième maison.

Cette maison est bastie sur pareille quantité de terre que les deux precedentes, données à cens et rente par l'Université par contract passé pardevant les mesmes notaires, aux mesmes charges et conditions, à M. Charles de Berulle, maistre des requestes, laquelle il a depuis vendue à messire François d'Harville des Ursins, marquis de Paloiseau, par contract passé pardevant Muret, notaire, le 30 avril 1657, et le dit sieur marquis de Paloiseau a passé titre nouvel pardevant Baglan, notaire, le 21 juillet 1694 [1].

Huitième et neuvième maisons.

Ces deux maisons sont basties sur 1950 toises de terre données à cens et rente par l'Université, par contract passé pardevant les mesmes notaires, le dit jour, 31 aoust 1639, à messire Jean Tambonneau, conseiller du roy en ses conseils, president en la chambre des comptes, moyennant 47 livres parisis de cens et 1950 livres de rente, dont il en a esté

---

1. L'hôtel de Paloiseau, l'un des plus anciens et des plus beaux de ce quartier, est indiqué sur la plupart des plans de Paris au XVIIe siècle; seulement on l'y confond souvent, notamment sur le plan de 1699 et sur celui de Blondel, avec son voisin, l'hôtel Tambonneau. Sur le plan Turgot, il s'appelle hôtel de la Roche-Guyon. Il étoit donc devenu, par acquisition ou autrement, l'un des quatre hôtels que, suivant Piganiol, « les comtes de la Roche-Guyon, du nom de Silli, ont eus à Paris en différents temps et en différents quartiers. » (*Description de Paris*, t. 3 p. 280-281.)

racheté 500 livres par quittances des 20 janvier et
12 mars 1681, données par M. Charles Quarré, lors
receveur de l'Université; partant la rente n'est plus
que de 1450 livres. Messire Antoine-Michel Tambonneau, aussi president en la chambre des comptes, fils et heritier du dit feu sieur Tambonneau, a
passé à titre nouvel le 25 octobre 1694, pardevant
Baglan et son confrère, notaires [1].

1. L'hôtel Tambonneau, dont G. Brice a donné la description, t. 4, p. 59-60, avoit été bâti par Le Vau, et étoit l'un des plus beaux de la rue de l'Université. Le président étoit venu au Pré-aux-Clercs pour se rapprocher de Le Coigneux, son ami, dont l'hôtel est devenu celui du ministère de l'instuction publique) et peut-être aussi afin d'être à portée de voir de plus près et plus souvent la fille de la Dupuis, mariée à de Sacy, pour laquelle il avoit une vive inclination. (V. Tallemant, édit. P. Pâris, t. 1, p 347.) En attendant que son hôtel fût bâti, il s'établit dans la maison que Barbier, contrôleur général des bois de l'Isle de France, et l'un des adjudicataires du parc de la reine Marguerite, avoit fait construire rue de Beaune, à deux pas du pont de bois, qu'on appeloit à cause de lui *pont Barbier*. « Cette belle maison auprès du Pré-aux-Clercs », comme Tallemant appelle l'hôtel Tambonneau, étant terminée, il y vint avec sa femme, si connue alors par ses coquetteries de toutes sortes, et même avec les amants de madame, entre autres Aubijoux, qui, s'y trouvant bien, « y mena, dit Tallemant, d'autres gens de la cour ». (Édit. in-12, t. 9, p. 155.) La maison Tambonneau est figurée sur le plan de Gomboust; ses jardins vont jusqu'à la rue Saint-Guillaume, en longeant sur la gauche une partie du cimetière des huguenots. La Quintinie, qui étoit précepteur du fils de M. Tambonneau, développa, dans ses magnifiques jardins, le goût qu'il avoit pour l'horticulture, si bien

Dixième, onzième et douzième maisons.

Ces trois maisons sont basties sur 675 toises de terre, données à céns et rente par l'Université, par contract passé pardevant les mesmes notaires, le 3 septembre 1639, à messire Tanneguy Seguier, president au parlement, moyennant 16 livres 4 sols parisis de cens et 675 livres de rente, laquelle fut depuis reduite à 588 livres 16 sols 8 deniers, au moyen de l'arpentage fait de ladite place par Thomas Goubert, masson, le 5 juillet 1660, nommé d'office par M. Coicault, conseiller au parlement et commissaire aux requestes du palais, en conséquence d'une sentence rendue par ladite Cour le 8 janvier 1659, et le cens reduit à 17 livres 13 sols 5 deniers.

Dame Marguerite de Menisson, veuve dudit sieur president Seguier, vendit ladite place par contract passé pardevant Huart et Lemoyne, notaires au Chastelet, le 8 decembre 1643, à M. André Briçonnet, sieur du Mesnil et de la Chaussée, à la charge de payer les arrerages desdits cens et rente.

Dame Louise Pithou, veuve dudit sieur Briçonnet, rachetta ladite rente, montant en principal à 11,776 livres 13 sols 4 deniers, par quittance pas-

---

qu'il renonça tout à fait au dessein qu'il avoit de se faire avocat, et se fit jardinier. On sait combien cette résolution lui a réussi, et quelle célébrité il a atteinte. — M. Monmerqué a dit par erreur, dans ses *Notes sur Tallemant*, t. 9, p. 155, que l'hôtel Tambonneau, l'ancien hôtel de Bouillon, selon lui, étoit encore un des plus beaux du quai Malaquais.

sée par devant Pain et Mousnier, notaires, le 31 juillet 1660.

Messire François Briçonnet, maître des comptes, tant comme fils et heritier dudit sieur André Briçonnet que comme donataire de la dite dame Pithou, sa mère, en faveur de son contract de mariage du 20 janvier 1659, a passé titre nouvel des dites trois maisons le 21 mars 1688, pardevant Baglan, notaire.

Treizième maison.

Cette maison est bastie sur 650 toises de terre, données à cens et rente par l'Université, par contract passé par devant les mesmes notaires, le 3 septembre 1639, à messire Jean de Berulle, seigneur du Vieux-Verger et de Serilly, conseiller d'estat, moyennant 15 livres 12 sols parisis de cens et 650 livres de rente.

Les mesmes jour et an, ledit sieur de Berulle en passa declaration au profit de M. Jean Bouthier, secretaire de la reine, et de damoiselle Anne Prieur, sa femme.

Jean-Louis et Anne Bouthier, enfans et heritiers des dits sieur et damoiselle Bouthier, echangèrent la dite place, par contrat du 21 janvier 1658, avec M. Adrien Guitonneau, secretaire du roy, lequel, par autre contract du 13 may 1660, l'echangea avec dame Elisabeth Lhuillier, epouse non commune en biens de messire Estienne Daligre, chancelier de France, qui la fit decreter et s'en rendit adjudicataire par sentence du Chastelet du septième mai 1661; et avant que l'adjudication luy en eut esté faite, elle la fit mesurer et arpenter par Thomas Gobert[1], maître masson, expert convenu ; par l'arpentage ladite place ne se trouva contenir que 570 toises 3 pieds 9 poulces, c'est-à-dire quatre-vingts toises ou environ moins qu'il n'est porté par ledit contract de bail à cens et rente, de manière que la rente fut reduite à 570 livres 2 sols 1 denier, et le cens à 17 livres 2 sols.

Jacques Laugeois, sieur d'Imbercourt, secretaire du roy, a acquis ladite place de ladite dame Daligre,

---

1. Ce Thomas Gobert étoit le père de l'architecte du même nom à qui l'on devoit le dessin de la Bibliothèque des Petits-Pères, et qui construisit tout près de ce même hôtel d'Aligre « une fort jolie maison », dit Germain Brice (t. 4, 81), dont il n'est pas parlé ici. En 1752, elle appartenoit aux héritiers de la présidente de Brou. Selon Brice, on l'avoit bâtie sur un emplacement occupé auparavant par la manufacture de glaces qui fut ensuite transférée au faubourg Saint-Antoine. Un manége, ou, comme dit Brice, « une *académie* pour monter à cheval », s'y étoit vu auparavant. C'est sans doute l'*académie* de M. Forestier, figurée sur le plan Gomboust. Elle avoit son entrée sur la rue *de Sorbonne* (sic) par une sorte de petite ruelle. Ces établissements furent nombreux de ce côté au XVIIe siècle. Michel de Marolles, qui consacre tout un chapitre de sa *Description de Paris* (1677, in-4.) aux *académies pour monter à cheval*, nous montre :

> Glapier le lyonnois, Soleitzel, Bernaldi,
> Gentilhomme lucquois, cousin d'Arnolphini ;
> Du Vernay, Rocquefort......,
> *Dans la rue où l'on dit de l'Université*
> La Vallée au dessus des fossés de Condé.
> Et Foubert dans la rue à sainte Marguerite.

par contrat passé pardevant Bru et Arrouet[1], notaires, le 19 septembre 1684, sur laquelle il a fait bastir une grande maison[2], dont il a passé titre nouvel le 8 mars 1687, pardevant Baglan, notaire.

Quatorzième maison.

Cette maison est bastie sur 585 toises et demie de terre, données à cens et rente par l'Université, par contrat passé pardevant les mesmes notaires, le 3 septembre 1639, à M. François Lhuillier, maistre des comptes[3], moyennant 14 livres parisis de cens et 585 livres 10 sols de rente.

Ledit sieur Lhuillier estant mort, dame Elisabeth Lhuillier, sa sœur, epouse dudit seigneur chancelier Daligre, tant comme son heritière que comme fondée de procuration de M. François Bochard de Saron, à cause de dame Magdelaine Lhuillier, son epouse, aussi sœur et heritière dudit sieur Lhuillier, passa titre nouvel à l'Université le 28 avril 1663, et declara par iceluy que l'arpentage ayant

1. Le notaire Arouet, père de Voltaire.
2. Germain Brice a donc raison quand il nous dit (t. 4, p. 60) que la première maison bâtie sur ce terrain le fut par Laugeois d'Imbercourt. Mme d'Aligre avoit possédé la *place*, mais n'y avoit rien fait construire, quoi qu'en dise Piganiol, t. VIII, p. 170. Cet hôtel, que Brice a décrit, et qui étoit loin d'être beau malgré l'argent qu'on y avoit dépensé, revint et resta à la famille d'Aligre, après avoir appartenu quelque temps au premier président Achille du Harlay.
3. Le même dont Chapelle, l'ami de Bachaumont, étoit le fils naturel.

esté fait de ladite place par Michel Gemin, arpenteur convenu, la dite place, suivant son procez-verbal du 3 juillet 1650, ne se seroit trouvée contenir que 478 toises 3 quarts 7 pieds 35 poulces, c'est-à-dire 107 toises quelques pieds moins qu'il n'est porté par le contract de bail à cens et rente; partant, que la dite dame de Saron et elle n'estoient obligées que de payer 478 livres 19 sols de rente et 14 livres 6 sols 4 deniers de cens au lieu de 585 livres 10 sols de rente et 17 livres 10 sols de cens. Messire Jean Bochard de Saron, conseiller en la grand'chambre, en a passé titre nouvel pardevant Baglan, notaire, le 20 février 1695.

Quinzième et seizième maisons.

Ces deux maisons sont basties sur 917 toises de terre, données à cens et rente par l'Université, par contract passé pardevant les mesmes notaires, le 3 septembre 1639, à messire Christophe Leschassier, maistre des comptes, et messire Thomas de Bragelonne, conseiller au parlement, et depuis premier president au parlement de Metz, moyennant 21 livres 19 sols parisis de cens et 917 livres de rente, le tout solidairement; la rente a esté rachetée.

Le dit sieur Leschassier a donné la maison qu'il a fait bastir sur partie de la dite place à M. Robert Leschassier, son fils, aujourd'huy conseiller en la grand'chambre, par son contract de mariage du 29 mai 1661, pardevant La Mothe, notaire, lequel a passé titre nouvel le 20 novembre 1694, pardevant Baglan, notaire, tant pour sa maison que pour celle bastie par le dit sieur president de Bragelonne, les deux maisons estant obligées solidairement à l'Université.

Dix-septième maison.

Cette maison est bastie sur 444 toises de terre, données à cens et rente par l'Université, par contract passé pardevant les mesmes notaires, le 3 septembre 1639, à M. Jean Levasseur, receveur-general des finances à Paris, moyennant 12 livres 16 sols 9 deniers de cens et 444 livres de rente, laquelle a esté rachetée.

Le 3 février 1655, le dit sieur Le Vasseur, par son testament olographe, institua ses legataires universels Olivier Picques, secretaire du roy, et dame Marie Le Vasseur, son epouse.

Jean Marie, Catherine et Anne Picques, enfants et heritiers des dits sieur et dame Picques, en ont passé titre nouvel le 6 juillet 1688, pardevant Baglan, notaire.

Dix-huitième maison.

Cette maison, bastie sur.... toises de terre, est celle que l'Université a fait construire à ses frais et depens, et laquelle fait l'encoigneure de la dite rue de l'Université et de celle du Bac[1].

1. C'est l'une des deux grandes maisons « sur la porte desquelles, dit le chevalier du Coudray, sont les armes de l'Université, à qui elles appartiennent et qui ont donné le nom à la rue. C'est, ajoute le chevalier, une anecdote que M. de Saint-Foix ignoroit, et que nous tenons de M. Duval, recteur pour la seconde fois de l'Universite. » *Nouv. Essais historiques sur Paris* (Paris, 1781, in-12, t. 1, p. 178). —

Il est à observer que derrière et attenant les jardins dependans des maisons de Messieurs Tambonneau et Briçonnet, il y a 66 toises de terre dependantes du dit grand Pré-aux-Clercs, encloses et faisant partie du jardin des religieux jacobins du novitiat, lesquelles furent autrefois données à cens et rente par M. Samuel Dacole, fondé de procuration de l'Université, par acte et deliberation des 22 aoust 1629 et 9 mars 1630, aux nommez Jacques Le Fèvre, Catherine du Bois, sa femme, et Pierre Pijard et Anne Le Fèvre, aussi sa femme, par contract passé pardevant Coustard et Jutet, notaires au Chatelet, le 11 mars 1630. Ce qui donna occasion à la passation de ce contract fut que M. Louis Dulac, prieur de Louis, s'estant rendu adjudicataire d'une maison, clos, jardin et moulin, saisis reellement sur Jean Allen et sa femme, pour rendre le dit clos quarré, s'etendit sur l'Université, et, depuis, ayant vendu le tout aux dits Pijard et Le Fèvre, et l'Université ayant esté avertie de l'entreprise du dit sieur Dulac, elle demanda qu'il lui en fût fait raison par le dit Dulac ou les dits Pijard et Le Fevre, ce qui forma un procès dont les dits Pijard et Le Fevre apprehendant avec raison l'issue, ils consentirent de prendre à cens et rente de l'Université ce qui se trouveroit avoir esté empiété sur elle. Ainsi il en fut fait arpentage par Gaspard Hubert et Christophe Gamart, massons, lesquels, par leur procès-verbal du

---

Saint-Foix ne l'avoit pas dit, c'est vrai, mais Brice en avoit parlé, et à peu près dans les mêmes termes que M. de Couchay, t. 4, p. 62.

18 janvier 1632, évaluèrent l'entreprise à 66 toises, pour lesquelles les dits Pijard et Le Fèvre offrirent de payer à l'Université 7 livres de rente et 1 denier de cens, ce qui leur fut accordé par le sus dit contract du dit jour 11 mars 1630.

Les Jacobins du novitiat[1] ont depuis acquis les droits des dits Pijard et Le Fèvre, et en ont passé pardevant Baglan titre nouvel à l'Université le 27 mars 1688, par lequel ils ont declaré que des dites 66 toises de terre ils en avoient donné 9 à M. le president Tambonneau par contract du 13 septembre 1646, pour rendre quarré un jardin estant derriere la maison qui luy appartient, attenant celle où il demeure, à la charge de les acquitter de 40 sols de rente, plus les trois quarts d'une perche à M. André Briçonnet, le 12 octobre 1646, dont il avoit eu besoin parce qu'ils faisoient hache sur son bastiment derrière sa maison.

Dix-neuvième, vingtième et vingt-unième maisons.

Ces trois maisons sont basties dans la rue du Ba c,

1. Une partie des bâtiments du noviciat des Jacobins réformés est occupée par le Musée d'artillerie. L'église est devenue celle de Saint-Thomas-d'Aquin, qui, dès l'origine, en étoit l'un des patrons. Les Jacobins s'étoient établis là en 1633, sous le patronage de Richelieu. (V. Suppl. aux *Antiquités de Paris* par Dubreul, p. 43.)

2. La rue du Bac, que nous avons déjà vue souvent nommée ici, devoit, comme on sait, son nom au *bac* qui, avant la construction du *Pont-Barbier* et surtout du *Pont-Royal*, établissoit une communication entre la rive gauche et la rive droite de la Seine. — Suivant les *registres de l'Hôtel-de-Ville*, vol. 147, ce *bac* avoit été établi par lettres-patentes du 6 no-

sur 360 toises de terre, d'une part, données à cens et rente par l'Université à M. Jacques du Chevreuil, par contract du 15 octobre 1659, moyennant 20 livres parisis de cens et 360 livres de rente ;

vembre 1550. Pendant la nuit de la Saint-Barthélemy, il avoit été enlevé, ainsi que les autres bateaux de passeurs qui se trouvoient d'ordinaire devant les Tuileries. On vouloit par là empêcher que les huguenots, nombreux dans le Pré-aux-Clercs, ne fussent avertis à temps; et, en effet, ce fut une des raisons qui firent que M. de Caumont et ses fils furent surpris et ne purent se sauver. (V. de Meyer, *Galerie du XVI*e *siècle*, t. 1, p. 376.) — M. Berty, à la p. 403 de son travail déjà cité, donne de curieux renseignements sur ce *bac*, sur celui qui en étoit chargé et sur le chemin qui y conduisoit. « Nous avons trouvé, dit-il, dans les archives de l'Université, une transaction du 26 mai 1580 par laquelle un marchand, nommé Georges Regnier, qui est dit fournissant les matériaux qu'il convient avoir pour les fortifications de cette ville de Paris du costé des Thuilleryes, ensemble du pallais de la royne (mère du roy), aus dites Thuilleryes, et ayant aussi la charge du gouvernement du *bac* assis sur la rivière, vis-à-vis du dit pallays, pour le passage des dits materiaux, obtint de l'Université la permission de faire passer et repasser les chevaux, charettes, harnoys, tant chargés que vuides, avec les gens du dit Regnier, par et au travers du Pré-aux-Clers..... par le chemin jà commencé longtemps et qui vient de Vaugirard, entrant dans le dit Pré, auprès de sa borne, située près du lieu où etoit sise la Maison-Rouge, pour aller où est situé le dit *bac* d'icelluy Regnier... sans que icelluy Regnier ni ses gens et serviteurs puissent faire autre chemin que celui susdit, de largeur de dix pieds » Cette curieuse pièce, heureusement retrouvée par M. Berty, n'avoit pas échappé à du Boulay. (V. son *Mémoire*, p. 153.) — Il n'est pas étonnant que les

LE PRÉ-AUX-CLERCS. 195

Et encore sur 608 toises et demie de terre données à cens et rente par la dite Université à M. René Foucault, commissaire general de la marine, par contract du 7 aoust 1660, moyennant 14 livres 12 sols parisis de cens et 608 livres 10 sols de rente.

Le dit sieur du Chevreuil ceda ses droits à Claude Colas, charpentier, par contract du 4 may 1643.

Le dit Colas vendit une maison qu'il avoit fait bastir sur la dite place à M. Jean Coiffier [1], maistre des comptes, par contract du 19 mars 1666, lequel depuis, ayant acquis des heritiers beneficiaires du dit sieur Foucault l'autre place de 608 toises, fit abattre la maison qu'il avoit acquise du dit Colas, et fit construire sur les dites deux places trois maisons, lesquelles, dans la suite, ont esté sur lui vendues par les directeurs de ses creanciers à M. François de Rousseau, maistre des comptes, lequel a passé titre nouvel pardevant Quarré et son confrère, notaires, le 8 octobre 1682.

matériaux pour les fortifications et le palais dussent venir du Pré-aux-Clercs. Les tuileries, déplacées par suite de la construction du palais qui leur devoit son nom, avoient été transportées de l'autre côté de la Seine. M. Bonnardot en remarque une dans le Pré-aux-Clercs, sur le *plan anonyme* de 1661 (V. son livre sur les *plans de Paris*, p. 108). Du Boulay parle plusieurs fois du four à tuiles de Moussy, dans la rue de Seine (p. 261, 399). Les pierres étoient tirées de Vaugirard et de Montrouge : on devoit donc prendre pour leur transport le chemin indiqué ici.

1. Petit-fils de Coiffier, le cabaretier, et gendre de Vanel, l'un des premiers propriétaires dans la rue Neuve-des-Petits-Champs. V. Tallemant, in-8, t. 3, p. 274-275.

A la suite de ces maisons sont les places qui ont esté vendues à dame Renée de Villeneuve, veuve du dit sieur de Rousseau, maistre des comptes, et à M. Gaston-Jean-Baptiste Therat, chancelier de S. A. R. Monsieur, duc d'Orléans [1], revenantes à 1600 toises de terre, chargées envers l'Université de 48 livres de cens, par contract passé pardevant le Vasseur et Baglan, notaires, le 20 septembre 1688 ; et depuis la dite dame de Rousseau a acquis les droits du dit sieur Therat par contract du 2 septembre 1688.

CONCLUSION.

Il paroist par tout ce qui a esté dit cy-dessus que la censive du Petit-Pré-aux-Clercs commence dans la rue du Colombier, à la sixième maison à droite, en y entrant par la rue de Seine, et contient, tant dans la dite rue du Colombier que dans celle des Marais et des Petits-Augustins, toutes les maisons qui ont esté enoncées dans la première partie de ce Memoire, depuis la page 13 jusqu'à la page 32.

A l'egard du Grand-Pré, il commence d'un costé dans la rue qu'on nommoit autrefois des Esgouts, et maintenant de Saint-Benoist. Mais, quoiqu'anciennement la première borne du dit pré de ce côté-là, suivant le mesurage fait par Nicolas Girard, arpen-

---

1. Encore un officier de Gaston dans le Pré-aux-Clercs, et nouvelle confirmation de ce que nous avons dit.

teur, au mois d'aoust 1651, en execution d'un arrest de la cour du 14 may de la mesme année, fust posée vis-à-vis de l'ancienne porte du clos de Saint-Germain-des-Prés (laquelle porte estoit entre deux tourelles qui sont encore existantes, mais enfermées dans ledit clos), cependant la censive de l'Université ne commence aujourd'huy qu'à la rue des Anges, ce qui fait voir que le terrain qui est entre la dite rue des Anges et le lieu qui repond à ces tourelles a esté usurpé sur l'Université.

On a fait, dans la deuxième partie de ce mémoire, le denombrement des maisons et places que possèdent les religieux de l'hôpital de la Charité dans le dit Pré-aux-Clercs, et il paroist que ce pré est borné tant par l'ancienne cloture du dit hôpital que par un mur de refend qui suit le long d'une galerie ou charnier, et va rendre à l'apotiquairerie, d'où il faut concevoir une ligne qui perce dans la rue des Saints-Pères, où estoit la seconde borne, et, passant par le cimetière dit des Huguenots (à cause qu'on y enterroit cy-devant ceux de la religion prétendue reformée), traverse le jardin des Jacobins, dont une partie est dans la censive de l'Université, comme il a esté dit, et va par les rues du Bac et de Belle-Chasse [1]

---

1. Barbier, l'un des adjudicataires des biens de la reine Marguerite, possédoit des terrains jusque dans cette rue. En 1636, une partie en fut cédée, et non pas donnée, par lui, comme le dit Piganiol, aux *religieuses chanoinesses du Saint-Sepulcre*, qu'on surnomma d'abord, pour cette raison, les *filles à Barbier* (V. Brice, t. 4, p. 39), et qu'on appela par la suite les *religieuses de Bellechasse*. Jaillot, *Q. S.-Germain*, p. 39.

aboutir à un chemin qui fait la separation du Pré-aux-Clercs d'avec celuy qu'on appelloit autrefois le Pré-aux-Moines, auprès des filles qu'on nomme de Saint-Joseph [1].

Ainsi, la censive de l'Université contient non seulement toutes les maisons qui sont sur la gauche dans les rues Jacob et de l'Université, depuis l'encoigneure de la rue de Saint-Benoist jusqu'à la rue du Bac, mais encore toutes celles qui sont dans la rue des Anges, celles qui sont dans la rue des Saints-Pères jusqu'au cimetière des Huguenots, dont une partie est ainsi comprise dans la mesme censive, et les trois maisons qui sont dans la rue du Bac vis-à-vis de l'hôtel de l'Université.

1. Il ne faut pas les confondre avec celles dont il est question dans le *Supplément* de du Breul, p. 43, et qui, venues de Lorraine, s'étoient établies rue de Vaugirard au commencement du XVIIe siècle. Celles dont on parle ici eurent pour fondatrice Marie Delpèche de l'Étan, et c'est le 16 juin 1641 seulement qu'elles prirent possession de la maison qui devint leur couvent. Elle se trouvoit rue Saint-Dominique, « au milieu des hôtels ou palais qui la forment », dit Piganiol (t. 8, p. 166). On y entretenoit de pauvres orphelines, qui y étoient reçues dès l'âge de huit ans. Mme de Montespan agrandit cette maison, ce qui fit dire par plusieurs, notamment par Saint-Simon, qu'elle l'avoit bâtie. Elle s'y retira, mais « fut long-temps à s'y accoutumer », dit encore Saint-Simon (*Mémoires*, t. 2, p. 57). Dangeau parle de cette retraite sous la date de décembre 1691. (V. édit. complète de son *Journal*, t. 3, p. 457.) Ceux qui ont dit qu'elle y mourut se trompent ; mais ceux qui, induits en erreur par le nom de cette communauté, ont écrit que Mme de Montespan mourut dans le quartier Montmartre, rue Saint-Joseph, se trompent bien davantage.

Pour ce qui est de l'autre côté du dit grand Pré, il commence à l'extremité de l'une des maisons de l'Hôtel-Dieu, la plus proche des Petits-Augustins, dont il a esté fait mention à la page 38 (auquel lieu estoit autrefois la trente-troisième borne), et, continuant par le monastère des dits Augustins le long de la muraille qui fait la separation de leur ancien et de leur nouveau clos (dans lequel nouveau clos sont trois quartiers six perches de terre qu'ils tiennent à cens et rente de l'Université, ainsi qu'il a esté dit), il perce la rue des Saints-Pères, et suit les anciennes bornes, plantées en 1551, qui faisoient la separation du dit grand Pré dans le parc de la reine Marguerite, pour aller se rendre à l'autre extremité auprès de la maison des filles de Saint-Joseph [1], où il forme dans sa figure une espèce de hache qui estoit renfermée dans les 15, 16, 17, 18, 19, 20, 21 et 22ᵉ bornes.

De manière que toutes les maisons qui sont dans la rue des Petits-Augustins, depuis celles de l'Hôtel-Dieu jusqu'à l'encoigneure de la rue Jacob, et celles de la rue Jacob à droite, depuis la dite encoigneure

---

1. Ce couvent, dont l'emplacement est occupé aujourd'hui par la maison portant le n° 82 de la rue Saint-Dominique, peut donc être à peu près considéré comme la limite du Pré-aux-Clercs, c'est-à-dire des terrains possédés par l'Université. Celui sur lequel il étoit bâti ne relevoit même plus du recteur : il appartenoit à l'abbaye de Saint-Germain-des-Prés. Il fallut le consentement de l'abbé pour l'installation de Marie Delpèche, et le prieur de Saint-Germain assista solennellement à sa prise de possession. Dom Bouillart, *Hist. de l'abbaye de Saint-Germain*, p. 234.

jusqu'à la rue des Saints-Pères, et encore celles qui appartiennent aux Augustins dans la dite rue des Saints-Pères, lesquelles ont esté basties sur la place qu'ils avoient acquise d'Alphonse Mesnard, marbrier, comme il a esté dit, sont dans la censive de l'Université.

Mais, depuis la dite rue des Saints-Pères jusqu'à la rue du Bac, quoique le terrain qui est au côté droit de la rue de l'Université, contenu entre la dite rue et les anciennes bornes du dit grand Pré, appartienne veritablement à l'Université, neanmoins elle ne reçoit point la censive des maisons qui y sont basties, parce que les adjudicataires du parc de la reine Marguerite s'en sont emparez, pour raison de quoy la dite Université est en procès contre les dits adjudicataires, leurs heritiers ou ceux qui pretendent avoir droit d'eux, duquel procès ils ont jusqu'à present empeché l'instruction et le jugement.

Tout le reste du grand Pré-aux-Clercs, depuis les trois maisons qui sont dans la rue du Bac, vis-à-vis l'hôtel de l'Université, jusqu'à son extremité proche les filles de Saint-Joseph, à laquelle extremité estoient autrefois les dix-huit et dix-neuvième bornes, n'est point bâti. On peut voir, pour plus grande intelligence de toutes ces choses, le plan gravé dans la planche que l'on trouvera à la fin.

Voilà à peu près en quoy consiste cet ancien patrimoine que l'Université a reçu de nos rois. Au reste, comme ce memoire n'est pas l'ouvrage de toute l'Université, quoiqu'imprimé par son ordre, on ne doit pas tirer à consequence contre elle les fautes ou omissions qu'on pourroit y avoir faites. On espère qu'il ne s'y en trouvera point de considerables, parce qu'on s'est reglé sur une declaration donnée par l'Université à la chambre du thresor le 6 aoust 1677.

Il est bon d'avertir que ce memoire estoit achevé dès le temps que l'Université fit sa conclusion pour l'imprimer. L'inventaire de tous les titres concernant le Pré-aux-Clercs estoit aussi fait, et tous ces titres avoient esté remis dans les archives de l'Université, au collége de Navarre, dans lesquelles on avoit pareillement rangé par liasses en differents tiroirs et inventorié les anciens titres qui s'y estoient trouvez, de sorte qu'il y avoit tout sujet d'esperer que l'Université recevroit dès ce temps-là le fruit d'un travail de près de deux années, parce que ceux des censitaires qui estoient en demeure pour passer leurs titres nouvels offroient de le faire incessamment. Neanmoins, un seul d'entre eux s'etant opiniâtré à vouloir se faire decharger d'une solidarité de laquelle il pretendoit n'estre pas tenu, il a esté cause que l'on ne s'est pas pressé de faire passer des titres nouvels à ceux qui n'en refusoient pas, et il a retardé jusqu'à present l'execution d'un dessein qui avoit esté entrepris pour le bien de l'Université, sans en tirer aucun avantage pour luy-mesme. Voilà enfin l'ouvrage imprimé. On souhaite qu'il ne soit pas inutile à ceux qui viendront après nous : c'est tout ce qu'on s'y est proposé.

Ce samedi dernier jour de juin 1696.

Arrests notables rendus en faveur de l'Université touchant le Pré-aux-Clercs.

Nous avons dans nos archives plusieurs arrests rendus en differens temps au profit de l'Université touchant le Pré-aux-Clercs; nous ne nous arrestons qu'à ceux qui sont les plus importans. On peut en voir un du Parlement du 10 juillet 1548, rapporté par M. du Boulay dans le sixième volume de l'Histoire de l'Université, page 407, dans lequel, entre plusieurs chefs de contestation jugez en faveur de l'Université contre le cardinal de Tournon, abbé de l'abbaye de Saint-Germain-des-Prez et les religieux de la dite abbaye, il est dit vers la fin : « et, en tant que touche la censive que les dits religieux, abbé et couvent pretendent sur elle, la dite cour, suivant le consentement de l'avocat et procureur des dits religieux et couvent, a ordonné et ordonne que icelle Université jouira des dits deux Prez, petit et grand, ensemble des deux arpens, librement et sans aucune charge, etc.

Cet arrest fut suivi d'un autre, du 14 may 1551, touchant les limites du Pré-aux-Clercs, qui se trouve dans le mesme volume de l'Histoire de l'Université, page 440, ensemble un mesurage contenant une ample enonciation de l'etendue de l'un et l'autre Pré, avec leurs bornes plantées suivant le plan dressé et présenté à la cour en ce temps-là, qu'elle homologue tacitement[1].

Ces deux arrests sont encore imprimés dans un ouvrage particulier du mesme M. du Boulay qui a pour titre : *Memoires historiques sur la proprieté et seigneurie du Pré-aux-Clercs*[2]. Ainsi nous nous contenterons d'en rapporter icy trois : un du Parlement, du 23 decembre 1622, portant recision du contrat fait avec la reine Marguerite le 31 juillet 1606, et deux autres du grand conseil contre Messieurs de l'abbaye de Saint-Germain-des-Prez, des années 1645 et 1646, parce que ces trois arrests, estant joints avec les deux dont nous venons de parler, qui sont entre les mains de tout le monde, sont plus que suffisans pour assurer la proprieté et la seigneurie du Pré-aux-Clercs à l'Université.

Arrest du Parlement du 23 décembre 1622.

Entre les recteur, doyens, procureurs et supposts de l'Université de Paris, demandeurs en lettres de recision, requeste civile et ampliation des 15 avril 1614 et 13 fevrier 1616, et encore aux fins

---

1. M. Bonnardot, dans son très intéressant et très utile ouvrage sur les *Plans de Paris*, cite plusieurs de ces *mesurages* du Pré-aux-Clercs : « 1641-94, plan et mesure du territoire du Pré-aux-Clercs par de Vaulezard, aux archives », p. 232.—Ce Vaulezard est le même dont Naudé nous a vanté la science et décrit les haillons dans un passage du *Mascurat*, p. 270.—« 1674, plan et arpentage du grand Pré-aux-Clercs. » Bonnardot, p. 232.

2. C'est l'ouvrage que nous avons si souvent cité.

d'une requeste par eux presentée à la Cour le 11 octobre 1615, d'une part, et M. Nicolas Tanneguy, curateur creé par le roy à la succession de la reine Marguerite, ayant repris le procès en son lieu, et François Percheron, René le Breton, Philippes Bacot, Pierre Hanon, Robert Lorin, Nicolas Riverin, maistre Robert Frissard, Baptiste Penot, les frères de la Charité, Nicolas Dhève, Thomas Nevault, Pierre Caurup, Suzanne Guenard, Timothée Pinet, Jacques Prudhomme, Gabriel Fustet, M. Nicolas le Vauquelin, sieur des Yveteaux, Jean Dubut, Jean Clergerie, et les religieux, prieur et couvent des Augustins reformez, defendeurs, d'autre. Veu par la cour les dites lettres, en forme de requeste civile, du 15 avril 1614, tendantes à fin de restitution et recision du contract du dernier juillet 1606, par lequel maistre François Engoullevent[1], les doyens des Facultés de theologie et medecine, les procureurs des Nations et procureur fiscal de la dite Université, auroient vendu à la dite reine Marguerite, duchesse de Valois, six arpens de terre, dependans du petit Pré-aux-Clercs, aux charges y contenues, et ce nonobstant l'arrest d'homologation du dit contract du 5 septembre 1609, les dites lettres d'ampliation et requeste civile du 13 fevrier 1616, contre l'arrest du 19 fevrier 1614 par lequel les lettres d'etablissement des dits religieux Augustins auroient esté

---

1. Il est souvent parlé de lui dans les *Mémoires* de l'Estoille, et plusieurs pasquils du temps contiennent des rapprochements satiriques entre ce grave docteur et son homonyme *le prince des sots* de l'hôtel de Bourgogne.

verifiées, la dite requeste, du 11 octobre 1615, tendante à ce que l'arrest qui interviendroit fust declaré commun avec les dits religieux Augustins, frères de la Charité, le Vauquelin, Percheron, Le Breton, Bacot, Hanon, Lorin, Riverin, Frissard, Penot, Dhève, Nevault, Caurup, Pinet, Prudhomme, Dubut et Clergerie; arrest du 10 mars 1616 par lequel toutes les parties sur les dites lettres en forme de requeste civile, recision et autres differents, auroient esté appointées au conseil, à ecrire et produire, bailler contredits et salvations dans le temps de l'ordonnance ; plaidoyez et productions des dits demandeurs et du dit Tanneguy, religieux Augustins, et du dit le Vauquelin ; contredits et salvations des dits demandeurs Tanneguy et des dits religieux Augustins reformez ; forclusions de produire et contredire par les dits Percheron, Le Breton et autres particuliers ; production nouvelle du dit Tanneguy, suivant la requeste du 30 avril 1622 ; contredits et salvations d'icelle ; autre production nouvelle des dits demandeurs contre le dit Tanneguy, aussi reçue suivant la requeste du 21 juin ensuivant et contredits d'icelle ; acte de redistribution de la dite instance des 25 fevrier, 11 et 13 mars 1621 ; conclusions du procureur general du roy, et tout ce que les dites parties ont mis et produit, et tout consideré ; dit a esté que la cour, ayant egard aus dites lettres de restitution et requeste civile du 15 avril 1614 et icelles enterinant, a remis et remet les parties en tel etat qu'elles etoient auparavant le contract du dernier juillet 1606 et arrest d'homologation d'iceluy du 5 septembre 1609 ; ordonne que les rentes creées et constituées au profit de la dite feue reine Marguerite, ou des dits religieux Augustins reformez, sur les places dependantes des six arpens de terre mentionnés au dit contract, appartiendront à la dite Université ; et, ce faisant, ayant egard à la dite requeste du 11 octobre 1615, a condamné et condamne les dits Percheron, Le Breton, Bacot, Hanon, Lorin, Riverin, les frères de la Charité, Frissard, Guenard, Clergerie, Prudhomme, le Vauquelin et autres, à present possesseurs des places dependantes des dits six arpens, à payer et continuer à l'avenir à la dite Université les cens et rentes à la charge desquelles leur ont esté baillées les dites places par la dite feue reine Marguerite ou autres ayans droit d'elle des dits cens et rentes, en passer titre nouvel et reconnoissance au profit de la dite Université ; ordonne neanmoins, pour certaines causes et considerations à cela mouvantes, que le surplus des dits arpens que les dits religieux se sont reservez leur demeurera, pour en jouir comme ils ont cy-devant fait, à la charge de dix livres de rente et douze deniers parisis de cens par arpent envers la dite Université pour toutes choses generalement quelconques ; et, sur les lettres d'ampliation de requeste civile, a mis et met les parties hors de cour et de procès, sans depens des dites instances, dommages et interêts, ny restitution de fruits, tant echus que ceux qui echerront jusqu'au dernier jour du present mois. Prononcé le 23 decembre 1622.

Signé GALLARD.

Le 31 decembre 1622 fut le present arrest signifié, et d'iceluy baillé copie à maistre Gorlidot, procureur des religieux et couvent des Augustins reformez de cette ville de Paris, parties adverses denommées au present arrest, en parlant, au domicile du dit Gorlidot, à Louis Lothe, son clerc, par moy, huissier en parlement, soussigné. Goizet.

Le 4 et 5 janvier 1623, fut le present arrest signifié, et d'iceluy baillé copie à maistres Chauchefoing, Pucelle et Pioline, procureurs des parties adverses.

Signé GOIZET.

Arrest du grand Conseil du 27 juin 1647.

Louis, par la grace de Dieu, roy de France et de Navarre, à tous ceux qui ces presentes lettres verront, salut. Sçavoir faisons que comparans en jugement, en nostre grand conseil, nostre très cher et bien-aimé oncle messire Henry de Bourbon, evesque de Metz, prince du Saint-Empire, abbé de l'abbaye de Saint-Germain-des-Prez-lez-Paris, et les religieux, prieur et couvent de la dite abbaye, demandeurs en requeste par eux presentée à nostre dit conseil le 13 octobre 1639, à ce que deffences fussent faites aux deffendeurs cy-après nommés et tous autres de vendre, engager, arrester ny autrement disposer, en quelque façon et manière, à quelque personne que ce soit, les Prés-aux-Clercs ; que les contracts de vente et arrentement par eux faits soient nuls et resolus, et, sans s'arrester à iceux, que les escoliers et le public seront maintenus en la possession en laquelle ils sont d'aller et frequenter sur les dits lieux, et qu'aucuns bastimens n'y seront elevez, avec deffences de passer outre à l'execution des contracts de vente, bastir et edifier ès dits lieux, d'une part; et les recteur, doyens, procureurs et supposts de l'Université de Paris, deffendeurs, d'autre; et encore entre les dits abbé, religieux et couvent de la dite abbaye Saint-Germain, demandeurs en autre requeste par eux presentée à notre dit conseil le 23 mars 1640, à ce qu'ils soient receus opposans à l'execution des contracts faits par les dits recteurs, doyens, procureurs et supposts de la dite Université de Paris ès dits Prez-aux-Clercs et portion d'iceux contre les dits lieux appartenans à la dite abbaye, et non à autres, en propriété, censive et directe; ce faisant, sans avoir egard ny s'arrester aux dits contracts, les fins et conclusions prises par les dits demandeurs en leur dite requeste du dit jour 13 octobre, comme justes, à eux faites et adjugées, d'une part; et les dits recteur, doyens, procureurs et supposts de la dite Université, deffendeurs, d'autre; et encore entre les dits abbé, religieux et couvent de Saint-Germain, demandeurs en lettres en forme de requeste civile par eux obtenues en nostre chancellerie de Paris le 17 du present mois, aux fins d'estre restitués et remis en tel estat qu'ils estoient auparavant les trois arrests y mentionnez de nostre Parlement de Paris au profit des dits recteur, doyens, procureurs et supposts de la dite Université : le premier du 5 aoust 1586, le deuxième à l'encontre de Gabriel le Clerc, bourgeois de Paris, et le troisième du 2 mars 1636; ce faisant, que leurs fins et conclusions leur soient faites et adjugées, d'une part; et le dits recteur, doyens, procureurs et supposts de la dite Université de Paris, deffendeurs, d'autre ; et encore entre les dits abbé, religieux et convent, demandeurs en autres lettres en forme de requeste civile par eux obtenues en nostre grand conseil, tenu le 25 des dits presens mois et an, aux fins d'estre restitués contre les dits arrests; les dites lettres portant attribution de jurisdiction à nostre dit conseil d'icelles, et deffendeurs, d'une part ; et les dits recteur, doyens, procureurs et supposts de la dite Université, deffendeurs ès dites lettres et demandeurs en requeste verbale par eux faite ce jourd'huy, en l'audience de nostre dit conseil, à ce que, deboutant les abbé, religieux et convent des dites requestes et lettres de requeste civile, mainlevée soit faite aus dits de l'Université des saisies faites ès mains des sieurs le Coq, Bailly, Tambonneau et autres ; et, en ce faisant, que les deniers deus à cause des arrerages des rentes, cens et surcens deubs à la dite Université, leur seront baillez, d'autre part. Après que Bernage pour les dits abbé, religieux et convent de la dite abbaye Saint-Germain ; Camus pour les dits recteur, doyens, procureurs et supposts de la dite Université, et Basin pour nostre procureur general, ont esté ouïs, iceluy nostre dit grand conseil, par son arrest sur les requêtes et demandes des dits abbé, religieux et convent de Saint-Germain-des-Prez, et lettres en forme de requeste civile par eux obtenues, a mis et met les parties hors de cour et de procez; et, ayant egard à la requeste verbale des dits recteur, doyens, procureurs et supposts de l'Université de Paris, leur a fait et fait main-levée des saisies faites à la requeste des dits abbé, religieux et convent, ès mains des dits le Coq, Bailly, Tambonneau et autres debiteurs des dites rentes ; ordonne qu'ils vuideront leurs mains de ce qu'ils doivent des arrerages d'icelles en celles des dits recteur, doyens, procureurs et supposts de l'Université, et, ce faisant, en demeureront bien et valablement deschargez, sans depens. Si donnons en mandement et commettons par ces presentes au premier des huissiers de nostre dit grand conseil, et hors d'icelle à nos dits huissiers ou autres, nostre huissier ou sergent sur ce requis, que, à la requeste des dits recteur, doyens, procureurs et supposts de l'Université de Paris, le present arrest il mette à deue et entière execution de point en point, selon sa forme et teneur, en ce que l'execution y est et sera requise, en contraignant à ce faire souffrir et obeir tous ceux qu'il appartiendra, et qui pour ce seront à contraindre par toutes voyes deues et raisonnables, nonobstant oppositions ou appellations quelconques, pour lesquelles et sans prejudice d'icelles ne voulons estre differé, et faire en outre, pour l'execution du dit present arrest, toutes significations, assignations, commandemens, contraintes et autres exploits requis et necessaires ; de ce faire avons à nostre dit huissier ou sergent donné et donnons pouvoir, mandons et commandons à tous nos justiciers et officiers et sujets qu'à luy ce faisant, sans pour ce demander placet, visa ne pareatis, soit obey. En temoin de quoy nous avons fait mettre et apposer nostre scel à ces dites presentes. Donné et prononcé en l'audience de nostre dit grand conseil, à Paris, le 27e jour de juin, l'an de grace 1645, et de

nostre règne le 3ᵉ. Par le roy, à la relation des gens
de son grand conseil,   ROGER.

Autre arrest du grand Conseil, du 20 juillet 1646.

Louis, par la grace de Dieu, roy de France et de
Navarre; à tous ceux qui ces presentes lettres verront salut. Sçavoir faisons comme par arrest ce
jourd'huy donné en nostre grand conseil, sur la
demande et profit de defaut requis par nos bien-ai-
més les recteur, doyens, procureurs et suppôts de
l'Université de Paris, demandeurs et requerans,
que les contracts et baux à cens et rentes faits par
les religieux et convent de l'abbaye de Saint-Germain-des-Prez-lez-Paris, pardevant Levesque et
Boucot, notaires au Chastelet de la dite ville de Paris, aux sieurs le Cocq, Bailly, Pithou, de Berulles,
Tambonneau et autres, des heritages y mentionnés,
sis au Pré-aux-Clercs, du quatorzième jour de may
mil six cens quarante, soient declarez nuls et de nul
effet; ordonné que sur les minutes d'iceux il sera
fait mention tant du present arrest que de celuy de
nostre dit conseil du vingt-septième juin mil six
cens quarante-cinq, et que, pardevant le commissaire qui à ce faire sera deputé par nostre dit conseil, il sera procedé à la reconnoissance des anciennes bornes et limites du dit Pré-aux-Clercs, et
qu'aux lieux où il s'en trouvera d'ostées et arrachées il en sera mis de nouvelles, à l'encontre des
dits abbé, religieux et convent de la dite abbaye
Saint-Germain-des-Prez, defendeurs et defaillants.
Veu par nostre dit conseil la dite demande, arrest

de nostre dit conseil, par lequel, après la declaration de M. Claude le Brun, procureur au dit conseil, et des dits abbé, religieux et convent, defaut auroit esté donné à l'encontre d'eux en la presence du dit le Brun, leur procureur, et ordonné que le jugement d'iceluy surseoiroit jusques au jeudy ensuivant du quinzième jour de may mil six cens quarante-six ; le dit arrest de nostre dit conseil du dit jour vingt-septième juin mil six cens quarante cinq, par lequel, sur les requestes et demandes des dits abbé, religieux et convent de Saint-Germain-des-Prez, et lettres en forme de requeste civile par eux obtenues, afin d'estre remis en tel estat qu'ils estoient auparavant les arrests du parlement de Paris des cinquième aoust mil cinq cens quatre-vingt-six, et onzième jour de mars mil six cens trente, les parties auroient esté mises hors de cour et de procès, et ayant egard à la requeste verbale des dits recteur, doyens, procureurs et supposts de la dite Univerité, mainlevée leur auroit esté faite des saisies faites à la requeste des dits le Cocq, Bailly, Tambonneau et autres, des arrerages des rentes, cens, surcens deubs à la dite Université ; ordonne que les dits le Cocq, Bailly, Tambonneau et autres vuideront leurs mains de ce qu'ils devoient des arrerages d'icelles en celles des dits recteur, doyens, procureurs et supposts de la dite Université; ce faisant, en demeureront bien et valablement dechargés, sans depens ; le dit arrest de nostre cour de parlement de Paris du dit jour deuxième mars mil six cens trente, par lequel, sans avoir egard à l'intervention des dits abbé, religieux et convent de Saint-Germain-des-Prez, M. Nicolas le

Vauquelin, sieur des Yveteaux, et Claude le Bret le jeune, auroient esté condamnés exhiber aux dits de l'Université les dits contracts d'acquisition par eux faits de la maison sise au fauxbourg Saint-Germain, rue des Marais, leur payer chacun d'eux les lods et ventes du prix de leur acquisition, et le dit Vauquelin condamné passer titre nouvel et reconnoissance au profit des dits de l'Université de deux sols parisis de cens, payer vingt-huit années d'arrerages echeus et ceux qui echeroient par après; autre arrest du dit parlement par lequel, en consequence du dit arrest du dit jour deuxième mars mil six cens trente, du consentement des parties auroit eté ordonné que les dits contracts d'acquisition faits par les dits le Vauquelin et le Bret seroient reformés, tant ès grosses qu'ès minutes, et qu'au lieu qu'il estoit porté par iceux que la maison et lieux y mentionnez estoient en la censive des dits abbé et religieux de Saint-Germain, il seroit mis qu'ils estoient en la censive des dits recteur et Université de Paris, et à cette fin que le dit Vauquelin et damoiselle Denise le Vacher, veuve du dit le Bret, seroient tenus representer la grosse des dits contracts du 12ᵉ jour de juin mil six cens trente-un; procès-verbaux des commissaires deputés par nostre dite cour de parlement contenant la reformation des dits contracts, en execution des dits arrests des onzième novembre mil six cens trente, vingt-cinq, vingt-huit juin et trois juillet mil six cens trente-un; copie collationnée de contract de bail à cens et rente, par messire Henri de Bourbon, evesque de Metz et abbé de Saint-Germain-des-Prez, et maistre Pierre Pithou, nostre conseiller au parlement de Paris, d'un morceau de terre sis au fauxbourg Saint-Germain-des-Prez, proche la Charité, faisant partie des terres sises au Pré-aux-Clercs appartenant au dit abbé, moyennant la somme de dix livres parisis de cens et quatre cens vingt livres de rente par chacun an, lesquels cens et rente demeureroient entre les mains du dit Pithou jusques à ce que le procès d'entre les dits abbé et religieux et les dits recteur et supposts de l'Université, pour raison de la proprieté des dites places, fust vuidé, contenant aussi, la dite collation, qu'à la minute du dit contract sont attachées autres minutes de semblables contracts faits par le dit abbé aux dits sieurs de Berulles, Tambonneau, Leschassier, de Bragelonne, Le Vasseur, Seguier, le Cocq et Lhuillier, du dit jour quatorzième may mil six cens quarante ; copie collationnée d'arrest dudit parlement par lequel, entre autres choses, auroit esté ordonné qu'aux frais et depens des dits abbé, religieux et convent de Saint-Germain-des-Prez seroient faites tranchées à l'entour du grand Pré-aux-Clercs, selon les limites plantées et bornes mises ès endroits et lieux qui seront ordonnés par le commissaire executeur de l'arrest, à la conservation des droits des dits recteur, doyens, procureurs et supposts de la dite Université, du quatorzième jour de may mil cinq cens cinquante-cinq ; conclusions de nostre procureur general ; iceluy nostre dit grand conseil, par son dit arrest, a declaré et declare le dit defaut bien et deuement obtenu, pour le profit duquel a declaré et declare les dits contracts et baux à cens et rentes faits par les dits abbé, religieux et convent de Saint-Germain-des-Prez-les-Paris, des heritages sis au Pré-aux-Clercs, du dit jour quatorzième jour de may mil six cens quarante, nuls et de nul effet ; ordonne que sur les minutes d'iceux il sera fait mention tant du present arrest que de celuy du dit jour vingt-septième de juin mil six cens quarante-cinq, et que, par le rapporteur du procès, en presence du substitut de nostre procureur general, il sera procédé à la reconnoissance des anciennes bornes et limites du dit Pré-aux-Clercs, et qu'aux lieux où il s'en trouvera d'arrachées il en sera mis de nouvelles ; condamne les dits abbé, religieux et convent aux depens du dit defaut, la taxation d'iceux à nostre dit conseil reservée. Si donnons en mandement et commettons par ces presentes à nostre et amé feal conseiller à nostre conseil............... qu'à la requeste des dits recteur, doyens, procureurs et supposts de la dite Université de Paris, le present arrest il mette et fasse mettre à deue et entière execution, de point en point, selon sa forme et teneur, contraignant à ce faire, souffrir et obeir tous ceux qu'il appartiendra, et qui seront à contraindre, par toutes voies deues et raisonnables, et ce nonobstant oppositions ou appellations quelconques, pour lesquelles et sans prejudice d'icelles ne sera differé ; de ce faire luy donnons pouvoir. Mandons en outre au premier des huissiers de nostre grand conseil ou autre nostre huissier ou sergent sur ce requis, faire pour l'entière execution dudit present arrest tous exploits de significations, assignations, commandemens et contraintes requis et necessaires, sans demander placet, visa ne pareatis. Donné en nostre dit grand conseil, à Paris, le vingtième jour de juillet l'an de grace mil six cens quarante six ; monstré à nostre procureur general, prononcé les dits jour et an, et de nostre règne le quatrième.

Par le roy, à la relation des gens de son grand conseil,

Roger.

Histoire horrible et effroyable d'un homme plus qu'enragé qui a esgorgé et mangé sept enfans dans la ville de Chaalons en Champagne. Ensemble l'execution memorable qui s'en est ensuivie.
S. L. ni D. In-8.

Une maudicte et execrable creature, vouée et destinée à Sathan, un homme scelerat et pire qu'antropophage, s'est trouvé dans la ville de Chaalons en Champagne, faisant profession d'hospitalité et de loger les pauvres passans allans et venans dans la dicte ville, qui, poussé d'une furieuse rage et plus qu'un cannibale, sous ce specieux pretexte de pieté et devoir d'humanité, a exercé la plus atroce barbarie et inhumanité qui se puisse inventer et sortir de la pensée d'un homme raisonnable.

Ce boureau inhumain, par je ne sçay quelle sorte de friandise, avoit accoustumé d'attirer chez soy les petits enfans de la ville, qui, surprins par son traitre caquet, se plaisoient d'aller jouer en sa maison, et par bande et compagnie, comme c'est l'ordinaire façon de jouer des enfans en bas aage, qui se mènent et se trainent l'un l'autre en tous lieux pour se recreer ensemble. Par plusieurs et diverses fois, il les avoit recreez chez soy auparavant qu'il commençast d'executer sur les pauvres petits son funeste et horrible dessein ; et comme il se mit en fantasie ceste miserable resolution, il les laissoit entrer et penetrer fort avant dedans son logis sept à la fois ; puis, fermant la porte sur luy, de sept qu'ils estoient, il en retenoit un et laissoit aller les autres six; et celuy qui estoit retenu après les autres sortis estoit par ce malheureux homme incontinent esgorgé et sur-le-champ haché et mis en pièces, dont partye estoit par luy bouillie, une autre rostie et l'autre fricassée, se repaissant luy et les siens de ceste cruauté, et en reservoit quelque reste qu'il faisoit manger le lendemain à la première bande de petits enfants qui se venoient jouer en son logis.

Sous ceste friandise, ils se plaisoient à la compagnie de ce cruel inhumain et ne se pouvoient passer d'y aller et s'y mener l'un l'autre, comme les enfans s'adonnent volontiers d'aller en lieux où l'on leur donne quelque chose : si bien que jusques à sept fois ils se trainent et se portent au malheur en ce maudit logis, et à toutes les fois il sceust en escarter le plus beau de la compagnie pour le massacrer et le devorer comme un loup enragé, ou, pour mieux dire, un vray et parfait loup-garou, de telle sorte qu'il en esgorgea et devora jusqu'à sept. Pendant tout cecy s'estoit vue grande desolation en la dicte ville de voir les pères et mères chercher, pleurans et lamentans, leurs pauvres enfans massacrez. On s'enqueste des lieux où ils ont accoustumé d'aller se resjouir ensemble, et ne peut-on avoir nouvelle de ce qu'ils sont devenus.

Finallement, par le mesme rapport des enfans leurs camarades, on descouvre le faict, et asseurent qu'entrant six, sept ou huit au logis de ce faux hospitalier, il en restoit un de leur compagnie qui se perdoit là dedans, et ne sçavoient quel il estoit devenu. On le soubçonne du faict et decrette-on aussi tost le coupable, qui est arresté prisonnier ainsi qu'il se pensoit sauver dedans un cul de sac. Arresté qu'il est, on prend et saisit ses enfans, l'un desquels, estant interrogé du juge sur le faict que dessus, confessa que la verité estoit qu'il en avoit esgorgé et mangé quatre ou cinq, et que mesme il leur en avoit fait manger. Confrontez devant leur père, rendirent mesme tesmoignage, voire, qu'il en avoit esgorgé plus qu'ils ne disoient. Le procès fait et parfait, ce criminel, atteint et convaincu de telles impietez, est condamné par sentence des juges des lieux d'estre bruslé vif au dit Chaalons.

Appel de ce au parlement de Paris, qui confirme la mesme sentence et renvoye le prisonnier à son premier jugement. Estant donc de retour en la dicte ville on procède à l'execution, et est conduit dans la grande place du Marché-au-Bled de la dicte ville, et là est attaché avec chaînes contre un poteau, despouillé nud, fors trois chemises que les bonnes dames de ce pays-là fournissent ordinairement aux supliciez. On commence d'allumer le feu à ses pieds, qui lui brusle incontinent les entrailles, et, ayant bruslé la corde qui luy tenoit les mains liées, il prend le bois ardant avec les mains et le jette contre les assistans, faisant des cris et hurlemens horribles comme d'un homme qui mouroit enragé au milieu des flammes dans lesquelles il perit, et furent les cendres de son corps dissipées par le vent, selon la teneur de la sentence.

*L'entrée de Gautier Garguille en l'autre monde.
Poème satyrique.*

A Paris.

M.DC.XXXV[1]. In-8.

Le battelier d'enfer reparoit sa nacelle,
Rompuë sous le faix d'une ame criminelle,
Lors que Gautier-Garguille, arrivant furibond,
S'ecria : Passe-moy sans attendre un second,
Vieillard, et ne permets que deux fois je le die,
Car je suis de la farce en une comedie
Qu'on jouë chez Pluton. Si tu tardes beaucoup,
Le moindre des marmots t'y donnera son coup.
Ce discours depita l'homme à la vieille trongne :
Tu n'es plus, ce dit-il, à l'hostel de Bourgongne ;
Il ne faut pas tousjours rire et tousjours chanter.
Icy-bas les esprits ne se pourront flater

---

1. Hugues Gueru, dont les noms de théâtre étoient *Flechelles* et *Gauthier Garguille,* étoit mort depuis plus d'une année, après avoir joué pendant quarante ans des farces. Il en avoit soixante. « Dans les Registres de Saint-Sauveur, dit Piganiol (t. 3, p. 386), le convoi de Flechel, comédien, est marqué au 10 de décembre de 1633. »

Dans le sot entretien de tes pures fadaises,
On n'y sert point de noix, de moures [1] ny de fraises,
Et tu n'y peux tenir un plus insigne rang
Que de pescher sans fin un grenouiller etang.
Ne precipite point ta course malheureuse :
Tu ne sçaurois manquer cette charge honteuse.
Gaultier luy repondit : Profane, sçais-tu bien
Que les grands se sont plus à mon doux entretien ?
Un seul ne me voyoit qui ne se prist à rire.
Ay-je pas mille fois delecté nostre Sire ?
Bon Dieu ! si tu sçavois que je suis regreté
Et que l'on a souvent ce propos repeté :
Las ! le pauvre Gaultier, hé ! que c'est de dommage !
Bref, si je retournois, on me feroit hommage.
Puis Caron, en riant : Ouy, tu retourneras ;
Cela depend de toy, marche quand tu voudras.
Il ronfloit en tenant ce discours à Garguille,
Car il ne laissoit pas de pousser sa cheville
A l'endroit depecé de son basteau fatal.
Mais Gaultier, en colère : Espères-tu, brutal,
Que je puisse long-temps tarder en ce rivage ?
Passe-moy vitement, je payeray ton gage ;
Ne te deffie point d'un homme comme moy :
Je suis tout plein d'honneur, de justice et de foy.
Lors, entrant au batteau, l'homme à l'orrible face,
Saisi de ses outils, le conduit et le passe.
Il demande un denier ; mais, montrant ses talons,
Gaultier dist en riant : Je n'ay que des testons.
Si tu ne me veux croire, avant que je devale,
Va-t'en le demander à la trouppe royalle ;

1. De mûres.

Et cependant, s'il vient quelqu'un mort de nouveau,
Je le puis bien passer ou le mettre dans l'eau.
Sinon, viens avec moy chez Pluton et sa garce.
Tu ne bailleras rien pour entendre la farce.
Caron, voyant que tout alloit de la façon,
Jugea qu'il le vouloit payer d'une chanson [1].
Il dist entre ses dents : Jamais homme du monde
Sans avancer l'argent ne passera cette onde.
Garguille, de ce trait tout aise et tout joyeux,
Le signe en s'en allant et du doigt et des yeux ;
Il l'estime nyais, et, secouant la teste,
Monstre qu'il duperoit une plus fine beste.
Cependant il arrive à la porte d'enfer,
Où, frappant comme un sourd, il resonne le fer.
Il tance le portier, qui rit de sa colère ;
Mais aussi tost qu'il vit l'effroyable Cerbère
Qui, faisant le custos, y sembloit sommeiller,
Il passa doucement de peur de l'eveiller :
Car, n'ayant jamais veu de si terribles suisses,
Il craignoit d'estre pris aux jambes ou aux cuisses.
Mais comme il fut devant le palais de Pluton,
Un huissier rechigné luy monstra le baston :
Quoy ! fol outrecuident ! quelle effrontée escorte
T'ose bien faire voir le cuivre de la porte?
Le roy demeure icy ; les juges criminels
N'osent voir sans congé ses louvres eternels,
Et tu viens hardiment en cette digne place !
Juge donc le peril où t'a mis ton audace.

1. On connoît sur cette expression : *payer quelqu'un d'une chanson*, le joli conte que Bonaventure des Périers a imité du Pogge.

Cela dit, il le chasse, et neantmoins Gaultier
S'efforce de monstrer des traits de son mestier
En chantant et dansant, mais enfin se retire,
Voyant que de ses tours l'huissier ne vouloit rire.
Après avoir erré mille detroits nombreux,
Il se treuve au palais où tous les malheureux
Vont comparoir devant les majestez sublimes
De ces trois presidens qui condamnent les crimes.
Les sergens conduisoient un mechant garnement
Devant le sieur Minos pour avoir jugement.
Le fou, qui vit cela, sentit son ame atteinte
En ce mesme moment de froideur et de crainte,
Car le juge leur dist : Je croy que vous rêvez ;
Pourquoy n'amenez-vous ces autres reprouvez ?
Veux-je pas à chacun prononcer sa sentence
A la proportion de son enorme offence ?
Ce fut là qu'en fuyant nostre pauvre Gaultier
Monstra qu'il n'estoit pas le fils d'un savetier.
Avoit-il pas grand tort de passer les devises,
Puis que les champs heureux à ses fautes remises
N'estoient pas deniez? La curiosité
Apporte bien souvent de l'incommodité :
Il le reconneut bien, car il jura dès l'heure
De ne retourner plus où le juge demeure.
Quand il fut arrivé dans ces prez où les fleurs
Conservent à jamais l'eclat de leurs couleurs,
Où cent flots argentez arrosent les herbages,
Où l'air purifié n'a jamais de nuages,
Et où l'on ne voit point changement de saison
Dans l'ordre qu'y fait voir l'eternelle raison,
Il se coucha tout plat sur l'herbe et les fleurettes,
Mais il tesmoigna bien, par mille chansonnettes,

Le plaisir qu'il avoit d'estre hors du danger.
Tabarin, le voyant, s'en vint le langager[1],
Jugeant à sa façon que c'estoit un bon drole,
Et qu'ils avoient été nourris en mesme ecole.
Je ne m'estonne point s'ils se firent acueil,
Car toujours le pareil demande son pareil.
Si tost que Tabarin eut fait la connoissance[2],
Garguille s'ecria : Que j'ayme ta presence !
Incomparable esprit, subtil, facetieux,
Personne ne te hait sous le bassin des cieux ;
Que j'ay pris de plaisir à lire ton beau livre !
Je n'avois autre soin, autre bien, que de suivre
Tes beaux enseignemens, qui sont poudrez d'un sel
Tel que nos devanciers n'en goustèrent de tel !
L'autre, à qui ce discours sentoit comme du baume,
Et qui n'eust tant prisé la lecture d'un pseaume,
Se voulut informer des bons garçons du tans
Et de ce qui s'est fait depuis vingt ou trente ans ;

1. Cette rencontre de Gauthier Garguille et de Tabarin dans les enfers donneroit à croire que celui-ci n'avoit pas long-temps joui de la fortune qu'il s'étoit faite avec Mondor, son maître, et que sa mort funeste, dont nous avons parlé dans une note de notre édition des *Caquets de l'Accouchée*, p. 250, avoit suivi de près l'année 1630, où nous commençons à voir Padel le remplacer sur les tréteaux de la place Dauphine. Ce dernier farceur, nommé dans une pièce de notre tome 3, p. 151, est donné comme successeur de Tabarin dans l'avertissement de l'*Amphitrite*, poème de nouvelle invention, 5 actes en vers, par M. de Monléon, Paris, veuve Guillemot, 1630, in-8.

2. Tabarin n'avoit guère besoin d'entrer en connoissance avec Gauthier Garguille, s'il est vrai que celui-ci eût épousé sa fille. (Piganiol, t. 3, p. 386.)

Mais Orfée parut marqué de mille playes
Qui font encore voir si les fables sont vrayes.
Quand Garguille eut apris que c'estoit ce rimeur :
Nos poètes, dit-il, sont bien d'une autre humeur ;
Ils ne se feront point mettre le corps en pièces
Faute d'aimer la femme : ils ont tous leurs maîtresses,
Et plustost deux que trois. A ces mots Tabarin
Ayant trouvé du goust, fist un ris de badin ;
Mais Gautier, s'ennuyant de se voir inutile,
Dist qu'il vouloit monstrer comme il estoit habile,
Si tost qu'il auroit sceu les agreables lieux
Où les comediens font admirer leurs jeux.
Alors, sans différer, il courut sur les friches
Pour voir en toutes parts s'il verroit des affiches ;
Mais quand il n'en vit point, et qu'il fut asseuré
Que là son bel esprit seroit moins admiré
Que parmy les humains, il se change en tristesse,
Fasché de n'y voir pas rire de ses souplesses.
Il court de tous costez, hurlant à tout moment
Un discours qui ne dit que : Paris ! seulement.
Il se met sur un mont où vainement il tache,
Planté sur ses orteils, d'aviser sainct Eustache[1].
Un esprit politique, ayant tout ecouté,
Le voulut faire boire au fleuve de Lethé,
Afin que des humains il perdit la memoire :
C'estoit vouloir sans soif forcer un asne à boire,

---

1. C'est à la pointe formée par le chevet de cette église, auprès du petit pont jeté sur l'égout, et qui s'appeloit Pont-Alais, que les comédiens venoient en bande faire leur montre. Nous avons déjà parlé, d'après des Périers, du farceur qui, à cause de cela, avoit pris le surnom de Pont-Alais.

Car Gautier repondit que seulement aux bains
On se servoit de l'eau, et pour laver les mains.
Il s'enfuit sur ce point, dépassant d'une lieue
L'esprit, qui, moins subtil, est encore à sa queue.
Je jure mon cornet qu'il aura beau courir,
Le fou ne boira pas, et deust-il en mourir.
Il marque de ses piez la terre qui raisonne,
Et fait voir en sautant qu'un fossé ne l'etonne.
Chacun juge là-bas, à le voir si leger,
Que son mestier estoit d'apprendre à voltiger.
Il a jambes de cocq et tout le corps si graisle
Que le vent pourroit bien l'emporter sur son aisle;
Mais c'est trop guarguillé : si quelqu'un le veut voir,
Qu'il aille à l'autre monde ; il s'y fait prevaloir,
Ayant enfin guaigné l'azile d'une roche
Où je ne pense pas que jamais on le croche.

Les estrennes du Gros Guillaume à Perrine[1], presentées aux dames de Paris et aux amateurs de la vertu.

ERRINE,

Estant ces jours passez proche voisin de nos chenets, croquetant le marmouset[2], pensant tromper

---

1. Ce n'est pas ordinairement avec Gros-Guillaume, mais avec Gauthier Garguille, que Perrine est mise en scène. Dans les pièces où ils figurent ensemble, elle est donnée pour femme de ce dernier. V. surtout l'une des plus curieuses, déjà citée par l'abbé de Marolles (*Mémoires*, 1656, in-fol., p. 31), et réimprimée par Caron dans son recueil de facéties : *La farce de la querelle de Gauthier Garguille et de Perrine, sa femme, avec la sentence de séparation entre eux rendue à Vaugirard, par a, e, i, o, u, à l'enseigne des Trois-Raves.* — V. sur ces farceurs notre édition des *Caquets de l'Accouchée*, p. 277-282, notes.

2. Peut-être est-ce le cas d'adopter, pour la locution *croquer le marmot*, dont celle-ci n'est qu'une variante, l'étymologie qu'on trouve dans le *Ducatiana*, t. 2, p. 489. *Croquer*

la rigueur de l'hyver par l'humble radication d'une chaleur ignée qui me donnoit sur la place Maubert (au moins, dis-je, à la Grève [1] de mes jambes), il me souvint que ceste année commençoit à prendre fin, et que le dernier jour d'icelle servoit de veille au premier de l'année prochaine, et que pareil jour la coustume, autant ancienne que louable et bonne, estoit d'estrener ses amis, et qu'entre tous ceux que j'ayme en ce monde tu as pris le supresme degré; toutefois ces considerations, assemblées comme une botte d'allumettes ou de carottes, m'ont fait resoudre de t'estreiner à ce beau jour de l'an. Mais ceste resolution ne m'a de rien servy, d'autant que, quand

le marmot, ce seroit, d'après cette explication, charbonner des bonshommes sur les murs en attendant quelqu'un, ou par désœuvrement. D'autres veulent y voir une allusion aux amants morfondus qui, faisant le pied de grue à la porte de leurs maîtresses, se consoloient à baiser le marteau sculpté en marmot grotesque. Cette opinion peut se justifier par la miniature d'un roman du XVIe siècle, reproduite dans le *Bibliographical Decameron* de Diddin, t. 1, p. 216, où l'on voit un jeune homme *baisant* ainsi le *marteau de la porte* de la maison où demeure sa dame; et aussi par plus d'un passage des auteurs du XVIe et du XVIIe siècle, notamment par une phrase de la comédie des *Petits maîtres d'été* (1696), qui nous représente ces Narcisses modernes passant l'hiver « à se morfondre sous les fenêtres des dames et à *baiser les marteaux de leurs portes.* » — Dans la *Comédie des proverbes* (acte 2, scène 5), Fierabras dit : « Je leur feray croquer le marmouset. »

1. Il n'est pas besoin de faire remarquer le jeu de mots qu'il y a ici sur l'espèce de grandes bottes, ou guêtres de cuir, qu'on appeloit *grèves*.

j'ay songé à ce que je te donnerois, ç'a bien esté le mal : car mon imaginative chancelloit (sans tomber toutes fois) tantost deçà tantost delà, car je meditois ainsi que de presenter des poids succrés, du pain d'espice, un petit chou, un pain de mouton [1], une rissolle, un bisscuit ou un macaron, cela ne te convenoit point, n'estant point friande.

De te donner une pirouette de bois, un bilboquet de sureau [2], une poupée de platre, un chiflet de

---

1. Le *pain mouton*, dont Le Grand d'Aussy a oublié de parler dans le chapitre qu'il consacre au *pain* (*Vie privée des François*, 3e section), étoit, suivant Furetière, une sorte de petits pains saupoudrés de grains de blé que les pâtissiers faisoient le jour des étrennes et que les valets donnoient aux petits enfants. Les auteurs du *Dictionnaire de Trévoux* trouvent dans ce mot une altération du mot *panis mutuatus*, qui se lit dans quelques vieux cartulaires. « Ce sont, disent-ils, de petits présents que les pauvres font aux riches, qui tiennent moins du don que de l'emprunt. Il (ce pain) est semé de petits grains de blé, qui sont le symbole de la multiplication, pour figurer le profit qu'on espère d'en tirer. » L'abbé de Marolles, dans sa traduction des *Quinze livres des Deipnosophistes* d'Athénée (Paris, 1680, in-4), ouvrage où l'on ne s'attendoit certes pas à trouver pareil renseignement, parle (p. 39) d'une femme qui couroit de son temps les rues de Paris en vendant du *pain mouton*, et qui s'étoit fait, pour le crier, « un air tout particulier ».

2. Depuis Henri III, dont ce fut, comme on sait, le jouet favori (V. Journal de l'Estoille, juillet 1585), le *bilboquet* étoit resté de mode, si bien qu'en 1626, le duc de Nemours, fort expert en tous les amusements, régla pour les fêtes du Louvre un *Ballet des bilboquets* (*Mémoires* de Michel de Marolles, t. 1, p. 134).

terre et un demy-seinct de plomb, rien de tout cela, car tu n'es plus un enfant. De te donner de l'argent monnoyé, non, car c'est en manière d'aumosne à des pauvres gens.

De t'estrener aussi d'abits, demy-ceint d'argent, d'anneaux, de bagues et joyaux, tout beau! je n'y vois goutte en ceste grande perplexité d'esprit. Je me suis advisé que, si je te faisois estreine, il falloit qu'elle fust pour toute ta vie, sans recommencer si souvent: car je te diray en passant que ce n'est guère ma coustume de donner; toutesfois, ma bource en est toute grasse et usée.

Mais aussi de te faire un don si signallé que je te donnasse tout ce que tu aurois besoin tout le long de ta vie, hé! il me faudroit aller aux Indes querir de la terre à Bertran[1] pour y satisfaire. Joint que, quand j'aurois le Mont-Senis en ma possession aussi couvert d'or comme est de neige cest yver, cela n'y feroit rien.

Car pour tout l'or du monde l'on ne peut acheter la santé, le bonheur, l'amitié et autres choses necessaires à la vie. Hé! quoy doncques! seray-je frustré de mon dessein? Non, ce dit ma raison; d'autant que tout ce qui ne se peut effectuer par nostre pouvoir, sans le pouvoir d'autruy, se doit parfaire par prières et souhaits. C'est pourquoy je t'ay composé ceste estreine, toute pleine de prières, de desirs

1. L'or. — Ne l'appeloit-on pas ainsi parceque l'Indé, contrée de l'or, étoit aussi le pays des singes, auxquels, selon Ménage, on étoit d'usage de donner le nom de Bertrand?

et souhaits que j'adresse à celuy qui te peut donner tout ce qu'auras de besoin en toute ta vie. Par ainsi, je crois avoir satisfait à ma pretention. Que si quelqu'un dit que cela ne t'enrichira guère, je respons que ce sont les meilleures estreines : on en void la pratique pour exemple.

On dit au jour de l'an : Bonjour et bon an; esternuë-on, Dieu vous croisse, Dieu vous face bonne fille; au matin, bon jour; la nuict, bonsoir; après midy, bon vespre; au repas, prou-face; aux rencontres, Dieu te gard; si quelqu'un s'en va, Dieu te conduise, et plusieurs comme cela. Ce sont les meilleures estrennes.

Il ne reste plus maintenant de te prier de les avoir pour agreables, et de croire que je les ay faites du mieux qu'il m'a esté possible. Toutesfois, si par la vivacité de ton bel esprit tu recognois quelque chose y manquer, je te prie d'y suppleer par ta diligence et de façonner tes desirs à ta volonté : car les desirs sont de telle nature qu'ils prennent telle nature que l'on veut.

Or, ainsi comme je me suis tenu fort heureux depuis le jour que j'eus fait ta cognoissance, quand tu estois de Barisienne Parisienne, aussi m'estimerois-je heureux si tu loges ce present seulement dans quelque trou de soury du cabinet de tes bonnes graces, et, pour me combler de felicité, de m'accepter à ceste qualité,

Perrine,

Vostre très humble serviteur.

GUILLAUME LE GROS.

Les biens dont le ciel m'a fait part
Je vous presente en bonne estreine :
C'est le corps et l'esprit gaillard
Qui à vous servir prendra peine ;
Quant est de richesse mondaine,
Sans mentir, ne vous puis faire offre,
Car ma personne, chose certaine,
Ne mit jamais escus en coffre.

La lettre consolatoire escripte par le general de la compagnie des Crocheteurs de France à ses confrères, sur son restablissement au dessus de la Samaritaine du Pont-Neuf, naratifve des causes de son absence et voyages pendant icelle. Translatée de grec en françois par N. Horry, clerc du lieu de Barges en Bassigny. 1612. In-8[1].

Hæc sunt arma Bacchi.

Messieurs et confrères, je sçay que ma longue absence, provenue de la privation et de la cheute du magnifique et honorable siége auquel j'estois installé au dessus de la Samaritaine du Pont-Neuf, vous a causé une

---

[1]. Ce petit clocheteur, ou *crocheteur*, comme le peuple l'appeloit par altération, avoit été enlevé du sommet de la *Samaritaine* à cause des *pasquils* qui se publioient sous son nom. Concini, ne pouvant découvrir le véritable auteur de ces libelles, presque tous dirigés contre lui, avoit cru bon de s'en prendre à cette petite figure, qu'on en faisoit l'éditeur responsable. Le coup d'état eut lieu à propos d'un de ces pasquils en forme de harangue que le clocheteur étoit censé

grande tristesse et fascherie, principalement lors que l'eaue provenante du bois tortu vous a manqué, pour avoir esté egarez comme soldats qui ont perdu leur capitaine, comme brebis depourveues de pasteur, ne sçachans où chercher pasture. Aussi vous, après avoir esté privez de ma presence, avez esté fourvoyez de vostre chemin accoustumé d'aller sacrifier au dieu Bacchus, changeans à chacune heure de lieux où se faict ordinairement le service du vin, selon les recits qui vous estoient faicts des lieux où gisoit le meilleur de ce qui vous fortifie à porter voz charges accoustumées, lequel changement vous estoit causé par les porteurs d'eaue, voz ennemis et malvueillans, en ce que ne mettez point en œuvre de leur marchandise, si ce n'est contre vostre volonté et lorsque le pouvoir d'avoir aultre marchandise plus agreable vous default; pour eviter la compagnie des quelz, ensemble de ceulx qui, en vertu de certaine ordonnance et reglement faict en ceste ville, font perquisition et recherche des bourgeois, entre les quelz, *subauditur* des cornus, vous tenez les premiers rangs, qui vont aux cabarets et tavernes pour y travailler des maschoires et arrouser leur gosier,

débiter au peuple. V. *Première continuation du Mercure françois*, in-8, 1611, p. 37. — On se moqua beaucoup dans le public de cette singulière vengeance du ministre. V. plus haut, p. 27, la pièce qui a pour titre *Songe*. Aussi, l'année suivante, le petit *clocheteur* étoit-il rétabli, et donnoit matière à la pièce, très rare aujourd'hui, que nous reproduisons. Cette affaire a été racontée sommairement par M. Bazin dans son petit volume *la Cour de Marie de Médicis*, p. 100.

craincte qu'il ne se desseiche par trop, quittans à cest effect leurs domicilles, où ilz pourroient faire pareil travail et arrousement de gousier, vous estes contrainctz de faire le dict changement à fin de n'estre inquietez en si honorable exercice, tous les quels troubles et perturbations vous estoient causés par le moyen de mon absence, qu'estimiés debvoir durer jusques aux kalandes grecques prochaines. Tellement que mon retour vous affranchira de telles inquietudes et apportera une grande joye et contantement non seullement à vous, mais aussi à plusieurs marchans qui tiennent leurs boutiques et vendent leurs marchandises sur le dit Pont-Neuf, comme vendeurs d'allumettes, arracheurs de dents, crieurs de poudre pour faire mourir les rats et les souris, venderesses d'herbes, et aultres marchans de semblable ou plus grande qualité, mesmes à messieurs les couppeurs de bourses[1], qui me sont desjà venus voir pour tesmoigner l'aise qu'ils ont de mon restablissement et la perte qu'ils ont encourue par mon absence, me prians de ne leur estre contraire, et que, quand je les verray exercer leur mestier, je n'en dise mot; ce que je leur ay promis, et en recompence m'ont donné asseurance de ne jamais coupper les vostres, du moings celles qui vous touchent de plus près. En sorte que je recognois mon retour estre applaudi d'un chacun, voyant la grande multi-

1. Les voleurs étoient toujours nombreux autour de la Samaritaine, à cause des bons coups qu'ils pouvoient faire dans la foule des badauds attirés là par les clochettes du Jacquemard mis ici en scène. V. notre t. 3, p. 148, note.

tude de peuple dont je suis accompagné durant le jour, et le grand nombre d'osteurs de manteaux qui ne m'abandonnent de loing la nuict. Aussi ce m'estoit chose très dure d'avoir esté sans cause depossedé de ce mien trosne par l'envie et poursuitte de la Samaritaine, sur le donné à entendre qu'elle auroit faict comme jalouse que j'estois au dessus d'elle, estant de l'humeur des autres femmes qui vueillent dominer et estre au dessus des hommes (excepté au combat de la couche, où elles souffrent estre au dessoubs, pour leur commodité), ayant proposé et mis en faict que son renom estoit aneanty par le moyen du mien, qui, à cause de ma grande constance et integrité, estois tousjours accompagné de plusieurs, mesme de grands seigneurs, en sorte qu'on ne tenoit plus compte d'elle, laquelle, oultre ce, auroit remonstré, afin de parvenir à son intention, qu'elle ne pouvoit dormir à seurté, craincte que je ne luy laissasse tomber sur la teste le marteau que je tenois entre mes jambes, par le moyen du quel je lui rompois la teste quand je sonnois les heures[1] ; aussi que j'estois illec inutil, amusant une grande partie de peuple auquel je faisois perdre temps, joinct que je portois scandal à plusieurs, à cause des plumes qui estoient et sont encores à present au dessus de mon bonnet, qui denotoient et signifioient qu'il y avoit bien des oiseaux et cocus en ceste ville, et portois

---

1. Ce détail confirme ce qu'on lit dans la *Continuation du Mercure*, à savoir que le petit clocheteur étoit debout sur une cloche, qu'il frappoit aux heures et aux demies avec un marteau placé entre ses jambes.

les armoiries d'iceux et de vous, mes confréres, derrière mon dos[1], ce qui occasionnoit plusieurs de ceste qualité de se fascher en eux-mesmes et de battre leurs femmes, ou les laisser battre par le bas à ceux qui vouloient entreprendre telle besoigne. Sur lequel donné à entendre j'aurois esté desmis et depossedé de l'honnorable charge à laquelle j'avois esté esleu, bien que je m'y sois gouverné avec telle modestie que je ne pense avoir donné subject à quelque muet que ce soit d'en parler, la faulte ne debvant estre imputée à moy s'il y a eu quelques bourses couppées à mes spectateurs, m'ayant esté impossible, à cause de la multitude du peuple dont j'ay esté tousjours entouré, de prendre garde sur un chascun ; aussi que, les appercevant, je n'en osois dire mot, de craincte qu'ils me jettassent en la rivière, cela leur estant facile, ou me feissent quelque autre tour irreparable, ce qui servira de responce aux deux vers suivans, que nos ennemis ont proposé contre mon integrité, qui sont :

Aussi qui souffre un crime estre faict par autruy,
S'il le peut empescher, offence autant que luy.

Car avec raison on ne me peut accuser d'avoir eté adherant à leurs mesfaitz et larcins, puis que la verité est que je n'ay oncques participé à iceulx, et ne

---

1. Allusion aux crochets que les crocheteurs portent sur leur dos, et dont la forme, assez semblable à celle des *ailes* d'un ange, étoit cause qu'on les appeloit *Anges de Grève*. V. sur cette expression populaire la citation d'un passage de l'*Eugène* de Jodelle, à la p. 179 de notre t. 3.

l'eusse voulu faire, ayant mieux aimé humer le vent et me rassasier de la contemplation de ces maquignonnes de corps humains qui à chasque moment passent devant moy, allans querir de quoy occuper et mettre en besoigne les racommodeurs de bas, qui est aujourd'huy un des meilleurs mestiers qui soit dans Paris [1] : car, bien qu'il en soit en grande foison, si est-ce que voullans travailler, ilz trouvent de la besoigne suffisante pour combattre la paresse. Mais, pour continuer mon premier discours et vous narrer les beaux voyages que j'ay faict pendant mon absence de ce lieu, vous serez assurez que, me voyant contre tout droict et equité depossedé de mon siége par l'artifice de la Samaritaine et aultres nos ennemis, et nottamment par les ramasseurs de pièces par les boues, nos adversaires, sur ce qu'ils pretendent que souventes fois, en exerçant vos no-

---

1. Les filles de joie firent de tout temps leurs caravanes sur le Pont-Neuf. V. *le Tracas de Paris* de Fr. Colletet. Il avoit hérité pour cela du dicton populaire qui, avant sa construction, avoit cours à propos du Grand-Pont, ou Pont-au-Change. V. *Description de la ville de Paris au XVe siècle*, par Guillebert de Metz, publiée par M. Le Roux de Lincy, Paris, Aubry, 1856, p. 55. Chamfort raconte une jolie anecdote au sujet de ce dicton, qui veut, comme on sait, que toute personne passant sur le Pont-Neuf y rencontre une de ces dames, un moine et un cheval blanc. Deux femmes de vertu très moyenne le traversoient. Le cheval passe, puis le moine. L'une des deux en fait la remarque. —Mais ce n'est pas assez, dit l'autre. —Oh! pour le reste, réplique la première, nous savons toutes deux à quoi nous en tenir. Le proverbe étoit deux fois vrai ce jour-là.

bles charges, vous entreprenez sur leur trafficq, et ramassez comme eux toutes les pièces et hardes que trouvez par les rues, mesme aussi par les maistres escureurs de privés, qui disent que sans leur sceu et consentement vous allez ordinairement évacuer lesdits privez, prenans la marchandise provenante en iceux, que vendez cherement aux vendeurs de moustarde; sur lequel different ils disent y avoir desjà eu sentence à leur profit, portant permission de faire saisir et arrester entre vos mains la dite marchandise, et la bailler en garde et senteur à vos nez. Voyant telles menées et entreprises faictes contre nous et au prejudice des priviléges qui de tout temps, mesmes quinze cens ans auparavant la creation du monde, ont esté accordez à nostre societé, et desquels elle a tousjours jouy paisiblement ou contentieusement, j'aurois prins resolution, après les protestations par moy faictes et contenues en la complainte que j'ay dès lors baillée par escript, d'entreprendre quelque voyage lointain, encores que je fusse saisi d'un grand cathaire qui m'estoit descendu sur le talon gauche, dont le mal que voyez que j'ay encores à present aux genoulx a pris origine, et lequel cathaire estoit provenu de colère qui me causoit une hydropisie, pour laquelle appaiser il failloit qu'à chacun quart d'heure j'avalasse quatre demy-septiers de jus de raisins, à prendre laquelle medecine si souvent plusieurs damoiselles eussent eté bien empeschées. Donc, estant en tel equipage, et voyant qu'il ne m'estoit possible d'aller à pied, et moins à cheval, veu que l'un des secretaires du

Var. IV. 16

maistre des basses œuvres[1], qui m'en avoit promis un, me manqua, je m'advisay de me servir de mes aisles et voller où le vent me conduiroit; ce qu'ayant faict, et poussé d'un bon vent du derrière, le destin me favorisa tant qu'en moins de huict jours je me serois trouvé au royaume de Crocambruse, situé dix lieues trois quards et demye aulne au delà du bout du monde, pays fort fertil et abondant en orties, chardons et espines, sur lesquels croissent des fruicts admirables et fort rassasians. Me trouvant auquel pays, je fus fort estonné pour veoir l'estrange et sauvage façon des habitans d'icelluy, les moindres d'iceux ayans plus de deux cens pieds de mouches de hauteur, tous vestus de nudité, les femmes portant barbes comme les hommes, mais plus bas toutes fois, n'estans honteuses de les monstrer, et les lieux où elles croissent, comme font les femmes de par deçà, qui ne les monstrent qu'en cachette; mesme y en a plusieurs qui vueillent gaigner gros pour les communiquer, comme si c'estoit chose pretieuse. Neantmoings, je trouvay iceux habitans fort debonnaires et humains envers les estrangers: car, voyans que je n'entendois leur langage, et cognoissans à mes habits de quelle patrie je pouvois estre, me donnèrent pour truchement un jeune homme françois qu'ils disoient y avoir trois cens ans estre

---

1. Les *maîtres des basses œuvres* étoient ces *maistres escureurs de privés* dont il vient d'être parlé. On les appeloit aussi *maistres Fifi*. V. Le Duchat, notes sur Rabelais, édit. in-12, 1732, t. 2, p. 197.

venu audit pays, lequel jeune homme, par sa bienvueillance et peine, m'enseigna et feist entrer en mon dur cerveau le langage d'icelluy pays; ayant laquelle science je fus plus joyeux que ne seroit un riche homme qui, sans y penser, trouveroit une espingle en son chemin : car le roy dudit pays, sur les recits à lui faicts de mes comportemens et beaux exploicts de dents, me voulut avoir pour estre le premier intendant de l'escumerie de ses pots, ayant lequel office je fus chery et honoré de tous ceux de sa cour, et principallement des lacquais et ratisseurs de navets, qui n'osoient tremper leur pain au pot sans ma permission. Mais, comme on dit en commun proverbe, *Extrema gaudii luctus occupat,* car quelqu'un desdits lacquais, auquel j'avois refusé l'entrée et l'approche du pot, trouva invention de me faire desmettre de ceste charge, sur le rapport qu'il feist au roy que j'estois de mauvaise vie et que j'avois esté banny de mon pays avec privation d'une honorable charge que j'y avois. Ce neantmoings le roy me voulust bailler un autre office, qui estoit d'estre premier vallet de pied d'un des commis du principal tournebroche de sa cuisine, ce que je refusay, obtemperant au desir qui me poignoit de revoir ma patrie, qui ne se peut jamais oublier, ainsi qu'il se peut cognoistre par les deux vers suivans du poëte Ovide :

Nescio qua natale solum dulcedine cunctos
Ducit et immemores non sinit esse sui.

Ayant donc tel desir, et considerant la dignité que j'obtenois en ce lieu, dont j'avois esté contre toute raison deprimé, me persuadant que la longueur du temps auroit faict appaiser la colère et animosité qu'icelle Samaritaine et autres noz ennemis avoient conceu contre moy, et ayant eu advis que tous les cabaretiers et taverniers soustenoient nostre party, à cause que prenez et acceptez plustost de leur marchandise que de toute autre, je pris resolution de m'en retourner par deçà ; ayant faict la quelle entreprise et desjà faict une grande partie du chemin, quatre du nombre des Quinze-Vingtz me rencontrèrent, m'aians apperceu et recogneu de loing, les quelz disoient me cercher et avoir lettres à moy adressantes et escriptes de la part de la Samaritaine, qu'ilz me baillèrent, les quelles ne pouvant lire, un d'iceulx m'en fit lecture, par les quelles icelle Samaritaine s'accusoit de perfidie et recognoissoit mon innocence, me priant de venir reprendre ma place auprès et au dessus d'elle, m'exprimant les accidents à elle survenus depuis mon absence, et entre autres, comme l'eau de son puits avoit esté saisie, et arrestée fort longtemps au mois de janvier dernier; en sorte qu'elle n'en pouvoit tirer et avoir aucune goutte[1], lequel arrest elle estimoit avoir esté faict à ma requeste. Ayant entendu la lecture des quelles lettres, je fus saisi d'une telle allégresse que j'ou-

---

1. Boisrobert, dans sa charmante pièce l'*Hyver de Paris*, nous parle ainsi de la Samaritaine, gelée par les grands froids :

> La Samaritaine, enrhumée,
> N'a plus sa voix accoutumée;
> Sa cruche, pleine jusqu'au fond,
> Ne verso plus d'eau sur le pont.

bliay une botte d'allumettes que j'avois acheptée
pour faire present à quelques uns par deçà pour pro-
curer mon restablissement, et dès lors consenty
main levée estre faicte à icelle Samaritaine de l'eaue
de son puis, qui luy avoit esté arrestée ; puis je feis
en sorte qu'en peu de temps j'accomplis le voyage
de mon retour en ceste ville, où estant, sur l'instante
requeste d'icelle Samaritaine et protestations par
elle faictes de ne me plus inquieter, je me suis re-
integré en mon magnifique siége, n'ayant toutes fois
voulu monter si hault que j'estois, afin d'eviter l'o-
rage des vents et la peine de sonner les heures, qui
m'estoit une grande charge et empesche de pouvoir
dormir à mon aise, à cause qu'il falloit sonner aux
heures precises ; ayant choisi le lieu où je suis à present, qui est encores au dessus de la Samaritaine,
mais bien plus proche d'elle que le premier où j'estois,
laquelle, depuis que j'y suis, m'a monstré toute
amitié, et confesse que la raison pour laquelle elle
m'avoit faict deposseder n'a esté qu'à cause que j'estois trop loin d'elle : car les femmes desirent estre
visitées de près, estant impossible de les contenter
de loin ; à la sollicitation de laquelle j'ay mis bas
mes aisles en signe de paix, m'estant contenté de
prendre pour toutes armes la bouteille que je tiens
entre mes mains, sçachant bien que chacun de vous
est ordinairement armé d'un verre garny du breu-
vage qui vous fortifie le corps et la voix pour porter
et crier vos charges, des quelles estant despetrez,
tant vous estes ennemis de paresse, et pour ne demeurer inutils, vous prenez une charge de vin, qui
vous semble plus facile que celle de cottraicts ; de

quoy je vous loüe, croyant que les taverniers et cabaretiers en font de mesme, vous enjoignant de continuer en si bon exercice, et vous asseurer qu'envers tous vos ennemis je seray d'icy à quinze cens ans, comme je suis à present,

   Messieurs et confrères,
  Vostre très-asseuré protecteur et defenseur,

     Jacquemart Humevent[1].

1. Plusieurs années après le rétablissement du petit clocheteur, mais nous ne savons à quelle époque au juste, la Samaritaine perdit encore sa sonnerie. Elle s'en plaint ainsi dans les *rimes redoublées* de d'Assoucy :

> Je n'etois pas si defroquée
> Du temps que messieurs les laquais
> Et mes paladins sans haquets
> Pour moi quittaient Margot la fée,
> Cartes, et dés et bilboquets...,
> Les enfants les marionnettes,
> Les polissons les ricochets,
> Les courtisans leurs gaudinettes,
> Et mes filoux leurs tourniquets,
> Et que messieurs portant serpettes,
> Mes valeureux taille-goussets,
> Dont les mains gourdes, en pochettes
> Se rechauffent à peu de frais,
> Venoient ouir de mes clochettes
> Les tons si doux et si parfaits.

*Les plaisantes Ephemerides et pronostications
très certaines pour six années.*
A Sifla, par Jean Beguin.
1619. In-8.

AUX LECTEURS.

Mes amys, je vous ay escrit dernierement par l'ordinaire du monde où je suis à presant. Je vous donnay advis en partie de ce qui se passoit de deçà; mais, n'ayant receu aucune de voz nouvelles, et craignant, par rencontre, quelques sinistres esprits de contradiction qui vont errant par les chemins effroyables d'entre vous et cest autre monde où je reside, j'ay depesché ce courrier d'Eolle, lequel m'a promis, moyennant salaire, d'aller aussi vite qu'une barque de sel qui monte de Marseille à Lyon, qui me fait à croire que, moyennant ces diligences, vous recevrez aussi promptement ces miennes Ephemerides, autant plaines de verité comme je suis plain d'affection de vous rendre service et plaisir, tant en ce monde qu'en l'autre; et si je recognois que vous y preniez plaisir, je continueray à vous faire part de tout ce qui se passera de deçà, protestant que je ne desire autre que d'estre pour jamais vostre plus affectionné,

RAMONNEAU.

Après quelques jours que j'eu demeuré en l'autre monde, je fus prié d'une deesse celeste d'aler faire le promenoir des douze maisons où les douze signes prennent lougis les uns après les autres; mais, avant qu'aller en ces quartiers, qui sont dangereux, quelque bon genie me conseilla de prendre de l'essence du mercure bien broyée avec l'huyle de Tipetoto, et le tout destrempé avec du nectar et de l'ambrosie, et m'en froter toutes les extremité des parties de mon corps, de peur de courir la risque de Phaeton et d'Icare; ce que je fis, et ay faict un voyage autant admirable que vous sauriez dire, et avec autant de contentement que jamais j'aye receu tant en ce monde qu'en l'autre : car je sçay tout ce qui peut advenir durant six années, ayant eu l'heur de voir œil à œil tous les signes celeste, et de sçavoir au vray ce qui doit arriver durant six revolutions, qui me fait à croire que ceux qui vous font entendre par la voye de certaine astrolabe, sphère, globes et mapondes, qui ont en voz quartiers des predictions frivolles, et cependant ne sçavent eviter ce qui leur advient, sont gens plus plein de mensonge que de verité, et plus enclins à leurs proffits que non pas au vostre; de sorte qu'il faut dire avec l'Italien : *Non te fida é ne sara inganato.*

Sçachez doncques que durant six années consecutive sera plus d'eclipses de bourses que non pas de lune, dont plusieurs pauvres gens seront dolents d'estre frustrés du nombre d'or. La conjonction de Jupiter avec Venus durant l'année presante, 1619, promet une certaine pluye d'or amenée dans les nues du costé du Peru, qui doit tumber aux bources de quelques cupides avaritieux, lesquels souffriront les peynes que justement ils auront merité, et cognoistront à la fin que chacun doit demeurer en paix : *Et que ben sta non si mova.*

Venus, en la huictiesme, la pluspart du printemps promet qu'une bonne partie des femmes et filles joueront plustot à l'homme[1] qu'au vingt-quatre ; aussi les bastellières donneront plus de coups de cul et remuement de fesses pour un liard que les courtisannes de Paris ne feroyent pour dix escus : *Rencontro di dona, captiva fortuna.*

La temperature des saisons et temps, durant ces six années, sera si bonne et propre pour les biens de la terre, que nous aurons grandes abondances de bleds, vins, fruicts, legumes et bestail, et generalement de tout ce qui est pour la nourriture de l'hom-

---

1. Le jeu de l'*hombre*, mot qui, en espagnol, veut dire *homme*. On a fait sur ce jeu et sur les termes qu'on y emploie plus d'une équivoque du genre de celle qui se trouve ici. On lit, par exemple, ces six vers, dans une des lettres de Boursault (t. 2, p. 76).

> Une fille jolie et de condition,
> De qui le jeu de l'*hombre* est l'inclination
> S'écrioit l'autre jour d'une voix assez forte :
> Eh ! mon Dieu ! que je joue avec peu d'agrément !
> Quoy, faut-il qu'eternellement
> Rien ne m'entre en ce que je porte !

me, en manière que toutes sortes de vivres seront à un grand marché, speciallement par la France. Plusieurs usuriers se mettront au desespoir à l'occasion de l'abondance ; mais je voudroy qu'ils fussent desjà *tutti impicata*.

Durant ces six année, les hopitaux et corps de gardes, et plusieurs autres endroits, seront remplis des bestes fauves, noires, rousses et blanches, et sera permis d'y chasser sans reproche. La marchandize des millorts et maistres aux basses œuvres sera en rebut et n'aura point de debitte, de sorte qu'ils seront contraints la porter de nuict et la getter en la rivière. Il est chose asseurée que plusieurs chambrières aymeront beaucoup plus leurs maistres que leurs maistresses, et auront plus de desirs de leur rendre courtoisie, attendu que leurs maistresses sont trop difficilles à servir. Aussi elles auront du proffit et augmentation de gaige pour devenir de chambrière nourrice. Plusieurs sortes de gens, durant ces six années, sont menacez d'estre engraissés de l'huylle de coteret, comme les maquereaux, larrons, coupeurs de bource, gens faineant, valets et laquais qui ne veullent servir leurs maistres. Les hostesses qui mettent d'eau au vin, vendent de vin bas et sophistiqué et qui ne veulent faire credit au bon compagnon, sont menassez d'estre attaintes de la plus fine et reslevée verolle que jamais fut dedans Rouen. Qu'elles y prennent garde,

La dona ben rencontrada
Ne manchera la bona strada.

Aussi courra plusieurs maladies dangereuses qui

ataindront quelques personnes qui s'en treuveront
grandement offencé, comme fiebvres lunatiques et
fantastiques, indispositions de cerveaux, brouille-
ment et embarrassement d'esprit, conversation ima-
ginaire, demangement de col; mais, pour tous re-
mèdes, faudra que maistre Jean Rozeau [1], ou bien
le petit Pennache, fassent les opperations requises, et
s'en trouveront sy bien les patiens que jamais ne s'en
ressentiront : *Che cherche mal anno à lo suo danno.*

Plusieurs grands dignitez et estats seront suspen-
dus durant ces années, speciallement l'estat des
moutardiers, qui ne s'exercera qu'à quatre moys, à
l'occasion de l'arrest obtenu par maistre Mitton contre
eux, pour raison de ce que la moustarde l'avoit
prins par le nez, et luy avoit fait decroistre son petit bout andouliq [2]. Aussi, durant ces six années,
sera grand guerre entre les Topinamboux [3], Ame-
riquains et Indiens, en manière que leurs boccans [4]

1. C'est le bourreau dont le fameux Jean Guillaume,
maître des hautes œuvres de Richelieu, fut le successeur.

2. Il y a sans doute ici une allusion à quelques différends
survenus entre les marchands de moutarde et les apothi-
caires, qui les uns et les autres faisoient partie du corps
des épiciers. Le nom de Mitton doit évidemment désigner
un de ces pharmacopoles faiseurs d'onguent *miton—mitaine.*
Ce mot s'employoit déjà. V. *Ducatiana*, 1, 89.

3. Les six sauvages topinamboux que Razilly avoit ame-
nés à Paris au mois d'avril 1613 avoient rendu très populaire à Paris le nom de leur nation. V. *Lettres de Malherbe à
Peiresc,* passim.

4. Pour *boucan,* mot par lequel les sauvages de l'Amérique désignoient le gril de bois, élevé de quelques pieds au

seront ordinairement remply de gariffelles ¹ de chair humaine. Dieu gard la lune des loupz ² ! Les Suysses aymeront beaucoup mieux leurs brayettes que leurs pennaches, et auront raison, car vive de conserver le germe dont provient l'humanité ! Plusieurs seront ambitieux des dignitez ou benefices, mais c'est la coustume du monde ; et pour bien voir au vray le theatre d'icelluy, faut voir jouer au ballon : l'un pousse d'un lieu ceste pelotte de vent, l'autre de l'autre, les uns se batte, les autres tumbe, les autres courre, et, après avoir bien pené, couru, tempesté et se tourmenté, demande leurs qu'il ont faict, ils vous diront : *Averno fa corsa congli vento.*

Parquoy, Messieurs mes meilleurs amys, ne vous penez voz esprits pour les affaire du monde ; rejouissez-vous, je vous supplie de le faire ; beuvez tousjours au plus matin et du meilleur ; ayez tousjours ce regime d'estre joyeux ; tenez-vous les pieds bien sec et la bouche souvent arrousée : vous en vivrés davantage,

A la matino gli bono vino,
Remedo contra tutti venino.

dessus du feu, qui leur servoit à faire dessécher et à enfumer leurs viandes. *Boucaner* et *boucaniers* en sont les dérivés.

1. Mot formé sans doute de l'indien *gari*, qui signifie petit morceau, fragment.

2. C'est un proverbe qui vient de ce que les loups hurlent à la lune sitôt qu'elle paroît, et semblent vouloir la prendre aux dents. Un autre adage dit : *La lune n'a rien à craindre des loups* (Quitard, *Dict. des Proverbes*, p. 509).

Aussi j'ay à vous dire que, durant ces six saisons, il n'y aura point de nouvelles lunes : car il y a plus de cinq mille ans que la lune est faicte. Doncques vous estes asseurez qu'il n'y en aura point d'autre, et qu'elle se porte bien, comme je vy dernierement, et durera encore beaucoup. Il y aura par toute la France, Dauphiné, Provence et Savoye, beaucoup plus de pierres que non pas des pistolles d'Espaigne, et plusieurs qui ne sont pas comme les bannis d'Italie[1] voudroyent bien estre empistolez ; plusieurs auront beaucoup de lardons[2], ne fut-il que les coqs dainde ; plusieurs friants seront plus amateurs des perdrix que non pas ceux de Genève de la messe ; les turbans auront plus de vente à Constantinople qu'à Venise ; l'horloge de Fribourg frapera les heures comme de coustume ; les lamproys avec la sausse douce courent fortune d'estre conduits et menez dans des petits barils en Allemaigne ; les chevaux de relaiz porteront plus des asnes que des muletz ; les maquereaux monteront sur les landiers et seront mangez des filz de putain ; les allumettes feront beaucoup

---

1. Nous ne pouvons trouver à quoi ce passage fait allusion.

2. Le *lardon* étoit la plaisanterie piquante dont on cribloit tout homme ridicule ou qu'on vouloit faire passer pour tel. Par suite, on appela ainsi les petites gazettes qui venoient de Hollande. C'étoit là vraiment le *lardon scandaleux* dont Regnard parle dans *le Joueur*, acte 3, scène 5. — Voir aussi : *Histoire du journal en France*, par Eugène Hatin, p. 22, note. — On peut consulter sur ce mot une note de La Monnoye mise au bas de la page 261 du tome 1er des *Contes* de des Perriers, Amsterdam, 1735, in-12, et un passage des *Mémoires* du marquis de Sourches, t. 1er, p. 55.

de service à ceux qui se lèvent de matin ; de longtemps ne se verra des crocodilz du long de la rivière de Loyre ; au moys d'avril se treuvera plus de maquereaux au marché que non pas de baleyne ; aussi durant ces saisons, on ouyra chanter plus des cocus que des cignes. Si le courrier ne me pressoit de faire fin, je vous escriroy davantage, et vous asseure que si les vertugalins des damoiselles sçavoyent parler, il vous appresteroyent plus à rire qu'à manger. A ce carneval je vous manderay un petit volume composé par moy et Jean Beguin[1], car nous sommes grand cambrade[2] et beuvons souvent ensemble. En attendant, *State alegroment, non vo manchera fastidia.*

1. Je n'ai trouvé ni imprimeur ni libraire de ce nom dans le *Catalogue chronologique* de Lottin, ni dans le livre de La Caille ; celui-ci seulement, sous la date de 1540, nomme Pierre Beguin, libraire.

2. Pour *camarade*. Le mot est écrit comme le peuple, et surtout les soldats, le prononçoient et le prononcent encore.

Epitaphe du petit chien Lycophagos, par Courtault, son conculinaire et successeur en charge d'office, à toutes les legions des chiens academiques, par Vincent Denis, Perigordien.

> Arrière, pleureux Heraclite !
> Nous ne pleurons pas comme vous ;
> Nos pleurs sont ris de Democrite,
> Car pleurer, c'est rire, chez nous.

*A Paris, chez Jean Libert,
demeurant rue Saint-Jean-de-Latran.*
1613. In-8.

LE LIVRE AU LECTEUR.

Les censeurs qui seront marris
De nostre joye et de nos ris,
Et qui ne daigneront me lire,
Ne sont pas hommes de raison :
Car par tout, en toute saison,
Le propre de l'homme est de rire.
  In tenui labor at tenuis non gloria.
La peine en est chose petite,
Mais l'honneur d'assez grand merite.

ADVERTISSEMENT ET SALUT AU LECTEUR.

Amy lecteur, l'assoupissement lethargique qui avoit saisi les hypocondres de Courtault et sembloit rendre presque inexplicable la douleur qu'il avoit conceue sur la mort de Lyco-phagos, son conculinaire, ayant à la parfin ouvert les catadoupes de son cerveau et donné passage à toutes les cataractes de ses yeulx, leur a faict debonder un cataclysme de larmes sur le funeste reliquat de sa desolation. C'est pourquoy il ne se faut pas estonner si ses periodes ne sont triées, comme l'on dict, sur le volet; si ses pointes sont grossierement sujettes, le passe-poil de sa subtilité villageoisement appliqué, ses dispositions mal flanquées, ses epiphonèmes entrecoupées, ses inventions decousues, et la tissure de son style ineptement cadencée : car l'estourdissement d'un coup tant inopiné lui a faict perdre sa tramontane. Si que, pour des antonomasies d'eloquence, il n'a peu rien produire que des pleonasmes de regrets, metathèses de confusion et hyperbates de tristesse, ainsi que le discours suivant te t'apprendra, si tu daignes y adjouter le jugement de ton optique et ouvrir les ressorts de ton oreille.

Adieu.

*Epitaphe du chien du Gascon sur la mort
de Lyco-phagos.*

Helas! qu'est devenu mon maistre?
Est-il vray que Lyco-phagos
Soit attrapé par Atropos,
Ou qu'elle l'aye occis en traistre?

Je croy que cela ne peut estre,
Ains pense que, pour son repos,
Ou pour compliment de son los,
Au ciel les dieux l'ont voulu mettre.

Ne craignez plus, ô moissonneurs!
Les insupportables chaleurs
Dont vostre sein en esté brusle :

Mange-loup, au ciel transporté,
Moderant les chaleurs d'esté,
Doit temperer la canicule.

*Complainte de Courtault sur la mort de Lyco-
phagos, rotisseur du collége de Reims, son
conculinaire*[1].

      Cy gist soubs ceste motte verte,
Le dos au vent; le ventre à l'erte[2],
Mon collègue Lyco-phagos,
Que la mort a troussé en crouppe[3]
Pour avoir trop mangé de souppe
Et trop avallé de gigos.

    Lyco-phagos, la pauvre beste,
Qui faisoit sa petite queste
Dedans le collége de Reims[4],

---

1. Cette épitaphe d'un chien de collége, qu'il fût ou non tournebroche comme celui-ci, est un genre de facétie scolastique qui dut souvent se renouveler. Racine, étudiant à Port-Royal, fit en vers latins une pièce de cette espèce, rappelée ainsi par son fils : « Je ne rapporterai pas une élégie sur la mort d'un gros chien qui gardoit la cour de Port-Royal, à la fin de laquelle il promet par ses vers l'immortalité à ce chien, qu'il nomme Rabotin :

    Semper honos, Rabotine, tuus, laudesque manebunt;
    Carminibus vives, tempus in omne, meis.
    Mémoires sur la vie de Jean Racine, in-12, p. 27.

Ce genre de poésie rentre dans la catégorie de celles dont parle Furetière dans le *Roman bourgeois*. V. notre édition, p. 145.

2. C'est-à-dire contre terre, comme gens au guet, faisant sentinelle *à l'erte*, ainsi qu'on disoit alors. V. plus haut, sur cette expression, p. 42, note 3.

3. On disoit plus communément *troussé en malle*.

4. Le collége de Reims étoit rue des Sept-Voies. Il de-

Pour renforcer, chose equitable,
Du seul reliquat de la table
Ses muscles, ses nerfz et ses reins.

Lyco-phagos, autant habile
Que chien qui fust en ceste ville
A chasser aux rats, aux souris;
Lyco-phagos, par privilége
Roy des animaux du collége
Et doyen des chiens de Paris.

Lyco-phagos, galant et leste;
Lyco-phagos, grave et modeste
Autant qu'on sauroit souhaitter,
Soit qu'il tînt à mon maistre escorte,
Soit qu'il conduisît à la porte
Ceux qui le venoient visiter.

Lyco-phagos, qui souloit estre
Le contentement de son maistre;
Lyco-phagos, sage et discret,
Lorsque d'une mine friande,
Pour mieux attraper la viande,
Il luy descouvroit son secret.

Ou, quand pour plaire à tout le monde,
Il faisoit à table la ronde,
Comme un maistre de regiment,
Puis, d'une trogne politique,
Mettoit sa science en pratique
Pour soigner à son aliment.

voit son nom à Guy de Roye, archevêque de Reims, qui l'avoit fondé, en 1409, sur l'emplacement d'un hôtel appartenant aux ducs de Bourgogne.

Que si mon maistre en compagnie
N'avoit pas de soin de sa vie,
Discretement il le frappoit,
Et de sa patte le bon drolle
Sçavoit si bien jouer son rolle,
Que quelque chose il attrapoit.

Non qu'il ait faict par imprudence
A table quelque irreverence ;
Mais c'est qu'il charmoit tellement
Ceux qu'il regrattoit par derrière,
Qu'il falloit en quelque manière
Recognoistre son gratement.

Qui n'admireroit son adresse,
Son artifice et sa finesse ?
Quand son maistre vouloit sortir,
Soit tout seul, soit en compagnie,
Il couroit à la galerie
Jusqu'à tant qu'il falloit partir.

Là tousjours il l'alloit attendre
A l'instant qu'il luy voyoit prendre
Sa grande robbe ou son manteau,
Et sembloit né pour tousjours suivre
Celuy qui luy donnoit à vivre,
Tant par terre que par batteau.

Or, suivant mon maistre à la ville
D'une façon plus que civile,
Vous eussiez dit d'un estaphier
Ou d'un chien de sommellerie,
Nourry tout le long de sa vie
Dans la cuisine de Coueffier [1].

1. Sur ce cabaretier, dont la femme reprit la taverne, et

Chien d'admirable prevoyance,
Autant que chien qui fut en France,
Voire plus qu'on ne peut penser,
Lors qu'au milieu de quatre rues
Il choisissoit les advenues
Où son maistre devoit passer.

En ville, il alloit à gambette [1];
Aux champs, il sautoit sur l'herbette
Pour les taupes escarmoucher,
Et puis, leur denonçant la guerre,
Il fouilloit si profond à terre
Qu'il sembloit y vouloir coucher.

Il eut jadis pour son manége
La cuisine de ce collége,
Où dans une roue de bois,
Tantost à bonds, puis à courbette,
On a veu ceste pauvre beste,
Comme moy, tourner mille fois.

Ores, proche de la marmite,
Faisant la bonne chatemite,
Sur la viande il meditoit;
Puis, soignant à son advantage,
Il suivoit de près le potage
Quand le serviteur le portoit.

qui est souvent cité par Tallemant, V. notre *Histoire des hôtelleries et cabarets*, t. 2, p. 325-326. Sur son petit-fils, Jean Coiffier, qui fut maître des comptes, V. plus haut, p. 195.

1. *Aller à gambette*, c'est gambader. On avoit autrefois le verbe *gambeter* dans le même sens.

Ores, de sa petite patte
Grattant et regrattant la natte
Quand il fleuroit la venaison,
Il monstroit par experience
Les beaux effets de sa science
Par tous les coings de la maison.

Quelle joye à toy, Trois-Oreilles[1],
D'ouyr les douleurs nompareilles
Que je resens de ceste mort !
Desormais repose à ton aise
Entre le tison et la braise,
Puisque Lyco-phagos est mort.

Lyco-phagos, ton adversaire,
Ne te sçauroit aucun mal faire,
Comme il faisoit auparavant,
Lors que, sautant sur ta croupière,
Il t'attaquoit par le derrière,
Ou t'assailloit sur le devant.

O ! qu'il seroit plus desirable
Que la mort eust froissé ton rable,
Ou que la cruelle Atropos
T'eust occis pour te mettre en paste,
Que d'avoir esté tant ingratte
A mon pauvre Lyco-phagos !

Lyco-phagos, chien de police,
Chien expert en toute malice,
Chien exempt de tout larrecin,
Qui ne fist aucune entreprise,

---

1. Lapin de M. de Navierre. (*Note de l'auteur.*)

Sinon sur quelque patte grise
Ou sur le pied d'un medecin.

Encor c'estoit par adventure ;
Lors que sa pesante nature
Le rendoit un peu moins courtois :
Faute legère et pardonnable !
Car l'homme qui est raisonnable
Se courrouce bien quelquefois.

Toutefois, pour estre sevère,
Il en porta la folle enchère,
Cruauté contre un pauvre chien !
Lors que d'une vieille rapière
On lui donna dans la visière,
Croyant qu'il n'y verroit plus rien.

Hé ! quand je vis par malencontre
Le desastre de ce rencontre
Où Lyco-phagos fut blessé :
C'est, dy-je à l'instant, un augure
Qui presage sa mort future
Devant qu'octobre soit passé.

Ce malheur me rendit prophète,
Car, suivant mon maistre une feste,
Alors qu'il alloit au festin,
Il reçut son dernier supplice
Chez le curé de Sainct-Sulpice
Par un inopiné destin.

Qui le croira? par jalousie
Lyco-phagos, qui dans sa vie
Eut le cœur noblement placé!,
Mist tant de potage en son ventre,

Et farcit tellement son centre,
Que la mort l'a mis *in pace*.

Mort cruelle et insuportable,
De l'avoir surpris à la table
Pour l'estrangler sur la minuit!
Mort impitoyable et farouche!
Ainsy faut-il que je t'abbouche,
Tant ceste trahison me nuit.

Tu fais voir par ce canicide
Que tu es bien traistre et perfide,
Sans reverence et sans amour,
Quand par des actions funèbres
Ton delict cherche les tenèbres,
Fuyant la lumiere du jour.

Tu le prens à minuict en traistre,
Couché soubs le lict de son maistre,
Luy livrant les derniers assauts.
Il tesmoigne ta perfidie,
Au milieu de sa maladie,
Par mille bons et mille sauts.

Il monte, remonte et devalle,
Vient et revient parmy la salle,
Pour chercher quelque allegement;
Et lorsque le mal le travaille,
Ne pouvant vuider sa tripaille,
Il meurt saoul comme un Allemand.

Helas! quelle perte et quel dommage!
Pour avoir mangé du potage,
Faut-il que Mange-loup soit mort!
Mange-loup, mon conculinaire,

Mon contentement ordinaire,
Mon passe-temps, mon reconfort !

Mange loup, chien academiste[1],
Chien assez savant alchimiste,
Soit qu'il soufflast près du brasier,
Le nez plat comme une punaise,
Ou reniflast contre la braise
Le ventre enflé comme un cuvier.

Pauvre Courtault, toute esperance
Est morte pour toy dans la France,
Puis, helas ! que Lyco-phagos,
Autheur de ta bonne adventure,
Sert fatalement de pasture
Aux taupes et aux escargots.

Tu succèdes à son office,
Mais c'est un petit benefice
Au prix du mal que tu ressens,
Ayant perdu (regret extresme!)
La vraye image de toy-mesme
Et l'unique objet de tes sens.

Encor si la sœur filandière

---

1. On sait que ce mot se prit d'abord pour *académicien*, qui ne le remplaça dans la langue qu'après 1643. Cette substitution, ou plutôt cette transformation, trouve sa preuve et sa date presque certaine dans le titre de la seconde édition d'une comédie célèbre de Saint-Evremont. Imprimée d'abord sous le titre de : *les Académistes,* en 1643, elle prit celui de : *les Académiciens*, dans l'édition suivante. Le mot s'étoit métamorphosé dans l'intervalle.

L'eust ravy d'une autre manière,
On supporteroit sa rigueur ;
Mais, ô crève-cœur ! quand je pense
Qu'elle l'a trahy par la panse,
Cela me faict fendre le cueur.

Falloit-il que, sur ta vieillesse,
Cette maudite piperesse,
Mange-loup, triomphast de toy !
Mange-loup, pour ta reverence,
Digne de quelque recompense
Au coing de la table du roy.

Lyco-phagos, je te proteste
Que pour un acte si funeste
J'abboyeray incessamment
Jusqu'à tant que le chien Cerbère
Punisse la Parque sevère
Qui t'a trompé si laschement.

Que si mon dueil ne le convie
A venger l'honneur de ta vie,
Pour lors, justement irrité,
Je mettray en fougue et colère,
A l'encontre de ce faux frère,
Les chiens de l'université.

J'en feray moy-mesme justice,
Et sans crainte d'aucun supplice
Je descendray dans Phlegeton,
Où, près de l'infernale forge,
Je l'estrangleray par la gorge
A la presence de Pluton.

Mes discours ne sont point sornettes,

Car je porte au col des sonettes
Pour faire entendre ma douleur,
Et publie, faisant ma ronde
Par tous les carrefours du monde,
Les effects d'un si grand malheur.

C'est donc à toy, race canine,
Que mon corival [1] de cuisine
A recours pour estre vangé!
A toy maintenant je desdie
Les sanglots de ceste elegie,
Pour estre en mes pleurs soulagé.

Et, fuyant toute ingratitude,
En qualité de chien d'estude,
J'ay ces carmes [2] elabouré,
Où tu verras la galantise,
Les mœurs, la mort, la mignardise
De mon camarade enterré.

Adieu te dis, mon camerade;
J'ay peur de devenir malade
En pleurant ton enterrement.
Adieu, mon compagnon d'eschole;
Que pour le dernier coup j'accole
Le dehors de ton monument.

Et, si les chiens ont souvenance

---

1. *Confrère, émule.* Regnier l'emploie dans le sens de rival :

Et sans respect des saincts, hors l'Eglise il me porte.
Aussi froid qu'un jaloux qui voit son *corrival.*
Satire VIII, p. 95.

2. *Carmina,* vers.

EPITAPHE

De ceux qui ont leur ressemblance,
Je te conjure vivement
D'avoir Courtault en ton idée :
Car je suis l'image empruntée
De ton naturel ornement.

Que si la sterile nature
M'a formé d'une autre figure
Que tu n'estois, Lyco-phagos,
Pour le moins j'ay le mesme office
Et, servant en mesme police,
Porte un mesme faix sur mon dos.

Et qui pis est, cas lamentable !
Pour me rendre à toy plus semblable,
Bien que ce fust contre mon gré,
A cause de mes demerites,
Me rendant leger de deux pites,
Après ta mort on m'a hongré.

Je suis courtault à toute outrance,
Si courtault jamais fut en France ;
Mais ce qui me met en courroux,
C'est que ma nature infertile
Faict qu'on me prent souvent en ville
Pour un chien de Toupinambou[1].

---

1. C'est-à-dire chien d'Amérique, et comme lui n'aboyant plus. C'étoit, on le sait, une croyance généralement répandue que les chiens perdoient la voix rien qu'en touchant la terre du Nouveau-Monde. J'ai dit dans une note d'une pièce précédente ce qui avoit rendu à cette époque le nom des Topinamboux très populaire à Paris.

Mange-loup, donc, je te conjure,
Par les supplices que j'endure,
De te souvenir de mes maux,
Croyant que, si cela peut estre,
Je me dois dire, sous mon maistre,
Le plus heureux des animaux.

Je conjure aussi ta puissance
De faire aux serviteurs deffence
De jamais ne me tourmenter
Par menace ou par bastonnades,
Quand je viens de mes promenades,
Car je ne puis les supporter.

Ainsi puissent près de ta fosse
Abboyer les mastins d'Escosse [1]
Qui sont dans l'Université,
Sans rompre desormais ta teste
Par leur abboyante tempeste
Dans la ville ou dans la cité !

Ainsi puissent sur ceste terre
Japper les dogues d'Angleterre,
Accompagnez des chiens d'Artois [2],

---

1. C'est-à-dire les écoliers du collége des *Ecossois*, situé rue des Fossés-Saint-Victor, et par conséquent assez voisin de celui de Reims.

2. Il venoit beaucoup de chiens de l'Artois, notamment de Boulogne, qui fournissoit les petites chiens de manchon. Pour les empêcher de croître, on leur frottoit toutes les jointures avec de fort esprit de vin, pendant plusieurs jours de suite, aussitôt après qu'ils étoient nés.

Pleurant sans cesse et sans mesure,
Sur le bord de ta sepulture,
La mort d'un petit chien françois !

Fin.

Regret de Picard
sur la mort de Lycophagos.

Pleurez largement, à ce coup,
La mort du petit Mange-loup,
Broches, chenets et lesches-frites :
Car de revoir Lyco-phagos
Tourner le rost près des fagos,
Les esperances en sont frittes.

Par un detestable moyen,
La roue perd son citoyen,
Le collége son commissaire ;
Mon maistre perd son precurseur,
La cuisine son rotisseur,
Et Courtault son conculinaire.

Tant de malheurs en un monceau
Me font detester le morceau
Qui mist Mange-loup hors du monde ;
Et, pour la douleur que je sens
En chaque endroit de mes cinq sens,
Peu s'en faut qu'en pleurs je ne fonde.

Si que, redoublant mes ennuits,

Tous les jours et toutes les nuicts
Je vay martelant ma poictrine,
Et prie pour luy Lucifer
Que, s'il doit servir en enfer,
Il ne serve qu'à Proserpine.

La grande cruauté et tirannie exercée par Mustapha, nouvellement empereur de Turquie, à l'endroit des ambassadeurs chrestiens, tant de France, d'Espaigne et d'Angleterre.
Ensemble tout ce qui s'est passé au tourment par luy exercé à l'endroit de son nepveu, luy ayant fait crever les yeux.

A Paris, chez la veufve du Carroy, demeurant en la rue Saint-Jean-de-Beauvais, au Cadran.

M.DC.XVIII.
Avec permission. In-8.

Chrestiens, lesquels ressentez l'honneur d'où la foy vous oblige et convie en ce present siècle, lequel nous fait voir une chose digne de revanche et du tout contraire à Dieu et à la chrestienté par l'ignominie et mauvaise malversation de ce perfide Mustapha, nouveau empereur des Turcs[1], ce persecuteur des chrestiens

---

1. Il commença de régner en 1617, après la mort d'Achmet I*er*, son frère. C'est la première fois que cette sorte de succession collatérale se rencontroit dans la dynastie d'Othman.

et d'amis de Dieu, lequel nous fait ce jourd'huy voir une infinité de persecutions par l'entreprise mal'heureuse et abominable de ces miserables Turcs, ennemis de nostre eglise chrestienne, plutost enclins à servir le diable que Dieu, lesquels nous monstrent en ceste presente année mil six cens dix-huict une chose digne de remarque, car ces perfides ont osé s'attaquer au plus grand de la chrestienté, et leur faire des opprobres dignes de revanche et capables de la haine de tout cest univers : car, après la mort de Hachmet, premier du nom, dix-huictiesme empereur des Turcs, ayant regné douze ans en son empire, et decedé le quinziesme novembre dernier, laquelle mort a apporté une grande perte et très grande perte digne de memoire à la chrestienté ; car ce grand visir, lequel a toutes les affaires de ce grand empire, ayant proclamé le frère du dit Achmet en ceste monarchie, et ayant delaissé les enfans du deffunct, pourra bien avoir pour sa recompence une espée pour luy trencher la teste ; car les bachas, lesquels estoient à la mort du deffunct Achmet, avoient entendu les supplications du deffunct, suppliant son frère pour ses enfans ; lequel empereur d'Orient, au lieu de les cherir, a faict crever les deux yeux à son nepveu, fils aisné du dict deffunct Achmet[1], et puis

---

1. C'est gratuitement qu'on prête cette cruauté à Mustapha : Osman, fils aîné d'Achmet, n'eut pas les yeux crevés, et l'année suivante il put monter sur le trône que Mustapha avoit usurpé sur lui, et que sa déchéance, après une émeute des janissaires, rendit libre en cette même année 1618.

après jetta sa furie sur les chrestiens lesquels estoient alors en embassades dans Constantinople, et commanda qu'on les chassast hors de ses terres [1]; mais, par le conseil miserable de ce perfide empereur, conseil du tout contraire à Dieu et à son eglise, trouva bon d'en faire mourir une partie, tellement qu'aucuns disent que la maison de l'ambassadeur de France a esté pillée, et luy s'est sauvé par industrie; mais, pour le fait des autres chrestiens, tant Espagnols, Italiens et autres nations, ont esté empanez et mis à mort avec leurs domestiques et grands nombres de chrestiens, se montans le nombre à plus de trois milles.

O perfide et miserable payen! ne crains-tu pas les forces des chrestiens? Ne te souvient-il plus de la prophetie que tu dois mourir de la main du François [2]? Ne crains-tu pas que ce grand roy de France te monstre sa force et sa valeur, qui seul te peut lier et te rendre esclave et miserable, te desmolir tes forces, avec l'aide de ses alliez? Ne te souvient-il plus

---

1. L'ambassadeur de France, M. le baron de Sancy, évêque de Lavaur, fut un de ceux qui eurent le plus à souffrir dans leur dignité et dans leur personne. Mustapha le fit arrêter comme accusé d'avoir favorisé l'évasion du prince polonais Koreski. Il le récompensoit ainsi de la part qu'il avoit prise à son avénement. Osman, devenu empereur, envoya une ambassade à Louis XIII en réparation de l'insulte faite à la France en la personne de M. de Sancy.

2. Sur cette prophétie, dont ce passage confirme la popularité au commencement du XVIIe siècle, V. notre t. 3, p. 212, note, et p. 358, note.

de ce grand duc de Mercœur[1], vray imitateur de ces ancestres lorrains, lequel t'a tenu en sa cordelle, qui sans sa mort te tenoit esclave, et aussi ce brave et genereux prince le duc de Nevers et de Cléves[2], et ce vaillant prince de Jainville[3], qui, d'une pieté chrestienne et d'un courage martial, ont planté des escadrons au milieu de tes terres, et, comme princes très genereux, se sont monstrés vaillans et se sont mis en teste de leurs armées pour deffendre la foy chrestienne? Tu trouveras maintenant des princes plus dignes de ton empire que toy, lesquels te feront paroistre que ton conseil infame et desreiglé est du tout contraire aux commandemens de Dieu.

Si les chrestiens estoient vrayement chrestiens, et s'ils avoient en leurs cœurs leur foy vivement emprainte dans le corps et dans l'ame, ils devroient maintenant monstrer leur force et leur courage, ce pendant que le Turc nouvellement proclamé leur donne bon subject de le desplacer de son empire, et que le Persan mesme leur tient la main, et leur convie de faire voir partout cest univers la vraye Eglise plantée, pour à celle fin que Dieu soit loué et glorifié à jamais. Dieu leur en face la grace!

1. Il avoit fait en Hongrie une campagne dont les succès, entre autres la prise d'Albe-Royale, avoient fort inquiété les Turcs. V. notre t. 3, p. 212, note, et *les Œconomies royales* de Sully, coll. Petitot, 2ᵉ série, t. 4, p. 93.

2. Il étoit de la campagne de Hongrie. Il fut blessé au siége de Bude. (*Œconomies royales*, id., p. 161.)

3. Le prince de Joinville, quatrième fils du duc de Guise. V. sur lui notre édition des *Caquets de l'Accouchée*.

Les Differents des Chapons et des Coqs touchant l'alliance des Poules, avec la conclusion d'yceux.

A Paris, chez Pierre Chevalier, au Mont Sainct-Hilaire, en la cour d'Albret.

In-8.

Jadis, quand les bestes parloient, les unes se contentoient de leur sexe, et les autres se faschoient des retranchements du leur. Les Chapons, à quy de jeunesse on avoit coupé la crette, soit ou pour rendre leur voix plus fine et delicatte, ou pour les rendre plus seurs gardiens des poulles, poussez de quelque reste de leur premice nature, ou sollicitez des imitations des Coqs, voulurent faire alliance avec les Poulles; mais, comme ordinairement nous sommes plustost conduits de l'œil de nostre contentement que de celuy de nostre proffit, les poulles, quy les voyoient sans crette, faisant fort peu d'estime de leurs belles plumes, ne vouloient de leur association. Les unes, plus scrupuleuses, desiroient des tesmoings [1] à leur alliance;

1. De petits témoins, sans doute, *testiculi*.

les autres, moins subtilisées, se contentoient de la parade; toutefois le temps, quy nous faict desdaigner une mesme viande et apprendre des nouvelles fausses, faict souvent naistre des repentirs à celles quy ne voyoient point croistre la creste à leur allié, et que veritablement et d'effect elles mangeoient leurs poissons sans sauce. Ce repentir engendre des regrets, ces regrets engendrent des plaintes, et ces plaintes engendrent des controverses.

Mais, comme elles en estoient en ces termes, les Chapons eurent quelque divorce avec les Coqs, touchant la primauté. Les Coqs, fondez en bonnes raisons, demandoient la preeminence, et les Chapons, orgueilliz de quelque vanité, ne vouloient estre seconds qu'à eux-mesmes. Ils vindrent premierement aux reproches, et puis aux coups; mais les Coqs, comme en mespris des Chapons, faisoient monstre de leurs crestes, disant que cela leur devoit faire bonne honte et peur tout ensemble. Les Chapons, se sentant chatouillez de si près, commencèrent à drapper les Coqs, disant que ce qu'ils jugeoient l'ornement de leurs testes estoit la defformité de leur sexe, et qu'on leur en avoit faict une synderèze[1] pour embellir cette laideur, et qu'ils en estoient mieux venuz auprès des Poulles, leurs becs estans moins rudes. Les Coqs, en contr'echange, les voulant tou-

---

1. Ce mot de la langue dévote, qui signifie reproche secret, remords de conscience, est ici singulièrement placé. Regnier, satire 13, v. 22, s'en est servi; Regnard aussi, dans le *Joueur*, acte 5, scène 4, mais tous deux de manière à faire voir qu'ils en comprenoient le sens.

cher au vif, amenèrent les Poulles en tesmoignage
pour decider cette querelle. Les plus novices remirent
cela au conseil des plus expérimentées, tant
pour s'instruire de chose qu'importe leur felicité que
pour n'estre deceues à l'election de l'un ou l'autre
party.

Les Coqs, resolus à leur accusation, et les Chapons à
leurs defences, receurent volontairement les Poulles
pour arbitres de leur cause. Les Chapons en avoient
une pour leur advocate quy avoit assez de babie,
mais trop peu de constance pour maintenir leur cause
bonne ; les Coqs en avoient une quy alleguoit tant
d'experience pour preuve qu'elle confondoit les bastardes
raisons des Chapons, disant qu'elle aimeroit
autant estre associée à une poulle, que ses beccades
auroient autant de suc, et que, la creste leur manquant,
ils avoient quelque autre chose de manque
quy servoit de joyau à la feste, et qu'elle estoit deliberée,
selon sa coustume, de couver au moins une
fois l'an, et qu'elle vouloit un Coq quy put servir de
targue [1] à ses poussins et resister aux ruyneuses escarmouches
du mylan ; et qu'elles avoient prins telle
habitude d'estre esveillées trois fois la nuict des
chants de son Coq, qu'à peine pourroit-elle dormir
six ou sept nuicts entières auprès d'un Chapon quy
ne chantoit que peu souvent, encore avec si peu
d'harmonie qu'il donnoit plustot de la fascherie que
du contentement ; et que le matin le Coq relevoit sa
creste comme plein de courage et d'envie de continuer
tel resveil, où le Chapon, les aisles baissées,

1. Pour *targe*, égide, bouclier.

tesmoingnoit sa pusillanimité ; enfin, que les Chapons ne sont bons qu'à commencer une alliance où les Coqs la peuvent achever par effect.

L'advocate des Chapons alleguoit quelques subterfuges, non tant pour preuve de sa cause que pour preuve de sa suffisance. Toutes ces echappatoires ne peuvent renverser le droict des Coqs, car elle-mesme, rangée à la raison, tourne sa casaque, et, recognoissant l'injustice, les invite à quelque appointement par des propos desguysez, desquels elle en sçavoit assez. Si les Chapons ne chantoyent que peu souvent, cela leur apportoit du repos, et que, les Coqs, au contraire, par mauvaise habitude, inquietoyent leur tranquillité, et que c'estoit des allarmes plus convenables à la guerre qu'en la paix ; et, si le matin ils n'estoyent si rodomonds, cela tesmoingnoit leur bonté naturelle de ne faire aux poulles non plus que les poulles à eux, et que, si elles ne couvoyent, qu'elles n'estoyent assujetties aussy de chercher la nourriture à une suitte de poulets quy leur rongnoient les ongles de si près qu'à peine pouvoient-elles gratter, et outre tout cela, n'en faisant point esclore, elles n'en voyoient point ravir.

Ces discours avoient quelque apparence d'aimer les Chapons ; mais, quant à l'intention, elle passoit au party des Coqs. Comme, à la verité, elle sçavoit bien que les resveils des Coqs ne se faisoyent qu'à leur advantage et pour les faire après dormir de meilleur courage, et qu'elles ne pouvoyent couver qu'elles ne receussent pour une heure de mal un siècle de contentement, et qu'après un certain temps les poulets cherchoyent leur vie eux-mêmes, puis

DES COQS ET DES CHAPONS.   281

leur en faisoient part, que cela leur apportera plus de commodité que de fascherie ; au reste, que telles allarmes n'estoyent jamais sanglantes ; que la guerre en estoit plus desirable, pour estre plus tost d'amytié que de hayne.

Tout enfin debatu, les Coqs payent les espices, et les Chapons condamnez par arretz incapables de l'alliance des poulles ; et si quelqu'un trop outrecuidement les acostoit, qu'il faudroit qu'il amenast deux tesmoings au jeu quy fussent valables et suffisants, voire d'aage competant; que les poulles ny les poulets n'y seroyent pas receuz pour juges, ains seullement les Coqs les plus experimentés ; et si quelqu'un se laisse corrompre par grain ou autre moyen, seroit condamné à une amende arbitraire.

Les Chapons, quy avoyent jusqu'icy fait la morgue aux Coqs, cognoissant qu'à faute de crestes ils avoient l'air ridez et presque endurciz de vieillesse, ne servoyent plus que de Jocriz [1], tant à taster qu'à mener les poulles pisser ; ils regrettent leur jeunesse, quy couvroit aucunement leur perte, disant :

---

1. Jocrisse et ses attributions datent de loin, comme on voit. Chez les Romains, le type de niaiserie auquel il a succédé et qu'il remplace chez nous avoit pour fonction un peu plus noble celle de traire les poules. *Si*, lisons-nous dans le *Satyricon*, *lac gallinaceum quæsierit, inveniet*. Pour le nom de Jocrisse, nous n'accepterons pas la mauvaise étymologie donnée par le *Ducatiana*, t. 2, p. 509 ; nous admettrons plutôt, avec *le Monde primitif* de Court de Gébelin, qui certes n'étoit guère attendu en cette affaire, que ce mot est un diminutif de l'italien *zugo* ; ou bien nous y retrouverons encore volontiers une altération transparente du *Joque-*

C'est donc à ce coup que nous serons le jouet du monde et que les Coqs se feront gloire de nostre

sus du moyen âge, dont Coquillart a parlé dans son *Monologue des perruques*. Ce qui est plus certain, c'est que, dès le commencement du XVIIe siècle, Jocrisse étoit populaire comme type du valet niais, du garçon de ferme stupide. Il figure comme tel dans le *Ballet des Quolibets, dansé au Louvre et à la maison de ville par Monseigneur, frère du roy, le quatriesme janvier* 1627, *composé par le sieur de Sigongnes*, Paris, Augustin Courbé et Anthoine de Sommaville, 1627, in–8. « C'est, est-il dit dans une note du *Catalogue Soleinne* sur ce ballet, t. 3, p. 91, n° 3265, la première apparition de ce type de naïveté. » Ce qui n'est pas tout à fait vrai : deux ans auparavant, Jocrisse avoit déjà paru, et dans une occasion pareille. Il est un des personnages dansants et chantants du *Ballet des Fées des forêts de Saint-Germain*, que le roi dansa le 11 février 1625. Voici ce que l'auteur lui fait dire :

> Partout on m'appelle Jocrisse
> Qui mène les poules pisser.
> Chères beautés, faites cesser
> Ce surnom rempli d'injustice ;
> Que chacune de vous dessus moi se repose :
> Je lui ferai faire autre chose.

Molière a nommé deux fois Jocrisse : dans *Sganarelle*, sc. 16, et dans les *Femmes savantes*, act. 5, sc. 4. Richer, au liv. 4 de son *Ovide bouffon*, l'a mis, comme dans sa place naturelle, parmi les *porchers, vachers et bergers*, et Furetière, parlant à un maître sot dans son *Epître* à Cliton, lui dit :

> Apprens-moi.....
> Si tu meines pisser les poules.
>   (*Poésies diverses*, 1666, in-12, p. 189.)

honte! Helas! falloit-il estre banniz en temps de nostre prosperité, et la fortune nous devoit-elle eslever au sommet de sa roue pour après nous rabattre à ses pieds! Le ciel nous devoit-il donner tant de piaffe pour nous faire recevoir un tel affront! Avoit-il permis nostre advancement pour rechercher notre ruine? Nous avoit-il embelli le plumage pour estre si peu desirables? Helas! creste, quel tort t'avons-nous faict, pour nous pourchasser ce blasme? Malheureuses sont les mains quy sont cause de ce defaut! Quel proffit recevons-nous d'une voix desliée, puisqu'elle est plus tost cause de nostre exil que de nostre reception? Quy prendrons-nous pour tesmoings, puis que les crestes nous les refusent? Et combien que nous n'ayons faict une longue alliance, si nous ne monstrons deux tesmoings, ou du moins un quy ait de la creance; et si nous avons mal usé de la jeunesse, elle sera relevée à nostre dommage et confusion. Que ne pouvons-nous emprunter une creste de ces Coqs quy en ont de surplus! Mais, bien qu'ils soient tant affreux en nostre endroit, nous ne nous en pourrons servir, non plus qu'ils peuvent s'en passer; au moins, creste, ne nous rends pas si ridez, afin que, cachant ta synderéze, nous soyons admis au moings pour quelque temps à l'association des poulles.

Bienheureux sont les coqs, les chapons malheureux[1].

[1]. On diroit que Béranger a pris à tâche de contredire ce vers, dans son fameux refrain:

> Oui, coquettes, j'en réponds,
> Bien heureux sont les chapons.

Differens des Coqs et des Chapons.

Les chapons font l'amour, les coqs ont la puissance.
Mais pourquoy n'ont-ils pas aussy bien la puissance
De prendre sur autruy ce qu'on vient prendre d'eux?

*Recit en vers et en prose de la farce
des Precieuses.*

A Anvers, chez Guillaume Colles.

MDCLX.

In-12[1].

Si j'estois assez heureuse pour estre connue de tous ceux qui liront le Recit des Precieuses, je ne serois pas obligée de leur protester que l'on l'a imprimé sans mon consentement, et même sans que je l'aye sceu ; mais,

---

1. C'est à tort que l'auteur de la *Bibliothèque du théâtre françois*, Dresde, 1768, t. 3, p. 59, a dit que cette pièce étoit de Somaize. Il la confondoit sans doute avec les *Précieuses ridicules*, que cet auteur avoit mises en vers et qui avoient paru chez Jean Ribou cette même année 1660. Le *Récit de la farce des prétieuses* est de madame de Villedieu (mademoiselle Desjardins). C'est, selon Tallemant, dans l'*historiette* qu'il lui consacre, édit. in-12, t. 9, p. 223, « une des premières choses qu'on ait vues d'elle, au moins des choses imprimées. »— « Il en courut des copies, ajoute-t-il ; cela fut imprimé avec bien des fautes, et elle fut obligée de le donner au libraire afin qu'on le vît au moins correct. »

comme la douleur que cet accident m'a causée et les efforts que j'ay faits pour l'empescher sont des choses dont le public est assez mal informé, j'ay cru à propos de l'advertir que cette lettre fut ecrite à une personne de qualité qui m'avoit demandé cette marque

L'Extrait assez long d'une de ces copies se trouve dans le manuscrit de Conrart, à la *Bibliothèque de l'Arsenal*, nº 902, in-fol. t. 9, p. 1017. Mademoiselle Desjardins y est donnée comme étant l'auteur, et madame de Morangis comme étant la *dame* à qui la pièce est adressée, ce qui confirme le dire de Tallemant. M. Clogenson, dans sa *notice*, complète et exacte, de madame de Villedieu (*Athenæum*, 2 juillet 1853, p. 632), dit que « cette sorte de scène dialoguée en prose et en vers fut écrite au château de Dampierre, chez madame de Chevreuse, à la demande de madame de Morangis. » Peut-être se trompe-t-il en confondant ce *récit* et le *gaillard sonnet*, comme dit Tallemant, qui courut à la suite, sous la même dédicace, et qui fut en effet écrit à Dampierre aux insinuations de madame de Chevreuse et de mademoiselle de Montbazon. (Tallemant, *id* p. 224.) M. Clogenson ne connoissoit que l'extrait donné par Conrart ; les deux éditions de cette pièce lui avoient échappé, ainsi qu'à M. de Soleinne, et même à M. Monmerqué, qui, annotant dans sa seconde édition du Tallemant l'*historiette* de madame de Villedieu, ne put citer que le fragment manuscrit. « L'imprimé, disoit-il à la fin de sa note, ne peut manquer de se retrouver ; la recherche n'en sera pas inutile. » Nous avons eu, et doublement même, le bonheur tant désiré par tous ces savants amis de Molière et de mademoiselle des Jardins : non seulement nous avons eu entre les mains l'édition reproduite ici, mais encore nous avons pu consulter la première, celle dont celle-ci n'est que la contrefaçon exacte. En voici le titre : *Le récit en prose et en vers de la farce des Précieuses*, Paris, Claude Barbin, 1660, in-12 de 33 pages. Nous la

de mon obeyssance dans un temps où je n'avois pas encore veu sur le théâtre *les Précieuses*, de sorte qu'elle n'est faite que sur le rapport d'autruy, et je croy qu'il est aisé de connoître cette verité par l'ordre que je tiens dans mon Recit, car il est un peu differend de celuy de cette farce. Cette seule circonstance sembloit suffire pour sauver ma lettre de la presse ; mais monsieur de Luynes en a autrement ordonné, et, malgré des projets plus raisonnables, me voilà, puisqu'il plaist à Dieu, imprimée par une bagatelle [1]. Ceste adventure est asseurement fort fas-

trouvâmes indiquée sous le n° 274 du *Catalogue des livres de feu* M. F. M. M. (22 octobre 1849), à la suite du Recueil de *poésies de mademoiselle Desjardins*, Paris, 1664, in—12, et nous eûmes le bonheur de faire acheter ce précieux volume par la Bibliothèque alors nationale. L'édition d'Anvers, que nous n'avons vue que bien plus tard, est citée par M. Walckenaer dans ses *Mémoires* sur madame de Sévigné, t. 2, p. 294. Il est évident, par la courte citation qu'il en fait, qu'il la connoissoit autrement que par le titre.

1. Il est singulier que Molière, dans sa préface des *Précieuses ridicules*, tienne à peu près le même langage, et prétende aussi avoir été imprimé malgré lui. Le libraire Guillaume de Luynes, dont madame de Villedieu veut avoir l'air de se plaindre ici, et chez lequel *les Précieuses* avoient paru vers le même temps, en février 1660, auroit donc ainsi fait violence à deux auteurs à la fois. C'est bien difficile à croire. Molière, dont c'étoit la première pièce imprimée (V. sa préface), et qui devoit avoir les craintes dont en pareil cas sont assaillis les auteurs, prit sans doute ce faux-fuyant de défiance et de modestie pour désarmer d'avance les lecteurs qui pouvoient défaire l'immense succès que les spectateurs avoient fait à sa comédie. Afin qu'on ajoutât foi

cheuse pour une personne de mon humeur; mais il ne tiendra qu'au public de m'en consoler, non pas en m'accordant son approbation (car j'aurois mauvaise opinion de lui s'il la donnoit à si peu de chose), mais en se persuadant que je n'ay appris l'impression de ma lettre que dans un temps où il n'estoit

à la sincérité de ce qu'il disoit, tandis qu'en réalité il ne demandoit qu'à répandre sa pièce de toutes les manières, peut-être s'entendit-il avec mademoiselle Desjardins pour qu'elle aussi se prétendît violentée par l'avide imprimeur au sujet de cette sorte de programme des *Précieuses*, écrit, selon moi, non pas sur le rapport d'autrui, comme elle le dit, et ce dont Tallemant doutoit déjà, mais d'après la représentation même, et sans doute aussi sur un désir de Molière. Ils se connoissoient de longue date : ils s'étoient vus à Avignon, à Narbonne, comme on l'apprend par un passage de Tallemant (*id.*, p. 238); ils avoient eu les mêmes amis, les mêmes protecteurs, M. le duc de Guise et M. le comte de Modène, ainsi qu'on le voit par plus d'un passage du roman autobiographique de madame de Villedieu : *Mémoires de la vie de Henriette-Sylvie de Molière*, Toulouse, 1701, in-12, p. 32, 39, 48, 86. Molière, quand elle étoit à Paris, la venoit voir à son hôtel garni : c'est encore Tallemant qui nous le dit. Enfin il y avoit entre eux une sorte de vieille intimité qui donne toute vraisemblance à cette opinion, que le récit de *la Farce des Précieuses* ne fut pas écrit à l'insu de l'auteur des *Précieuses* et loin de son théâtre, mais bien au contraire d'après son inspiration même, et pour lui rendre le service que tout programme bien fait rend toujours à l'auteur d'une pièce. Le fait de la publication des deux brochures dans le même temps à peu près, chez les mêmes libraires, de Luynes et Barbin, n'est pas non plus indifférent comme confirmation de ce que nous avançons. De Luynes étoit l'éditeur privilégié, Barbin le

plus en mon pouvoir de l'empescher. J'espère cette justice de luy, et le prie de croire que, si mon age [1] et ma façon d'agir lui estoient connus, il jugeroit plus favorablement de moy que ceste lettre ne semble le meriter.

Recit en vers et en prose de la Farce des Precieuses.

ADAME,

Je ne pretends pas vous donner une bien grande marque de mon esprit en vous envoyant ce recit des Precieuses, mais au moins ay-je lieu de croire que vous le recevrez comme un tesmoignage de la promptitude avec laquelle je vous obeis, puisque je n'en

---

vendeur. — Il ne semble pas que madame de Villedieu ait eu cette complaisance pour d'autres pièces de Molière, mais toutefois elle ne laissa jamais échapper l'occasion de parler de lui et de sa comédie. Ainsi, dans son roman déjà cité, elle donne plus d'un souvenir flatteur aux *Fâcheux*, à la *Princesse d'Elide*, etc., etc., p. 70-76. V. aussi son *Recueil de poésies*, p. 98.

1. Mademoiselle Desjardins étoit née en 1632, et non pas en 1640, comme l'ont dit tant de biographes; elle avoit donc 28 ans, et n'étoit point, par conséquent, d'un âge aussi respectable qu'elle voudroit le faire croire.

receus ordre de vous que hier au soir, et que je l'execute ce matin. Le peu de temps que votre impatience m'a donné doit vous obliger à souffrir les fautes qui sont dans cet ouvrage, et j'auray l'avantage de les voir toutes effacées par la gloire qu'il y a de vous obeyr promptement. Je croy mesme que c'est par cette raison que je n'ose vous faire un plus long discours. Imaginez-vous donc, Madame, que vous voyez un vieillard vestu comme les paladins françois[1] et poly comme un habitant de la Gaule celtique[2],

> Qui d'un sévère et grave ton
> Demande à la jeune soubrette
> De deux filles de grand renom :
> Que font vos maitresses, fillette ?

Cette fille, qui sçait bien comment se pratique la civilité, fait une profonde reverence au bonhomme et lui respond humblement :

> Elles sont là haut dans leur chambre

---

1. A la suite de ces mots on lit, dans le fragment conservé par Conrart : « loyal comme un Amadis. »

2. *Var.* du manuscrit de Conrart :

> Qui d'un air d'orateur Breton....

Je n'ai pas besoin de faire remarquer que le *Récit* n'observe pas ici l'ordre suivi par Molière dans sa comédie. La scène de Gorgibus et de la soubrette n'est que la 3e dans la pièce. Celle de du Croisy et de Lagrange ensemble, et celle qui suit entre eux et le père, sont passées par mademoiselle Desjardins. Nous reviendrons plus loin sur cette différence, l'une de celles dont la préface nous avoit prévenus, et nous en chercherons la cause.

Qui font des mouches et du fard,
Des parfums de civette et d'ambre
Et de la pommade de lard [1].

Comme ces sortes d'occupations n'etoient pas trop en usage du temps du bonhomme, il fut extremement etonné de la reponse de la soubrette, et regretta le temps où les femmes portoient des escofions [2] au lieu de perruques, et des pantouffles au lieu de patins;

Où les parfums estoient de fine marjolaine,
Le fard de claire eau de fontaine ;

---

[1]. V., sur ces artifices de toilette, *medicamenta faciei*, comme diroit Ovide, notre t. 1, p. 340. Dans *l'Héritier ridicule*, de Scarron, acte 5, sc. 1, se trouve sur le même sujet un curieux passage. C'est Paquette qui parle :

.... Parmi des damoiselles
Telles que je puis être, on en voit d'aussi belles
Que ces dames de prix, en qui souvent, dit-on,
Blanc, perles, coques d'œufs, lard et pieds de mouton,
Baume, lait virginal, et cent mille autres drogues,
De têtes sans cheveux aussi rases que gogues
Font des miroirs d'amour, de qui les faux appas
Etalent des beautés qu'ils ne possèdent pas.
On les peut appeler visages de mocquette.
Un tiers de leur personne est dessous la toilette,
L'autre dans les patins ; le pire est dans le lit.
Ainsi le bien d'autrui tout seul les embellit.
Ce qu'ils peuvent tirer de leur pauvre domaine
C'est chair mol, gousset aigre et fort mauvaise haleine.
Et pour leurs beaux cheveux, si ravissants à voir,
Ils ont pris leur racine en un autre terroir.

[2]. C'étoit une espèce de petite *calle* ou coiffure de paysannes et de femmes du peuple. — Ce passage diffère un peu dans la copie de Conrart. On y lit, au lieu de ce qui

Où le talque [1] et le pied de veau
N'approchoient jamais du museau ;
Où la pommade de la belle
Estoit du pur suif de chandelle.

Enfin, Madame, il fit mille imprecations contre les ajustements superflus, et fit promptement appeler ces filles pour leur temoigner son ressentiment. Venez, Magdelon et Cathos [2], leur dit-il, que je vous apprenne à vivre. A ces noms de Magdelon et de Cathos, ces deux filles firent trois pas en arrière, et la plus precieuse des deux luy repliqua en ces termes :

Bon Dieu ! ces terribles paroles
Gasteroient le plus beau romant.
Que vous parlez vulgairement !
Que ne hantez-vous les ecolles,
Et vous apprendrez dans ces lieux
Que nous voulons des noms qui soient plus precieux.

est ici : « A ces mots, qui ne sont point agreables à l'ancien Gaulois, qui se souvient que du temps de la Ligue on ne s'occupoit point à de semblables choses, il allègue le siècle où les femmes portoient des *escoflons* au lieu de perruques, et des sandales au lieu de patins. »

1. Les charlatans vendoient alors une sorte d'huile qu'ils prétendoient tirée du *talc*, et qu'ils asuroient être un fard merveilleux pour la conservation du teint. (*Dict.* de Furetière.)

2. Au lieu de ce nom il y a celui de Margot dans le fragment donné par Conrart.

Pour moy, je m'appelle Climène,
Et ma cousine, Philimène [1].

Vous jugez bien, Madame, que ce changement de noms vulgaires en noms du monde precieux ne pleurent pas à l'ancien Gaulois; aussi s'en mit-il fort en colère contre nos dames, et, après les avoir excitées à vivre comme le reste du monde et à ne pas se tirer du commun par des manies si ridicules, il les advertit qu'il viendroit à l'instant deux hommes les veoir qui leur faisoient l'honneur de les rechercher. Et en effet, Madame, peu de temps après la sortie de ce vieillard, il vint deux gallands offrir leurs services aux demoiselles ; il me semble mesme qu'ils s'en acquittoient assez bien. Mais aussi je ne suis pas precieuse, et je l'ay connu par la manière dont ces deux illustres filles receurent nos protestants : elles baaillèrent mille fois; elles démandèrent autant quelle heure il estoit, et elles donnèrent enfin tant de marques du peu de plaisir qu'elles prenoient dans la compagnie de ces adventuriers qu'ils furent contraints de se retirer très mal satisfaits de la reception qu'on leur avoit faitte et fort résolus de s'en vanger (comme vous le verrez par la suite [2]).

1. Dans *les Précieuses*, Madelon prend le nom de Polixène, et Cathos celui d'Aminte. (V. scène 5.)

2. Cette scène ne se trouve pas dans *les Précieuses*. Elle y est à peu près remplacée par celle qui commence la pièce, et dont mademoiselle Desjardins n'a pas parlé. Faut-il croire qu'elle se trompe complétement, comme elle s'en excuse dans sa préf ce, ou qu'elle suit le plan que Molière auroit adopté d'abord, et dont il se seroit ensuite départi par crainte des

Si tost qu'ils furent sortis, nos precieuses se regardèrent l'une l'autre, et Philimène, rompant la première le silence, s'ecria avec toutes les marques d'un grand etonnement :

Quoy! ces gens nous offrent leurs vœux!
Ha! ma chère, quels amoureux!

longueurs, après la première représentation. Cette dernière opinion me sourit assez. Il y a en effet, dans la scène esquissée ici, une idée comique, un contraste de situation avec l'une des scènes suivantes, qui ne devoient pas échapper à l'auteur des *Précieuses*, et que madame de Villedieu n'étoit guère de force à imaginer toute seule. Je ne trouve qu'un défaut à cette scène : c'est que, en raison surtout de celle qu'elle amène ensuite, et qu'elle rend presque nécessaire, elle allonge trop la pièce et la rend languissante. Molière, en admettant toujours que l'idée soit de lui, aura vu le défaut dès le premier soir, et il aura changé tout aussitôt son plan. Madame de Villedieu cependant, et sur cette seule représentation, aura écrit sa lettre, l'aura laissée courir, et, quand il aura été question de la publier, ne lui aura fait subir aucun des changements que Molière avoit faits lui-même à sa comédie ; elle s'en sera tenue à la petite phrase d'excuse plutôt que d'explication qui se trouve dans la préface. Je ne trouve guère que ce moyen de m'édifier à peu près sur cette différence, la seule qui existe réellement entre la pièce et le *Recit*, dont pour tout le reste l'exactitude est parfaite, souvent même textuelle. Malheureusement les preuves me manquent ; mais il seroit à désirer que j'eusse deviné juste : nous aurions un nouvel exemple des transformations que la plupart des comédies de Molière subirent entre ses mains. Une autre version seroit peut-être encore admissible. Pour expliquer les divergences de l'analyse et de la pièce, on pourroit se demander si Molière n'avoit pas fait pour les *Précieuses* ce qu'il fit pour toutes ses premières pièces, c'est-

Ils parlent sans affeteries,
Ils ont des jambes degarnies,
Une indigence de rubans,
Des chapeaux desarmez de plumes,
Et ne sçavent pas les coustumes
Qu'on pratique à present au pays des Romants.

Comme elle achevoit cette plainte, le bonhomme revint pour leur tesmoigner son mecontentement de la reception qu'elles avoient faite aux deux gallands. Mais, bon Dieu, à qui s'adressoit-il?

Comment! s'ecria Philimène;
Pour qui nous prennent ces amants,
De nous compter ainsi leur peine?
Est-ce ainsi que l'on fait l'amour dans les romants?

Voyez-vous, mon oncle, poursuivit-elle, voilà ma cousine qui vous dira comme moy qu'il ne faut pas aller ainsy de plein pied au mariage. — Et voulez-

---

à-dire si, avant de venir à Paris, il ne les avoit pas jouées en province, notamment à Avignon, où il se trouvoit, en 1657, avec mademoiselle Desjardins, et si par conséquent celle-ci n'avoit pas fait alors le *Recit*, qui courut plus tard à Paris lorsque la pièce y fut reprise. La comédie avoit reçu les changements que Molière ne manquoit jamais d'apporter à ses pièces faites en province, lorsqu'il se décidoit à les offrir au public plus difficile de Paris. L'analyse seule étoit restée la même. Un passage de la scène 9, relatif au siége d'Arras, qui avoit eu lieu en 1654, ne contredit point, loin de là, cette opinion, que *les Précieuses* pourroient avoir été écrites par Molière avant 1660. Pour leur donner plus d'à-propos lorsqu'il les reprit à Paris, il y auroit ajouté dans la même scène un mot sur le siége beaucoup plus récent de Gravelines.

vous qu'on aille au concubinage? interrompit le vieillard irrité. — Non sans doute, mon père, repliqua Climène; mais il ne faut pas aussi prendre le romant par la queue. Et que seroit-ce si l'illustre Cyrus epousoit Mandane dès la première année, et l'amoureux Aronce la belle Clélie? Il n'y auroit donc ny adventures, ny combats! Voyez-vous, mon père, il faut prendre un cœur par les formes, et, si vous voulez m'escouter, je m'en vais vous apprendre comme on aime dans les belles manières.

Reigles de l'amour.

I.

Premierement, les grandes passions
Naissent presque toujours des inclinations;
Certain charme secret que l'on ne peut comprendre
Se glisse dans les cœurs sans qu'on sçache comment,
Par l'ordre du destin; l'on s'en laisse surprendre,
Et sans autre raison l'on s'aime en un moment.

II.

Pour aider à la sympathie
Le hazard bien souvent se met de la partie.
On se rencontre au Cours, au temple [1], dans un bal :
C'est là que du romant on commence l'histoire
    Et que les traits d'un œil fatal
Remportent sur un cœur une illustre victoire.

---

1. A l'église. C'est aussi le mot que Molière fait dire à Madelon (scène 5 des *Pretieuses*); il convient bien à ces grandes liseuses de romans payens de *Clélie* et de *Cyrus*.

III.

Puis on cherche l'occasion
De visiter la demoiselle :
On la trouve encore plus belle
Et l'on sent augmenter ainsi la passion.
Lors on cherit la solitude,
L'on ne repose plus la nuit,
L'on hait le tumulte et le bruit,
Sans savoir le sujet de son inquietude.

IV.

On s'apperçoit enfin que cest esloignement,
Loin de le soulager, augmente le tourment;
Lors on cherche l'objet pour qui le cœur souspire.
On ne porte que ses couleurs;
On a le cœur touché de toutes ses douleurs,
Et ses moindres mespris font souffrir le martyre.

V.

Puis on declare son amour,
Et, dans cette grande journée,
Il se faut retirer dans une sombre allée,
Rougir et paslir tour à tour,
Sentir des frissons, des allarmes,
Et dire, en repandant des larmes,
A mots entre couppez : Helas! je meurs pour vous.

VI.

Ce temeraire adveu met la dame en colère;
Elle quitte l'amant, luy defend de la voir.
Luy, que ce procedé reduit au desespoir,

Veut servir par la mort le vœu de sa misère.
Arrestez, luy dit-il, objet rempli d'apas !
Puisque vous prononcez l'arrest de mon trepas,
Je vous veux obeyr ; mais aprenez, cruelle,
  Que vous perdez dedans ce jour
  L'adorateur le plus fidelle
Qui jamais ait senty le pouvoir de l'amour.

VII.

 Une ame se trouve attendrie
Par ces ardens soupir et ces tendres discours ;
On se fait un effort pour lui rendre la vie,
De ce torrent de pleurs on fait cesser le cours,
Et d'un charmant objet la puissance suprême
Rappelle du trepas par un seul : Je vous aime.

 Voilà comme il faut aimer, poursuit cette sçavante fille, et ce sont des reigles dont en bonne galanterie l'on ne peut jamais se dispenser. Le père fut si espouventé de ces nouvelles maximes qu'il s'enfuit, en protestant qu'il estoit bien aisé d'aimer du temps qu'il faisoit l'amour à sa femme, et que ces filles estoient folles avec leurs reigles. Sitost qu'il fut sorty, la suivante vint dire à ses maistresses qu'un laquais demandoit à leur parler. Si vous pouviez concevoir, Madame, combien ce mot de laquais est rude pour des oreilles precieuses, nos heroïnes vous feroient pitié. Elles firent un grand cry, et, regardant cette petite creature avec mepris : Mal-aprise ! luy dirent-elles, ne sçavez-vous pas que cet officier se nomme un necessaire ? La reprimande faite, le necessaire entra, qui dit aux Precieuses que le marquis de Mascarille, son maistre, envoyoit sçavoir s'il ne les incommoderoit point de les venir voir. L'offre etoit trop agreable à nos dames pour la refuser ; aussi l'acceptèrent-elles de grand cœur, et, sur la permission qu'elles en donnèrent, le marquis entra, dans un equipage si plaisant que j'ay cru ne vous pas deplaire en vous en faisant la description [1]. Imaginez-vous donc, Madame, que sa perruque estoit si grande qu'elle balayoit la place à chaque fois qu'il faisoit la reverence, et son chapeau si petit qu'il estoit aisé de juger que le marquis le portoit bien plus souvent dans la main que sur la teste ; son rabat se pouvoit appeler un honneste peignoir, et ses canons sembloient n'estre faits que pour servir de cache aux enfants qui jouent à la clinemusette. Et en verité, Madame, je ne crois pas que les tentes des jeunes Messagettes [2] soient plus spacieuses que ces honorables canons. Un brandon de galands luy sortoit de sa poche comme d'une corne d'abondance, et ses souliers estoient si couverts de rubans qu'il ne m'est pas possible de vous dire s'ils estoient de roussy de

1. Ce passage, le plus curieux du *Récit*, à cause des détails qu'il donne sur le costume de Molière jouant le marquis de Mascarille, et par conséquent très précieux pour la tradition du rôle, a été reproduit en partie par M. Aimé Martin, dans sa dernière édition de Molière, comme note de la scène 9 des *Précieuses*, et par M. Jules Taschereau, d'une façon plus complète, dans l'un des savants articles qu'il a consacrés à l'*Histoire de la troupe de Molière*. V. le journal *l'Ordre*, feuilleton du 8 janvier 1850.

2. Voilà un souvenir du *Cyrus*, où les Massagètes et leur reine tiennent une si belle place, qui n'est pas hors de propos dans une pièce sur les *précieuses*.

vache d'Angleterre ou de marroquin ; du moins sçay-je bien qu'ils avoient un demy-pied de haut, et que j'estois fort en peine de sçavoir comment des tallons si hauts[1] et si delicas pouvoient porter le corps du marquis, ses rubans, ses canons et sa poudre. Jugez de l'importance du personnage sur cette figure, et me dispensez, s'il vous plaist, de vous en dire davantage ; aussi bien faut-il que je passe au plus plaisant endroit de la pièce, et que je vous dise la conversation que notre Precieux et nos Precieuses eurent ensemble :

Dialogue de Mascarille, de Philimène et de Climène.

CLIMÈNE.

L'odeur de votre poudre est des plus agreables,
Et votre propreté des plus inimitables.

MASCARILLE.

Ah ! je m'inscris en faux ; vous voulez me railler :
A peine ay-je eu le temps de pouvoir m'habiller.
Que dites-vous pourtant de ceste garniture ?
　La trouvez-vous congrüante à l'habit ?

CLIMÈNE.

C'est Perdrigeon tout pur.

---

1. V., sur ces hauts talons, qu'on appeloit *talons à pont-levis*, une note de notre tome 3, p. 261.

Philimène.

Que monsieur a d'esprit !
L'esprit mesme paroist jusque dans la parure.

Mascarille.

Ma foy, sans vanité, je croy l'entendre un peu.
Madame, trouvez-vous ces canons du vulgaire?
Ils ont du moins un quart de plus qu'à l'ordinaire ;
Et, si nous connoissons le beau couleur de feu,
Que dites-vous du mien?

Philimène.

Tout ce qu'on en peut dire.

Climène.

Il est du dernier beau ; sans mentir, je l'admire.

Mascarille.

Ahy ! ahy ! ahy ! ahy !

Philimène.

Hé bon Dieu ! qu'avez-vous?
Vous trouvez-vous point mal?

Mascarille.

Non, mais je crains vos coups.
Frappez plus doucement, Mesdames, je vous prie.
Vos yeux n'entendent pas la moindre raillerie.
Quoy, sur mon pauvre cœur toutes deux à la fois !
Il n'en falloit point tant pour le mettre aux abois.
Ne l'assassinez plus, divines meutrières.

CLIMÈNE.

Ma chère, qu'il sçait bien les galantes manières !

PHILIMÈNE.

Ah! c'est un Amilcar, ma chère, assurement[1].

MASCARILLE.

Aimez-vous l'enjoué ?

PHILIMÈNE.

Ouy, mais terriblement.

MASCARILLE.

Ma foy, j'en suis ravy, car c'est mon caractère ;
On m'appelle Amilcar aussy pour l'ordinaire.
A propos d'Amilcar, voyez-vous quelque auteur ?

CLIMÈNE.

Nous ne jouissons pas encor de ce bonheur,
Mais on nous a promis les belles compagnies
Des autheurs des poesies choisies.

MASCARILLE.

Ah ! je vous en veux amener :
Je les ay tous les jours à ma table à dîner ;
C'est moy seul qui vous puis donner leur connoissance.
Mais ils n'ont jamais fait de pièces d'importance.

---

1. Amilcar est le personnage plaisant, ou du moins prétendant l'être, du roman de Clélie. On disoit, comme ici, *être un Amilcar*, pour dire *être enjoué*. (*Grand Dictionnaire des Precieuses*, Paris, 1660, p. 21.)

J'aime pourtant assez le rondeau, le sonnet ;
J'y trouve de l'esprit, et lis un bon portrait
Avec quelque plaisir. Et vous, que vous en semble ?

CLIMÈNE.

Lorsque vous le voudrez nous en lirons ensemble ;
Mais ce n'est pas mon goust, et je m'y connois mal,
Ou vous aimeriez mieux lire un beau madrigal.

MASCARILLE.

Vous avez le goust fin. Nous nous meslons d'en faire.
Je vous en veux lire un qui vous pourra bien plaire :
 Il est joly, sans vanité,
 Et dans le caractère tendre.
 Nous autres gens de qualité
 Nous savons tout sans rien apprendre.
Vous allez en juger, ecoutez seulement.

Madrigal de Mascarille.

Ho ! ho ! je n'y prenois pas garde :
Alors que sans songer à mal je vous regarde,
Vostre œil en tapinois me derobe mon cœur.
O voleur ! ô voleur ! ô voleur ! ô voleur [1] !

---

1. Il avoit couru dans le commencement du siècle, et peut-être couroit-il encore, une chanson dont Molière a bien pu s'inspirer pour ce burlesque madrigal. La voici telle que nous l'avons trouvée dans la *Fleur des chansons nouvelles*, Paris, 1614, in-12, p. 385 :

  Ah ! je le voy, je le voy ;
  Arrestez-le, mes amis.

CLIMÈNE.

Ma chère, il est poussé dans le dernier galant,
Il est du dernier fin, il est inimitable,
Dans le dernier touchant ; je le trouve admirable.
Il m'emporte l'esprit. . . . .

> Dans ce logis il s'est mis,
> La dame l'aime, je croy.
> Son sein est le receleur
> De ses larcins entrepris.
> O voleur ! ô voleur ! ô voleur !
> Rends-moy mon cœur, que tu m'as pris.
>
> Dame, ne te fie en luy :
> Il te fera comme à moy;
> Un larron n'a point de foy,
> Il ne faut prendre aujourd'huy.
> Rends-le donc pour ton honneur,
> Ou je crierai à hauts cris :
> O voleur! ô voleur ! ô voleur !
> Rends-moy mon cœur, que tu m'as pris.

Aucun commentateur de Molière n'avoit encore retrouvé cette chanson, qu'il est si à propos, selon moi, de rapprocher du madrigal de Mascarille; aucun non plus n'a rappelé certain couplet de cantique dans lequel l'abbé Pellegrin trouve moyen d'être sérieusement, dévotement, plus bouffon que le grotesque marquis. Il se chante sur l'air : *Loin de moi, vains soupirs* :

> Au voleur ! au voleur !
> Jesus me derobe le cœur,
> Et je ne saurois le reprendre.
> Ah ! ah ! ah ! que me sert-il de crier?
> Il entend si bien son metier
> Que l'on ne sauroit s'en defendre.

(*Cantiques* de l'abbé Pellegrin, Lille, 1718, in-8, p. 32.)

Mascarille.

Et ces voleurs, les trouvez-vous plaisans ?
Ce mot de tapinois ?

Climène.

Tout est juste, à mon sens.
Aux meilleurs madrigaux il peut faire la nique,
Et ce ho! ho! ho! ho! vaut mieux qu'un poeme epique.

Mascarille.

Puisque cet impromptu vous donne du plaisir,
  J'en vay faire un pour vous tout à loisir :
  Le madrigal me donne peu de peine,
Et mon genie est tel pour ces vers inegaux
    Que j'ai traduit en madrigaux,
    En un mois l'histoire romaine.

Si les vers ne me coustoient pas davantage à faire qu'au marquis de Mascarille, je vous dirois, dans ce genre d'ecrire, tous les applaudissements que les Precieuses donnoient au Precieux. Mais, Madame, mon antousiasme commence à me quitter, et je suis d'advis de vous dire en prose qu'il vint un certain vicomte remplir la ruelle des Precieuses, qui se trouva le meilleur des amis du marquis : ils se firent mille carresses, ils dancèrent ensemble, ils cajollèrent les dames ; mais enfin leurs divertissements furent interrompus par l'arrivée des amants mal traittez, qui malheureusement etoient les maîtres des Precieux. Vous jugez bien de la douleur que cet accident causa, et la honte des Precieuses lors qu'elles se virent ainsi bernées. Suffit que la farce finit de cette sorte, et que je finis aussi ma longue lettre, en vous protestant que je suis avec tout le respect imaginable,

     Madame,
   Votre très humble et très obeyssante servante,
       DDDDDD.

Histoire miraculeuse de trois soldats punis diviniment pour les forfaits, violences, irreverences et indignités par eux commises avec blasphèmes execrables contre l'image de monsieur saint Antoine, à Soulcy, près Chastillon-sur-Seine, le 21 jour de juin dernier passé (1576).

Troyes, Nicolas Nuce. In-8.

L'an mil cinq cens soixante et seize, le vingt-uniesme jour de juin, Monsieur frère du roy[1] estant à Chastillon-sur-Seine, et la garde de son infanterie logée au village de Soulcy, distant d'une lieue ou environ du dict Chastillon, trois soldats de la dicte infanterie, oysifs, estans près l'eglise du dict lieu, au devant de laquelle y avoit une grande image de saint Antoine eslevée en pierre, après plusieurs propos scandaleux par

---

1. Le duc d'Alençon, frère de Henri III, dont il avoit repris depuis très peu de temps le titre de duc d'Anjou. Il commandoit l'armée catholique, et l'on va voir par ce qui est ici raconté que les soldats n'étoient pas des plus dévots pour la foi qu'ils défendoient. On n'eut pas fait pis dans le camp des huguenots.

eux tenuz de la dicte image par derision, l'armèrent d'un morion et d'une hallebarde, luy disans ces mots avec grands et execrables blasphèmes : Si tu as de la puissance, monstre la presentement contre nous, et te defends. Et, ce disans, ruèrent plusieurs coups des armes qu'ils avoient sur la dicte image; de quoy non contents, l'un d'eux tira contre icelle image deux ou trois harquebuzades, de l'une desquelles fut frappée icelle image en la face, entre la lèvre basse et le menton, et au mesme instant le dict soldat, s'escriant à haute voix, dist ces mots : Je brusle, et tomba mort en terre, en la face duquel et au mesme endroit que la dicte arquebuzade avoit atteint ladicte image, apparut le feu qui le bruloit au dedans de la bouche, qui encore continuait après sa mort.

Le second desdits soldats s'estant pareillement escrié par plusieurs fois qu'il brusloit, pensant eviter ce tourment par eaue, se seroit precipité dedans une rivière proche du dict lieu, où incontinent il auroit esté suffoqué et noyé.

Le tiers, voyant la persecution de ses deux compagnons, tomba esvanouy en la place, et fust porté en un logis proche du dict lieu, saisy d'une fiebvre chaude et si violente que ce fut chose admirable à ceulx qui le voyoient, entre lesquels aucuns des dictes troupes, ses parents et amis, catholiques, eurent soudain recours à l'eglise, et, ayant recouvert un prestre, firent chanter une messe devant la dicte image, à laquelle un peuple infiny assistant, tant soldatz que habitants du dict lieu, se mcirent en devotion et firent tous unaniment prières à Dieu pour ce pauvre miserable ; et, après la dicte messe celebrée et autres prières et ceremonies faictes, allèrent vers le patient, où, ayant esté dictes aultres prières et oraisons, le dict prestre luy baillant de l'eaue beniste, soudain iceluy patient revint à soy, et, recognoissant sa faute, tendant les mains sus, crioit misericorde à Dieu, accusant sa faute, avec humble requeste aux assistans d'orer et interceder pour luy ; ce qui fut faict, et par la grace de Dieu reduict en sa première convalescence, comme il est encore aujourd'hui. C'est acte veritable, et tesmoigné par plus de trois mille personnes, donne exemple à toutes personnes vivans soubs la crainte de Dieu et en l'obeissance de son eglise de venerer et honorer les images des saincts, lesquelles, combien qu'elles ne soient ce qu'elles representent et que de soy n'ayent divinité, sinon en tant qu'elles sont dediées et consacrées à Dieu, en memoire du saint qu'elles representent, toutefois servent de memoire et advertissement, non seulement pour imiter les bonnes œuvres des glorieux saints, desquels la vie vertueuse a esté agreable à Dieu, mais aussi pour prier iceux saints d'estre intercesseurs vers Dieu pour nous ; et aussi que le mepris et contemnement d'icelles images ne peut estre sans grande offense, à cause de la dicte representation, ainsi que les histoires ecclesiastiques declarent ; dont la vindicte est reservée à la puissance de Dieu.

Le fantastique repentir des mal mariez.

S. l. n. d. In-8[1].

Si tu te plains que ta femme est trop bonne
L'ayant gardée trois semaines en tout,
Attens un an, et tu perdras à coup
L'occasion de t'en plaindre à personne.

Mais, si elle est malicieuse et fière,
Par bon conseil, ne l'en estime moins :
Je prouveray tousjours par bons tesmoins
Que la meschante est bonne mesnagère.

Si par nature elle est opiniastre,
Commande-luy toute chose à rebours,
Et tu seras servy suivant le cours
De ton dessein, sans frapper ny sans battre.

Si au bourbier menteur elle se plonge,

[1]. Cette pièce a été donnée par M. G. Duplessis, mais avec quelques retranchements, dans le charmant recueil qu'il a fait paroître sous le titre de *Petit trésor de poésie récréative*, etc., par Hilaire-Le-Gay. Paris, Passart, 1850, in-32, p. 150. M. Duplessis n'en a pas trouvé la date, mais il la place parmi les poésies du XVIIe siècle.

Croy le rebours de ce qu'elle dira,
Et tu verras qu'elle te servira
De verité, pensant dire mensonge.

Si elle dort la grasse matinée,
C'est ton profit, d'autant qu'elle n'a pas
Tel appetit quand ce vient au repas,
Et son dormir luy vault demy-disnée.

Si elle faict la malade par mine,
Va luy percer la veine doucement,
Droict au milieu, et tu verras comment
Tel esguillon luy porte medecine.

Si elle est vieille ou malade sans cesse,
Tu la sçauras sage contregarder,
Attendant mieux, et si pourras garder
Pour un besoin la fleur de ta jeunesse.

Si tu te plains que ta femme se passe
De faire enfans, par faute d'un seul point,
Sois patient : mieux vaut ne s'en voir point
Que d'en avoir qui font honte à leur race.

Mais, si tu dis que la charge te presse
D'enfans petits, dont la teste te deult,
Ne te soucie, il n'en a pas qui veut :
Ils t'aideront à vivre en ta vieillesse.

Si quelquefois du vin elle se donne,
Cela luy faict sa malice vomir ;
C'est un potus [1] qui la faict endormir ;
Femme qui dort ne faict mal à personne.

Si le ciclope a tasché son visage

1. *Potus*, potion.

D'une laideur qui ne se peut oster,
C'est pour du jeu d'amour te desgouter :
Qui moins le suit est reputé pour sage.

D'autre costé, ne sortant de ses bornes
En beaux habits, la blancheur de son taint
Ne te fera de jalousie attaint,
Ains te rendra franc de porter les cornes.

Si bien parée elle feint l'amiable [1]
Sortant dehors, je te diray pourquoy :
C'est pour complaire à autruy plus qu'à toy,
Veu qu'au logis elle ressemble un diable.

Si tu me dis que toujours elle grongne,
C'est pour tenir en crainte sa maison ;
Il m'est advis qu'elle a quelque raison,
Veu qu'en grongnant elle fait sa besongne.

Si elle est brave et superbe sans honte,
Tel te dira aujourd'huy et demain :
Bonjour, Monsieur, le bonnet en la main,
Qui paravant de toy ne faisoit conte.

Si, gracieuse en tenant bonne geste,
Au decouvert son beau sein elle a mis,
C'est qu'elle veut donner à tes amis
Opinion très bonne de son reste.

Mais, si elle a joué son pucellage,

---

1. Ce mot, qui ne s'emploie plus que dans la langue du droit, avoit alors le sens d'aimable, de commode. On le rencontre très fréquemment. Au XVIIIe siècle, il étoit devenu hors d'usage, et on ne s'en servoit plus qu'en le soulignant. V. Lettres de Mme du Deffand, t. 2, p. 369.

N'en sonne mot : celui qui l'a gaigné
Perdant le sien, libre t'a espargné
Un grand travail; c'est autant d'avantage.

    Si elle faict à tes amis service
De corps et biens, par liberalité,
Elle vaut plus que tu n'as merité :
Elle n'est point subjecte à l'avarice.

    L'avarice est un vice miserable ;
L'on voit souvent qu'un faquin usurier
Va choisissant tel pour son heritier
Qui le voudroit voir mort sur une table.

    L'avare encore à un pourceau ressemble,
Duquel jamais honnesteté ne sort
Pendant qu'il vit ; mais, depuis qu'il est mort,
Tous les voisins en font grand' chère ensemble.

    Si tu me dis qu'elle est insatiable,
Ne se pouvant d'aucun gain contenter,
Après sa mort tu te pourras venter
D'avoir trouvé le butin amiable.

    Si tu te plains qu'elle a mauvaise teste,
Il m'est avis que tu te fais grand tort :
Elle en fera le vinaigre plus fort ;
Au demeurant elle est sage et honneste.

    Si elle court et souvent se pourmeine
Par cy, par là, n'a-elle pas raison ?
C'est pour laisser la paix en ta maison :
Quand elle y est, trop de bruit elle y mène.

    Si tu la dis mauvaise mesnagère,

N'espargnant rien pour faire un hoschepot [1],
Elle s'adonne à escumer le pot :
Vive tousjours la bonne cuisinière !

Si elle a faict voler son mariage
En gros estat et dissolutions,
Tu l'as permis par vaine ambition :
C'est pour te rendre en tes vieux jours plus sage.

Si ta femme est de pauvre parentage,
N'en sois fasché, car le riche apparent,
Prompt au mespris de son pauvre parent,
Ne luy sert plus que d'un fascheux ombrage.

Socrates fut homme plein de science,
Qui, se voyant de sa femme outragé,
Ne la voulut battre comme enragé,
Mais fut contrainct de prendre patience.

FIN.

[1]. Hachis de bœuf qu'on faisoit cuire dans un pot avec des marrons, des navets et toutes sortes d'assaisonnement. On l'appeloit aussi *pot-pourri*. Rabelais compare à un mets de ce genre l'assemblage des moines mendiants de toute robe qui couroient le monde, toujours se perpétuant, et il place à leur intention, dans la *librairie* de Saint-Victor, le *hochepot des perpetuons*.—Le *hochepot* étoit encore une de ces soupes au grand pot qui se mettoient sur la table dans le vase même où elles avoient cuit. Elles sont vantées dans un des contes d'Eutrapel comme un *vrai restaurant et elixir de vie*.

Dixain[1].

ouvent flateurs de la bende se tiennent,
Disant : Monsieur, très bien est vostre dit,
Et par flateurs ces gens bendez maintienne t
Parmy les grands la force du credit.
Le bon conseil a donc est interdit,
Car il ne veut en ce point se bender,
Craignant enfin devant Dieu l'amender,
Dont luy seclus [2] les bandez de fallace
Craignant le sort ; mais, après desbender,
Dieu remettra le bon conseil en grace.

1. Ce dixain, qui est évidemment d'une autre époque que le reste de la pièce, n'a pas été reproduit par M. G. Duplessis.
2. *Eloigné*.

Le reconfort des femmes qui se plaignent de l'absence et deffaut de leur mary.

i ton mary çà et là se pourmeine
Pour changer d'air, n'en ayez pensement :
Il faict cela pour ton soulagement
Et pour dispos te relever de peine.

Mais, s'il y prend chose que dire il n'ose,
Pour avoir, sot, en eau trouble pesché,

Le voilà bien puny de son peché !
Laisse-le à part, sa santé se repose.

S'il a perdu en son aage d'enfance
Un grain des siens, tu n'y prens pas plaisir,
Tu m'entens bien ; mais il vaut mieux choisir
Un bon tesmoing que deux sans souvenance.

Si ton mary va son argent despendre
A la taverne, il a quelques raisons :
On ne despend pas tant à la maison,
Et l'ordinaire en est quelque peu moindre.

Si tous les jours comme insencé il crie,
Tempestatif, cholère, sans repos,
Faisant mestier de battre à tous propos,
Endure tout : bien ayme qui chastie.

Si, chargé d'ans, il s'accoustume au jeusne,
Ne pouvant plus à la chasse trotter,
Tu sais qu'il faut vieillesse supporter ;
Sois patiente : après le vieil un jeune.

Si à pourvoir sa maison il ne pense,
En temps et lieu, de charbon et de bois,
Tu n'en mettras pas tant à chasque fois
En ton fouyer, pour eviter despense.

Si tu pretens l'accuser d'avarice,
D'autant qu'il veut son argent espargner,
C'est qu'il a eu de peine à le gaigner ;
Ne t'en soucie : espargner n'est pas vice.

Si, soupçonneux, il n'a ny goust ny grace,
Ne s'esmouvant pour gay te caresser,
De ses faveurs il te convient passer.
Repose-toy, tu en seras plus grasse.

Si à jouer son argent il s'adonne,

Il a desir de riche devenir ;
Mais il ne veut jamais se souvenir
Que l'homme droict ne fait tort à personne.

S'il est parfois chagrin et fantastique,
Il doit avoir quelque perfection
Pour contre-poids de l'imperfection :
L'homme d'esprit est souvent lunatique.

Si de bonne heure en soudaine manière
Il a son bien et le tien despendu,
N'en fais semblant, tu n'as pas tout perdu :
Tu t'es aidée à en faire grande chère.

Si par excès l'humeur froid le tourmente,
Pour aller doux il laisse le courir,
Ne te pouvant au besoin secourir :
Femme d'honneur de bien peu se contente.

S'il ne faict cas d'ouir ta remonstrance,
Voulant tousjours à sa teste obeir,
Si mal luy vient, ne te veuille esbahir :
Conseil de femme est meilleur qu'on ne pense.

S'il a esté forgé du costé gauche,
Et toy lignée à rebours de raison,
Vous n'aurez point de bruit en la maison ;
Quant à ce poinct, vous vivrez sans reproche.

Quand un homme mal plaisant le resveille,
Luy demandant quelque debte payer,
S'il est faché, ne t'en veuille esmayer [1] :
Faute d'argent est douleur non pareille [2] !

S'il va faignant une folle simplesse

1. Pour *esmoyer*, émouvoir.
2. Refrain de chanson qui, après avoir couru pendant le

En tems et lieu, il n'y a nul danger ;
Asseure-toy que, pour s'advantager,
Il convertit sa folie en sagesse.

Si sous son ongle un glus tirant s'amasse [1],
Tu mangeras du gibier appresté,
Car par malheur l'homme au droict arresté
Ne prend plus rien s'il ne va à la chasse.

S'il est un sot superbe sans doctrine,
Voilà le train des jeunes maintenant,
Il parviendra, mais qu'il soit souvenant
De parler peu et tenir bonne mine.

Mais, s'il dispute, il tombera en friche.
Pauvrette, helas! de quoy te fasches-tu?
Tout le sçavoir n'y sert pas d'un festu,
Il gaignera moyennant qu'il soit riche.

Si bien pensant [2] il s'adonne à l'estude,
Il pincera (sans rire) l'argent et l'or ;
Tu garderas la clef de son thresor,
Prenant repos sans grand' sollicitude.

XV⁰ et le XVI⁰ siècles — nous l'avons encore trouvé jusque dans Rabelais, — finit par rester comme proverbe.

1. De la *glu*, de la *poix*, dont il fait bon s'enduire les mains quand on veut voler. De là venoit que le mot *picare* signifioit à la fois poisser et voler, et que *poissard* se prit d'abord pour voleur: « Poisard *pro fure habetur* », dit Jacq. Sylvius dans son *Isagoge*. Paris, 1531, p. 4.—C'étoit un procédé larron renouvelé de voleurs de l'antiquité. Martial a dit de l'un deux, qu'il compare au fils de Mercure, patron de cette industrie :

    Non erat Autolyci tam *piceata* manus.

2. Var ; *Pensatif*.

S'il est soldat et amy de la guerre,
Par son respect on te respectera.
A son retour, brave, il t'apportera
Quelque joyau venant d'estrange terre.

Si quelquefois le rheume le tourmente,
Tel humeur vient ses poulmons arrouser,
Ce rheume peut à la mort s'opposer,
Coupant chemin à une fièvre ardente.

S'il est vexé d'une morne[1] paresse,
Il s'en ira de bonne heure coucher :
Tu ne craindras qu'il te vienne empescher
Le doux effect d'une libre promesse.

Si, impudent, sans mesure il se prise,
Entrant partout comme un audacieux,
Laisse-luy faire, il n'en vaudra que mieux :
A telles gens fortune favorise.

Si, affronteur, il vante sa richesse,
Il te fera tousjours brave marcher ;
Quand il s'ira par contrainte cacher,
Tu demeureras du bien d'autruy maistresse.

Si à mal faire hardy il se dispose,
N'estant jamais d'aucun bien desireux,
Pense qu'il n'est homme si malheureux
Qui, employé, ne serve à quelque chose.

FIN.

1. Var : Froide.

Quatrains [1].

'ai attendu, pour avoir mieux,
A m'enrichir sur mes ans vieux;
Par Juppiter, moy, mes enfans,
Vous pouvez voir fort triumphans.

Puis que je suis où pretendois,
De Juppiter conduicts les droicts :
J'ay d'amis plus que d'ennemis,
Les escus sont mes bons amis.

M'apporte qui voudra l'escu,
Au jeu d'amour tout despendu.

1. M. G. Duplessis ne les a pas donnés.

Le grand procez de la querelle des femmes du faux-bourg Saint-Germain avec les filles du faux-bourg de Mont-marte sur l'arrivée du regiment des Gardes [1]. *Avec l'arrest des commères du faux-bourg Saint-Marceau, intervenu en la dicte cause.*

A Paris, imprimé de jour et se vendent en plain midy.

M. DC. XXIII.
In-8.

L'envie apporte de grands maux parmy la société humaine; c'est une furie qui est embrassée indifferemment de tout le monde et qui se laisse tirer à un chacun par la queue, comme le diable d'argent qu'a fait peindre le curé de Mille-Monts [2] sur son almanach.

---

1. Après ses expéditions dans le Midi, Louis XIII étoit rentré dans Paris avec son régiment des Gardes, au mois de janvier 1623. La pièce que nous donnons ici fut écrite à cette occasion.

2. Sur ce faiseur d'almanachs, V. notre édition des *Caquets de l'Accouchée*, p. 65, 66. L'image grotesque dont il

Tout ne se mène que par l'envie ; c'est le ressort de nos affaires ; l'envie nous engendre : car, si une femme n'avoit point d'envie de multiplier sa race, elle n'engendreroit jamais ; l'envie nous nourrit et alimente : car, si l'on n'avoit envie de manger, en vain la nature nous auroit donné des dents ; et l'envie nous fait mourir, et toutefois elle ne meurt jamais [1].

C'est ceste envie qui a esté cause de ce grand, ce difficile, cet authentique, superliquoquentieux et estrange procez intervenu entre les filles du fauxbourg de Montmarte et les femmes du faux-bourg Sainct-Germain, que nous avons aujourd'huy sur le bureau, et ce à mesme temps qu'elles ont veu arri-

---

illustroit ses prophéties, et qui n'est qu'une imitation de la dernière figure de certaines *danses macabres*, où l'on voit ainsi un musicien tirer le diable par son *appendice caudal*, a sans doute été pour quelque chose dans la popularité de l'expression qui court encore, à l'usage des nécessiteux : *tirer le diable par la queue*. La gravure d'un almanach du même temps a peut être aussi contribué à rendre populaire cette autre locution : *prendre la lune avec les dents*. Il y est ainsi fait allusion dans le *Francion* de Sorel (1663, p. 254) : « Imaginez-vous voir ces preneurs de lune qui sont en l'almanach de l'année passée, où les uns taschent de l'attraper avec des échelles qui s'alongent et s'accourcissent comme l'on veut, et les autres avec des crochets, des tenailles et des pincettes. » Peut-être s'agit-il encore là d'un almanach du curé de Milmont, car plus loin, p. 454, Sorel en parle.

1. C'est à peu près le vers de Molière dans *Tartuffe* (ac. V, sc. 2) :

   Les envieux mourront, mais non jamais l'envie.

Il l'avoit trouvé tout fait dans la *Comédie des Proverbes*.

vér le regiment des Gardes : procès solemnel, procès qui doit être jugé en robbe jaune, procès où il ne faut point mander huictaine d'advis; procès qui sera jugé sur le champ, comme appert par l'histoire ; procès où les despens seront plus chers que le fonds dont il s'agit; procès où il fera bon avoir des espices[1], car plusieurs y seront poivrés ; en fin, c'est un procès dont on n'a jamais ouy parler, et le peut-on nommer le procès des procès.

Le mercredy qui estoit le jour dont la veille et le jeudy estoient distants de deux fois vingt-quatre heures, à laquelle journée arrivèrent à grand foule, le tambour sonnant et les enseignes desployées, les soldats des Gardes tant désirés à Paris, s'assemblèrent dans le fauxbourg Sainct-Germain grande quantité de femmes, soy disant coureuses[2], vagabondes, regratteuses de, etc., le tout en très bel ordre, le cul devant et les mains derrière, les talons usez[3], la chemise retroussée à l'endroit des manches, une serviette sous le bras (car c'est maintenant la coustume), les quelles, après avoir generallement desploré la triste fortune dont elles avoient esté agitées pendant l'absence de l'armée et durant le froid de

---

1. Sur ces *épices*, qui étoient alors les honoraires de la magistrature, V. notre t. 2, p. 179, note.

2. Sur ces *filles* du faubourg Saint-Germain, V. notre t. 1, p. 208, 219, note.

3. On disoit que ces dames avoient les talons courts et ne tomboient qu'en arrière :

Si fait bien Marion qui ne chet qu'en arrière...

(*Les Satyres* du sieur du Lorens, 1624. in-8, p. 146.)

l'hiver, que les bleds estoient couppez, une des plus vieilles se leva, le front ridé et la chemise entre les jambes : C'est assez, dit-elle, c'est assez pleurer ; toujours le vent de bise ne sifle et ne descoche ses froidures ; après l'hyver vient le prin-temps. C'est trop semer, il nous faut recueillir : voicy l'automne arrivé ; nous l'avons plustost trouvé que le prin-temps. Courage ! nostre gaignage est revenu. Nous avons doresnavant force besongnes ; si nous ne pouvons travailler de la pointe et que nostre esguille soit rompue, nous travaillerons du cul. Je disois tousjours bien que ces malheurs ne dureroient pas long-temps, et qu'enfin nous trouverions le moyen de gagner nostre vie. Il n'y a icy qu'une chose qui nous peut donner du doubte : peut estre que les filles du faux-bourg de Montmarte[1] ou celles du faux-bourg Sainct-Victor[2] voudront avoir part au gasteau ; car on m'a donné advis l'autre jour qu'il y avoit un grand nombre de nostre compaignie qui y estoient allées louer des chambres (car, pour les boutiques, elles les portent tousjours quant à elles). Si cela est, c'est un grand procez que nous allons avoir sur les bras, et, à vray dire, il nous faudra toutes en cecy contribuer.

— Mamie, luy fit une jeune guillerette qui a le vi-

1. Elles étoient surtout en nombre dans le quartier, alors tout neuf et pourtant fort mal habité, de la Villeneuve-sur-Gravois, et dans les environs de la rue des Fossés-Montmartre, où elles logeoient pêle-mêle avec les gueux. V. Tallemant, édit. in-12, t. 9, p. 23.

2. Dans la rue du Champ-Gaillard et ses environs. V. notre t. 3, p. 44, note.

sage assez frais, mais qui a le cul chaud, nous ne devons craindre de ce costé-là. Voicy la foire qui vient : nous aurons toute la marchandise, la chalandise, les marchands et les chalans, et le pis sera que nous ne pourrons trouver de trous assez pour les mettre ; et puis, de toute antiquité, ce faux-bourg n'a-il point cette prerogative par dessus les autres que d'estre le repertorium des meilleures pièces de Paris ? C'est le siége et la demeure ordinaire de Venus, le palais authentique de la verolle, l'antichambre des chancres, le cabinet des chaudes pisses, l'estude ordinaire de la cristaline, l'estable des poulains, l'escurie des morfondus, le retrait des coupeurs de bourses et le séjour des maquereaux ; personne, pour qualité excellente qu'il aye, ne nous peut oster les advantages.

— Vous dites vray, dit une petite camuse qui est arrivée fraischement de l'armée : mais vous ne parlés pas des coups d'espée ny des coups de baston que nous recevrons si nous envoyons quelque pauvre diable au royaume de Suède. — Il ne faut pas craindre de ce costé, respondit une petite brunette qui s'en mesle depuis huict jours : j'ay cinq ou six laquais de nostre costé, et puis si quelqu'un est attrappé à ce jeu, et qu'il prenne l'as de trèfle pour celuy de pique, c'est sa faute : il n'a qu'à se servir d'une lunette d'Holande [1], et regarder droit au but.

1. Sur ces lunettes, d'invention nouvelle, qu'on appeloit aussi lunettes d'Amsterdam, V. notre édition des *Caquets de l'Accouchée*, p. 253, note. — Dans les *Méditations de l'hermite Valérien* (Recueil de pièces contre le connétable

— Mais parlons un peu de nostre gaignage, respondit une vieille qui avoit fait son temps. Pour moy, je demeure auprès de Sainct-Supplice ; mais jusques icy mes chalans ordinaires ne m'ont pas abandonné. Si les filles du faux-bourg de Montmarte veulent causer, nous soustiendrons l'effort et l'assaut. Pour moy ny mes compaignes, nous ne nous rendrons jamais ; je me coucheray plus tost que de me rendre. Si d'adventure on regarde au nombre, nous sommes en plus grande quantité qu'elles ; nous en fournirons toujours six contre une.

— Je vous diray, ma mère, fit une grande Jaqueline qui avoit demeuré durant les troubles au faux-bourg de Montmartre, on y fait quelquefois des profits ; mais pour le jourd'huy le mestier est bravé : nous avons beau coudre et filer, à peine gaignons-nous le louage de nos chambres ; c'est la cause pourquoy je me suis reléguée en ce cartier, pour voir si la fortune ne me sera point plus favorable durant la foire [1]. — Le temps des foires ! fait une rieuse : c'est le temps des vendanges ; en toute l'année on ne sçauroit trouver foire à meilleur marché. — Nous ne sommes pas icy pour rire, ma cousine, fit une courtisanne à la mode ; il nous faut adviser à nous deffen-

de Luynes, *Paris*, 1626, in-8, p. 302), il est parlé de *lunettes de Hollande* « dont use le duc de Bouillon pour prendre de loin les visées, et desquelles monsieur le prince auroit grand besoin de s'ayder, encore plus le comte de Soissons. »

1. La foire Saint-Germain, qui s'ouvroit le 3 février et finissoit la veille du dimanche des Rameaux. Il paroîtroit par ce passage que la publication de cette pièce suivit de près le retour du régiment des Gardes, qui, comme nous

dre : car, comme j'alois hier à la porte Sainct-Anthoine avec les autres, j'entendis sourdement dire à trois ou quatre bonnes gens que les filles du fauxbourg Momtmarte avoient envie de nous adjourner, et, à faute de comparoistre, qu'on nous jugeroit par contumace.

Ainsi qu'elle achevoit ces mots, voicy une vieille hipocondriaque de damoiselle, du quel le né estoit une vraye goutière qui incessamment couloit (à ce que porte l'histoire), laquelle, ayant levé son masque à demy pourry, salue l'assistance à la mode des femmes, le cul ouvert et la bouche fermée. Je suis très joyeuse (dit elle) de vous trouver en ce lieu : car je croy qu'il estoit impossible d'aggreger toutes les coureuses du faux-bourg Sainct-Germain en un corps, pour la quantité. Toutefois, puisque vous vous estes rencontrées si à propos, je suis venu icy vous apporter un adjournement personnel, pour vous voir estre condamnées à vous desister et debouter de l'esperance que vous avez conceüe de faire vos jours gras avec les nouveaux venus. Nos pretensions sont que cela nous appartient, et que c'est nostre droict; lequel perdre, ce seroit renverser tous nos statuts, et nos priviléges tant anciens que modernes.

Le jour de l'assignation sera sabmedy prochain,

l'avons dit, avoit eu lieu en janvier. Dans un petit poème fort curieux qui, sous ce titre : *Semonce à une demoiselle des champs pour venir passer la foire et les jours gras à Paris* (Paris, 1605, in-8), n'est qu'une description très détaillée de la foire Saint-Germain, il est parlé longuement des filles de joie qui y faisoient leurs caravanes.

par devant les commères du faux-bourg Sainct-Marceau, où celuy qui aura le droit le conservera au mieux qu'il pourra.

Ceste harangue estonna de prim'abord la compaignie. Une bossue, qui avoit esté autrefois regrateuse de parchemin, va dire : Mais, Madamoiselle, vostre ajournement est-il fait à domicile? A quelle heure faites-vous vos affaires? — Ma mie (fit l'autre), j'ay gardé la coustume : je suis femme d'un sergent de Sainct-Lazare ; ce n'est pas d'aujourd'huy que je dresse des committimus [1], en l'absence de mon mary ; il y a longtemps assez que je sçavois comment il faut donner une assignation. Soignez seulement à l'heure que je vous donne.

Une grande hacquenée à toute selle se lève debout : Et bien, voilà bien parlé ! mercy de ma vie ! ouy nous irons. Craignés-vous que nous n'osions comparoistre? Si nous n'y pouvons aller de front, nous irons de cul et de teste.

Le jour venu, il fallut comparoistre. Jamais en ma vie je n'avois veu tant d'avant-coureuses pour un jour ; il n'y avoit coin, trou, rue ne destour, qui ne fust remplie de ceste racaille.

Pleust à Dieu que la rivière des Gobelins qui vient de Gentilly se fust desbordée comme jadis [2] ! elle eut fait un grand bien pour Paris. Il ne me souvient plus bonnement du lieu où se faisoit l'assemblée ;

1. Lettre de chancellerie accordée par le roi à ceux qui avoient leurs causes *commises* aux requêtes du Châtelet.

2. Sur une de ces inondations, qui ne suivit que de trop près ce que dit cette commère, puisqu'elle eut lieu en 1625, V. notre t. 2, p. 221 et suiv.

toutefois, c'estoit entre la porte Sainct-Jacques et celle Sainct-Victor, ce me semble. La plus effrontée entre, et avec elle quatre ou cinq des putains, je veux dire deputés du faux-bourg Sainct-Germain, parlant pour le corps et aggrégé dudit faux-bourg, qui attendoit dans la rue.

Mes dames, dit-elle, je prens icy le fait et cause de mes compaignes du faux-bourg Sainct-Germain, qui ont un grand procez contre les caqueteuses du faux-bourg de Montmartre, soi-disant seules devoir avoir part à l'allegresse commune que chacun a receu du retour de l'armée. Je soustiens que cela est faux, nonobstant quelque respect qu'on puisse admettre, et le prouve parce qu'il y a tantost un an que nous sommes sans besongnes. Nostre cheminée n'a pas esté ramonée comme elle souloit; nous avons apresté le corps de garde : le regiment estant venu, nous demandons qu'il y entre. Secundo, si nostre moulin, par la longue absence du meusnier, venoit à demeurer oisif, et que les meules, faute de mouvement, vinssent à s'enrouiller, quel desastre y auroit-il en la nature! Quel changement et quelle metamorphose! Nous sommes en un temps que tout se corrompt si on n'y soigne. Conclusion : nous vous demandons que vous ayez à vous deporter sur les lieux, visiter et revoir les logis de l'une et l'autre partie, voir les commoditez, et illec nous juger sur-le-champ et nous assigner à qui doit demeurer le droict.

Celle qui presidoit va dire : Par la vertu nobis ! s'il y a quelque droit, je ne le veux donner ny à l'un ny à l'autre; j'aime mieux le garder pour moy. Seroit-il raisonnable que vous fussiez le singe et nous

les levrettes? Vous vous serviriez donc de nous pour
attirer les chataignes hors du feu [1]! Il n'en ira pas
ainsi. Mais où est vostre partie? Parlez bas, appelez
procureurs. Où est le greffier? Il est allé regratter le
parchemin. Voilà sans doute. Et donc ma commère,
est-ce vous dont est question? Elle parloit à l'adventure pour les filles du faux-bourg Montmartre, qui,
voulant paroistre de jour, s'estoit armé la teste d'un
vieux haillon qu'elle avoit fait blanchir depuis peu.

— Madame, excusez-moy : nous avons maintenant
tant de besongnes que je n'avois peu venir à l'heure;
toutefois, je crois avoir aussi bon droit que nos
parties : il est icy question d'une realité. Nous demandons que seules nous ayons le pouvoir et la puissance de participer aux bonnes graces de nos serviteurs anciens qui sont revenus de l'armée; personne
ne nous peut oster ce droict; nous en pretendons de
bonnes et belles alliances.

La harangue achevée, on entendit un bruit sourd
parmy la chambre, ainsi que seroit le siflement de

---

1. Allusion à un proverbe cité dans les *Essais de Mathu-
rine*, et dont La Fontaine a fait une fable : « *Il faict comme le
singe, qui tire les marrons du feu avec la patte du levrier.* »
V. notre édition des *Caquets de l'Accouchée*, p. 267, note. —
C'est peut-être de ce proverbe que vint l'usage de representer autrefois des *levrettes* sur les *garde-feu* et sur les *chenets*.
Ce dernier mot dérive même, comme on sait, de *chiennet*
(petit chien), à cause des figures sculptées sur les landiers,
étymologie plus simple qu'elle n'en a l'air, et qui rappelle
celle des *robinets* de fontaines, qui vient de ce qu'ils étoient
faits autrefois en têtes de mouton (*robins*). (La Monnoye,
Glossaire des Noëls Bourguignons, au mot *robin*.)

sept ou huict tripières quant elles vont à la chaudière chercher leurs trippes.

La consultation faite de part et d'autre, les advis donnés, les sentences recueillies, celle qui devoit donner l'arrest deffinitif se va planter sur la bouche d'un retrait qui estoit dans la chambre, faute de siége, et prononça ces mots :

*Sentence et arrest
des Commères du faux-bourg Saint-Marceau.*

Attendu que c'est une question de droict, et qu'en cecy plusieurs femmes, tant de Paris que des fauxbourgs, y pourroient estre interessées ; que, d'autre part, on ne peut plumer la poulle si nous n'y sommes presentes ; après avoir le tout veu, releu, corrigé et augmenté, comme appert par nos registres, contumaces, sentences, renvois, appels, etc., nous voulons que les parties soyent absous et contents chacun endroit soy, et ne pourront les dites sus nommées s'injurier ; vivront, traffiqueront et se tiendront paisibles ; nous reservant toutefois une coppie de l'execution de ceste sentence, afin que chacun cognoisse et soit notoire à tous que nous ne voulons pas tellement donner le droict à nos voisins que nous ne le gardions pour nous-mesmes.

Ainsi a esté fait, dit, donné, executé, etc. *Habe chabini chabeas.*

*Fait le lendemain de la veille du jour
que dessus.*

Fin.

*Les Contre-veritez de la Court, avec le Dragon
à trois testes.*

M. DC. XX.

In-8[1].

Absent de ma Philis, toute chose me fasche ;
Mes biens sont sans plaisir et mes maux sans
  relasche ;
Mes sens n'ont plus de sens, et, privez de discours,
Me font voir leurs objects quasi tout à rebours ;
Allant dedans la Cour, revenant dans les villes,
Je trouve les plus sots mieux que les plus habiles,

1. Bien que ce pasquil ait été publié dans le *Recueil des pièces les plus curieuses qui ont été faites pendant le règne du connétable de Luynes* (Paris, 1628, in-12, p. 65), auquel les *Jeux de la Cour* (V. plus haut) ont déjà été empruntés, nous n'hésitons pas à le reproduire. Il est rare, le *Recueil* qui l'a donné n'est pas des plus communs, et nous espérons d'ailleurs ajouter à l'intérêt de la pièce par les notes dont nous l'accompagnerons. En 1628, quand on la réimprima, l'on n'avoit pas besoin de commentaires pour expliquer que tout ce qui s'y trouve sur les hommes et les choses de ce temps n'étoit réellement que *contre-vérités*, comme le dit le titre ; c'étoit chose connue de tout le monde. Aujourd'hui le commentaire est aussi indispensable qu'il étoit inutile alors ; nous avons donc tâché de le faire complet autant que possible. Cette nécessité d'éclaircir par des notes une foule de pièces dont on n'a jusqu'ici publié que le texte

La cour sans mal contans, le Perou sans escus,
La faveur sans envie, et Paris sans coqus;
Les princes sont vallets, et les vallets sont princes;
Que comme les chevaux on barde les provinces;
Qu'il n'est auprès du roy que des gens bien hardis;
Que Théophile va tout droit en paradis[1];
Qu'on ne prend en l'estat pour despecher affaires
Que de saint Innocent les fameux secrétaires[2];
Le president du Vair est marchant de pourceaux[3];

simplement et sèchement sera notre excuse chaque fois que, pour enrichir notre recueil, nous croirons bon de nous prendre à des réimpressions anciennes, comme celles-ci, ou même toutes récentes. C'est le système suivi par M. Anatole de Montaiglon pour ses *Anciennes poésies françoises;* c'est le bon.— Ces *contre-vérités* étoient un genre de plaisanterie satirique, naturellement de mise pour toutes les époques; il ne falloit que le trouver une fois, l'application en venoit ensuite d'elle-même. Nous n'avons donc pas été surpris de rencontrer parmi les *mazarinades* une pièce complétement calquée sur celle-ci, ayant le même titre, les mêmes tours, souvent les mêmes rimes, enfin identiquement semblable, si ce n'est bien entendu pour les personnages, qui ont dû y faire place à d'autres, aussi en évidence pendant la fronde que ceux rappelés ici l'avoient été en 1620. Cette pièce, dont M. Moreau n'a eu garde d'oublier le titre et d'ignorer l'origine, porte le n° 788 dans sa *Bibliographie des mazarinades* (t. 1, p. 234) : LES CONTREVÉRITEZ DE LA COUR. *Quis vetat ridendo dicere verum?* Paris, 1652, in-4.

1. C'est l'époque où les poursuites dirigées contre lui pour le crime d'impiété et d'athéisme commençoient à être le plus actives.

2. On sait que les échoppes des écrivains publics étoient nombreuses autour du charnier des Innocents.

3. L'un des hommes les plus vénérables de ce temps-là. Il

Vautray est chancelier [1], Marais garde des sceaux [2];
Pour gouverner Monsieur, et en faire un chef-d'œuvre,
On envoye querir le bon marquis de Cœuvre [3];
Les Juifs prennent la croix et preschent Jesus-Christ,
Et que le tiers estat porte le Saint-Esprit;
Monsieur fait ce qu'il veut, et que la royne mère,
Sur la foi du Guisar se veut mettre en colère;
L'empereur Ferdinand aime le Palatin [4];
Le duc de Montbazon ne parle que latin [5];

mourut en 1621, peu après avoir été fait garde des sceaux. V. notre t. 2, p. 133, note.

1. Nous ne savons quel est ce Vautray. Il faut peut-être lire Vautier, ce qui, en faisant disparoître l'hiatus, nous donneroit le nom d'un homme qui jouoit un certain rôle alors. Il étoit médecin de la reine mère et se mêloit d'intrigues de cour. Il y gagna d'être mis à la Bastille, lors de la disgrâce de Marie de Médicis (*Mémoires* de Richelieu, collect. Petitot, t. 26, p. 448, 466).

2. Marais étoit le bouffon de Louis XIII. Dreux du Radier, qui a fait l'*Histoire des fous en titre d'office*, ignoroit même son nom. Tallemant (édit. in-12, t. 63, p. 3) est le seul qui en ait parlé.

3. François Annibal d'Estrées, marquis de Cœuvres, frère de Gabrielle, qui étoit alors ambassadeur à Rome. V. sur lui notre édition des *Caquets de l'Accouchée*, p. 149, note.

4. Les démêlés de Ferdinand II, élu empereur en 1619, avec l'électeur Palatin Frédéric V, à qui les Etats de Bohême s'étoient cru le droit de conférer le même titre, furent cause, on le sait, de la guerre de Trente-Ans.

5. Le duc de Montbazon étoit un assez pauvre homme. On pouvoit sans invraisemblance lui faire endosser toutes les naïvetés du sieur de Gaulard. Quoiqu'il sût aussi peu de latin qu'on le donne à entendre ici, monsieur son père, dans un por-

Pontchartrain court un cerf[1], et Castille la bague[2] ;
Rien de si bien disant que madame d'Entrague[3] ;
Que Bassompierre fait l'amour sans dire mot ;
L'evesque de Luçon est un pauvre idiot[4] ;
Barbier est en faveur[5] ; et messieurs de Luynes,

trait qui les représentoit tous deux, lui montroit le ciel du doigt et lui disoit : — *Disce puer virtutem.* « Or, ce *puer*, écrit Tallemant, avoit la plus grosse barbe que j'aie connue ; il paroissoit richement quarante-cinq ans. » (Édit. in-12, t. 4, p. 136.) Bautru, dans l'*Onosandre*, Cabinet Satirique, p. 558, par une double allusion à la naïveté de M. de Montbazon et à la situation de son hôtel, qui étoit rue de Béthizy, et le même qu'on vient de démolir récemment, l'appelle *Prince de Béthizy.* V. le *Borboniana* dans les *Mémoires* de Bruys, t. 2, p. 312.

1. Secrétaire d'Etat et secrétaire des commandements de Marie de Médicis, il fut l'un des hommes les plus sérieux de cette époque et l'un de ceux qui par conséquent se mêlèrent le moins aux intrigues. On a de lui des *Mémoires* très intéressants, rédigés avec conscience et modestie.

2. Fils de P. Castille, qui de marchand de soie aux *Trois visages* dans la rue Saint-Denis, étoit devenu receveur du clergé et s'étoit fort avancé dans les affaires. Ce fils avoit encore été plus loin que son père. A la mort de Henry IV, il avoit été fait contrôleur général des finances.

3. Henriette d'Entragues, duchesse de Verneuil, qui ne voyoit pas alors très bonne compagnie, à ce point que l'auteur des *Caquets de l'Accouchée* put sans invraisemblance la mettre en scène avec ses commères.

4. Si parmi toutes ces *contre-vérités* il en est une bien réelle, c'est celle que contient ce vers. Richelieu, évêque de Luçon, futur ministre et cardinal, s'étoit donc laissé déjà deviner, dans sa courte apparition aux affaires, pendant la faveur du maréchal d'Ancre.

5. Après avoir joué un certain rôle, il étoit tombé avec le

Tous les jours au lever du marquis de Themines[1],
Qui font venir en cour le bon duc de Bouillon
Pour estre gouverneur du comte de Soisson[2];
Que le duc d'Espernon, renonceant à ses forces[3],
Vient en Cour sur la foy du colonel des Corses[4],
Et que la royne mère adore Marcillac[5],
Comme Pocelay[6] le marquis de Rouillac;

maréchal d'Ancre, dont il étoit la créature. V. *Baron de Fæneste*, liv. 1, chap. 13.

1. La vue de M. de Thémines ne devoit pas être fort agréable à des gens comme les frères de Luynes. Ils le savoient homme d'énergie et ne devoient pas avoir oublié que, sur un ordre du roi, il n'avoit pas craint d'arrêter le prince de Condé.

2. Un rapprochement entre le duc de Bouillon et le comte de Soissons n'étoit que trop à craindre. Il eut lieu plus tard, et l'on sait ce qui en résulta de difficultés pour Richelieu, jusqu'à ce que le jeune comte eut succombé dans la lutte. V. *Mém.* de Brienne, collect. Petitot, 2ᵉ série, t. 36, p. 72.

3. Il s'étoit retiré dans son gouvernement de Saintonge, où son attitude menaçante n'étoit pas sans faire ombrage au favori. V. plus haut le *Songe*, p. 23, note.

4. A Rome, il y avoit alors une garde corse, chargée d'accompagner les patients au supplice. Peut-être y fait-on allusion ici, bien qu'il n'existât point pareille milice en France. Ce qui nous le fait penser, c'est que M. d'Epernon auroit eu en effet beaucoup à craindre s'il étoit revenu à la cour.

5. Michel de Marcillac, frère du maréchal, arrêté et executé en 1632, par ordre de Richelieu. Il fut garde des sceaux de 1624 à 1630.

6. Il faut lire Rucellaï. C'étoit un abbé italien de la même famille qu'un des plus riches partisans de ce temps. Le marquis de Rouillac, neveu du duc d'Epernon, « lui avoit fait donner des

Le cardinal de Retz explique l'Escriture [1],
Et que le duc d'Usez dit la bonne aventure [2] ;
Madame de Sourdis fait des chastes leçons ;
Son fils le cardinal n'aime plus les garçons [3].
L'abbé de Saint-Victor a la barbe rasée,
Et le duc de Nemours a la teste frisée [4] ;
Que, pour deniaiser Modène et Deagens [5],
Chalais et Saint-Brisson sont deux propres agens ;
Le baron de Rabat [6] est enfant legitime,
Et le père Joseph est grand joueur de prime [7] ;
Que le duc de Rohan est un fascheux jaloux,
Et que monsieur le Grand est accablé de poux [8] ;

coups de bâton, dit Tallemant, le plus mal à propos du monde. On eut bien de la peine à accommoder l'affaire. » (Edit. in-12, t. 9, p. 6, *Historiette* du marquis de Rouillac.)

1. Le cardinal Henri de Gondi, évêque de Paris ; il fut mis à la tête des affaires avec M. de Schomberg en 1621, et mourut l'année suivante, après s'être occupé de son épiscopat aussi peu que son neveu le guerroyant coadjuteur s'en occupa plus tard.

2. Il avoit la même réputation que le duc de Montbazon, et ne la méritoit pas moins, à ce qu'il paroît.

3. V. sur les mœurs de ce prélat, *Avis salutaire donné au sieur illustrissime cardinal de Sourdis pour sagement vivre à l'avenir.* V. aussi *Fæneste*, édition de M. Mérimée, p. 230.

4. V. sur lui les *Caquets de l'Accouchée*, p. 162, note.

5. Créature du connétable de Luynes, qui, après avoir été simple commis sous Barbin, devint intendant des finances. Après la mort de son protecteur, il fut mis à la Bastille (*Mém.* d'Arnaud d'Andilly, coll. Petitot, t. 33, p. 372).

6. Ce baron de Rabat me semble bien être le favori Barradar, dont on aura écorché le nom à plaisir.

7. L'Éminence grise en effet ne s'amusoit guère à ces jeux-là.

8. Le duc de Bellegarde. « Il n'y eut jamais un homme plus propre », écrit Tallemant (édit. in-12, t. 1, p. 109).

On ne fait plus l'amour au quay de la Tournelle;
Madame de Monglas[1] a la gorge fort belle;
Que Maillezay n'est plus importun ny cocquet;
Qu'on souffre sans ennuy son malheureux caquet;
Que le baron d'Anthon rentre dans Angoulesme;
Le comte de Grandmont a le visage blesme;
Sainct-Luc n'est plus roman[2]; Crequy n'est plus caigneux;
Liencourt est bigot[3], et Bonneuil est hargneux[4];
Despesses ne sait plus ni le temps ni l'histoire[5];
Le comte de Limours a fort bonne memoire;
Le comte de Chombert est homme de loisir[6];
Le comte de Carmaing[7] n'aime plus son plaisir;

1. Cette maigreur étoit de la famille, à ce qu'il paroît, car nous connoissons des couplets de Bussy où il se plaint de l'avoir rencontrée chez une dame du même nom.

2. Lisez *n'est plus romain*, et comprenez n'est plus catholique. Il fut chargé du commandement de l'armée navale contre La Rochelle (*Mém.* de Richelieu, collect. Petitot, 2ᵉ série, t. 22, p. 156).

3. Il étoit fort brillant et très batailleur. Il perdit la charge qu'il avoit à la Cour pour son duel avec d'Halluyn. (*Id.*, p. 215.)

4. Il étoit introducteur des ambassadeurs. C'est lui qui, en 1628, reçut le duc de Lorraine lors de son voyage à Paris. (Piganiol, t. 2, p. 351.)

5. Avocat au parlement de Paris, très savant homme, trop savant même, car un jour, je ne sais à quel propos, s'étant perdu dans une digression sur l'Ethiopie, il fut vivement rappelé à la question par son adversaire, et de dépit il quitta le Palais et ne plaida plus.

6. Il étoit surintendant des finances. V. les *Caquets de l'accouchée*, p. 57.

7. Le comte de Cramail, auteur des *Jeux de l'Inconnu*, de la

Garon est en collère parmi les atheistes [1];
Servin [2] et du Montier se sont mis Jésuites [3];
Que le prince Lorrain a soing de son honneur;
Chaudebonne [4] de gueux est venu grand seigneur,
Ne porte plus le dueil, et sa muse bottée.
Hay les habillemens, et marche sans espée;
Vitry, le mareschal, n'a plus de vanité [5];
Et Zamet a perdu sa noire gravité [6];
Comminges [7] et Botru ont perdu la parole,
Et le père Berulle a gaigné la verolle;
Que Rochefort [8] s'estonne et demande à Pattot

Comédie des proverbes, etc. V. l'article que nous lui avons consacré, *Revue française*, 20 mai 1855, p. 481.

1. Sans doute Louis Garon, auteur de l'école de Théophile, de qui l'on a le *Chasse-ennuy, entretien des bonnes compagnies.* Lyon, 1628, 2 vol. in-12.

2. L. Servin, l'illustre avocat général au parlement de Paris.

3. Du Monthier le peintre. Par une anecdote que raconte Tallemant, t. 5, p. 59, on voit qu'il n'étoit jésuite d'aucune manière.

4. « Le meilleur ami de Mme de Rambouillet, dit Tallemant; c'est lui qui mit Voiture dans le monde et l'introduisit chez Monsieur. » Il eut le sort des favoris de Gaston; Richelieu le fit mettre à la Bastille. V. *Mémoires de Richelieu*, collect. Petitot, 2e série, t. 26, p. 44.

5. Depuis qu'il avoit assassiné le maréchal d'Ancre, il étoit en effet d'une vanité insupportable.

6. Zamet le financier, dont nous avons eu déjà souvent à parler. Sa mine grave et ses révérences étoient célèbres à la Cour. (Tallemant, III, p. 63.)

7. Capitaine aux gardes qui fut tué plus tard à Pignerolles. Quant à Bautru, qu'on lui donne ici pour confrère en bavardage, il est assez connu.

8. Favori du prince de Condé, et le même qui fit rouer de

Pourquoy monsieur le prince aime tant Hocquetot[1];
Que les princes du sang ont la paralysie;
Le marquis de Sablé redouble sa phtisie[2];
Le marquis de Mosny[3] est homme de raison;
Moisset homme de foi, l'argent hors de saison[4];
Les princes souverains sont des joueurs de farces,
Et que le père Arnoul[5] entretient mille garces;
Boulanger est soldat, et que les favoris
Ne bougent des festins des bourgeois de Paris;
Rien de si genereux que le comte de Brayne[6];
Que le comte de Fiesque est un tireur de leine[7];
Le comte de Brissac grand abbateur de bois,
Curson ne parle plus de la maison de Foix;
Le marquis colonnel sera toujours poltron,
Comme fut son grand père et le duc d'Espernon[8].
Philis, le deplaisir d'une fascheuse absence

coups M. de Marcillac. C'est de lui que de Courtils a fait les *Mémoires*.

1. Lisez Héquetot, comme écrit Tallemant, ou Ectot, selon l'orthographe du père Anselme (t. 5, p. 152). Il étoit fils aîné de M. de Beuvron. (Tallemant, t. IX, p. 73.)

2. Emmanuel de Laval, fils du maréchal de Bois-Dauphin, mari de la célèbre marquise de Sablé.

3. Nous ne le connoissons que par la mention que fait de lui N. Rœmond dans son *Sommaire traicté du revenu* (1622), pour une pension de 8,000 livres.

4. Moisset, dit Montauban, fameux partisan. V. notre édit. des *Caquets*, p. 182, 241, et notre t. 3, p. 181.

5. Confesseur du roi. V. *id*., p. 166.

6. Henri Robert de la Marck, comte de Brainne.

7. Le comte de Fiesque étoit l'honneur et la loyauté mêmes. Il fut tué au siége de Montauban.

8. Le marquis de Candale, fils du duc d'Épernon.

Estouffe en mon esprit l'entière cognoissance,
Monstrant la verité contraire à la raison ;
Aussi l'extravagance en est la guerison ;
Puisqu'il faut posseder celle qui me possède,
La cause de mon mal en est le seul remède.

Le Monstre à trois testes [1]

Ceste lasche et traistre fortune,
Fille du vent et de la mer,
Qui ne fut jamais qu'importune,
Aux gens que l'on doit estimer,
Qui met au plus haut de la roue
Ce qu'elle tire de la boue,
Et puis les laisse choir à bas,
Qui fait, aveugle en son elite,
Que la faveur et le merite
Vont toujours d'un contraire pas ;
Ce monstre pour qui les victimes
Sont aujourd'huy sur les autels,
Qui volle les droits legitimes
Des vœux deubs aux grands immortels ;
Il ne faut point que l'on s'estonne,
Si, par colère, je luy donne
La qualité de monstre icy.
Les raisons y sont toutes prestes :

1. Les trois têtes du monstre, ce sont les trois frères, Luynes, Branthe et Cadenet.

Dites-moy, puisqu'il a trois testes,
Le peux-je pas nommer ainsi?
  C'est elle enfin qui nostre haine
A voulu prendre pour object;
Son humeur orgueilleuse et vaine
Nous en donne assez le suject.
Quel prodige, au temps où nous sommes,
Que les plus bas d'entre les hommes
Aillent de pair avec les dieux,
Lors que sur des oiseaux de proye[1],
Ainsi que le mignon de Troye,
Ils sont montez dedans les cieux?
  Quelle honte à ce grand empire,
Jadis si fort et si puissant,
Qu'il se promettoit tout en pire,
De vaincre celui du Croissant,
D'estre captif sous un Cerbère,
Sans qu'un des siens se delibère
De l'affronter comme autrefois ;
Qu'il ne se trouve plus d'Hercule
Et que tout le monde recule
Au moindre echo de ses abois?
  O fortune, ô nostre ennemie!
C'est toy qui cause ces malheurs.
O France ! tu es endormie,
Pour ne point sentir tes douleurs.
O ! démon soigneux des coronnes,
Qui, jour et nuict, les environnes

---

1. On a déjà vu par une note des *Jeux de la Cour* que Luynes devoit sa faveur près de Louis XIII à son adresse à élever les oiseaux de proie. — Le *Mignon de Troye*, c'est Ganimède, fils de Tros, roi des Troyens, qui fut enlevé par l'aigle de Jupiter.

De légions pour les garder,
Souffriras-tu ceste insolence?
Vois-tu pas que sa violence
Voudroit desjà te gourmander?

C'est un hydre espouvantable,
A qui, quand on coupe le chef,
Icy la chose est veritable,
Il en naist plusieurs de rechief.
C'est la peste des monarchies;
On ne les peut dire affranchies
Tant qu'elles portent ces gens-là.
C'est la ruine des provinces,
Et le coupe-gorge des princes,
Qui, sots, endurent tout cela.

Grand monarque, dont la vaillance
Ne trouva jamais rien de fort,
Qui vivez en la bienveillance
Malgré les siècles de la mort,
Hé! que direz-vous à ceste heure,
Si de la celeste demeure
Vous voyez avec passion
Ce qui se fait en nostre monde,
Où tout se gouverne et se fonde
Sur les pas de l'ambition?

Mais une ambition de vice,
Sous qui l'honneur est abattu,
Et qui ne gage à son service
Aucun amy de la vertu,
Une ambition si supreme
Que la hauteur d'un diadème
Est basse aux yeux de son desir;
Une ambition tyranique,

Qui du moyen le plus inique,
Tire nos maux et son plaisir.
 Depuis que ce coup parricide,
Qui vous tuant nous blessa tous,
Feit trop cognoistre qu'un Alcide
Pouvoit mourir comme un de nous,
Nous avons tousjours veu la France
Assubjettie à la souffrance
De ces races de champignons,
Qui, sans prendre garde à leur estre,
Pensent bien obliger leur maistre,
De se dire ses compagnons.

*Le Cocq-à l'asne
ou le pot aux roses adressé aux financiers.*

M. DC. XXIII.

In-8.

J'aime le roy, j'ayme les princes ;
Je me desplais dans les provinces
Trop esloignées de la court.
Il fait bon, pour le temps qui court,
S'entremettre dans les affaires ;
Les intendants, les secrétaires,
Les financiers, les partizants,
Les gens d'estat, les courtizants,
Sont ceux maintenant qu'on destine
A conquerir la Valtoline[1] ;
Ils ont destourné les malheurs
Que trainoit la guerre passée
Par la paix qu'ils en ont tracée,
Et sont disposez maintenant
A payer force argent comptant
Au roy pour faire le voyage ;

---

1. La campagne de la Valteline eut lieu l'année suivante, 1624.

Mesmes rencontrant Spinola [1],
Ils l'obligeront au hola ;
Et, nous asseurant les salines,
Fourniront aux places voisines,
Pourveu que leurs commissions,
Leurs brevets et leurs pensions
Leurs soient remis, rentrants en grace,
Chassans les nommez en leur place ;
Ainsi purgez de leur larcins,
Ils esloigneront les mutins,
Qui vont affligeant nostre France,
Et qui nous font vivre d'advance.
On en voit dans les parlements ;
Les conseillers, les presidents,
S'esmeuvent souvent en collère.
Et puis on courtise la mère [2],
Affin de pouvoir parvenir
Au but de son doux souvenir ;
Par ce moyen, gaignant la fille,
Un conart en a dans la quille,
Les pistolles entrent partout,
Rien n'est à l'espreuve à ce bout
Affin d'empescher un divorce.
Mon Dieu ! que j'en vois d'empeschez
A confesser tous leurs pechez,
Où le caresme nous convie,
Feignant d'amander nostre vie !
De Picardie et de de Brouage,

1. Il commandoit les troupes espagnoles en Flandre.
V. notre t. 3, p. 354, note.
2. La reine mère, Marie de Médicis.

Chacun est du conseil secret;
On est vain, on fait le discret,
On murmure un mot à l'oreille;
Monsieur ne veut pas qu'on l'esveille;
On a pacquets de tous costez;
On vient de veoir leurs majestez,
Et souvent, dans les galleries,
On s'arreste aux tapisseries,
Ou bien auprès du cabinet,
Feignant estre au conseil secret,
Trompant ainsi la populace,
Qui croit qu'au conseil ils ont place [1].
Qu'il est de conseillers d'estat,
A simple fraize ou bas rabat,
Qui maintenant, portant calotte,
Voudroient bien mettre à la pallotte !
Le roy s'en trouve bien servy;
Chasque prince a son favory;
Jupiter avoit Ganimède.
Verres cassez sont sans remède,
Et bref, pour le faire plus court,
Il n'est que de suivre la court.

[1]. Cinq-Mars lui-même usa de ces feintes pour faire croire à sa faveur, alors qu'elle étoit tout à fait tombée. C'est Louis XIII qui nous l'apprend lui-même, par l'organe, il est vrai, très médisant, de Tallemant des Réaux : « Pour qu'on pensât qu'il m'entretenoit encore après que tout le monde étoit parti, il demeuroit une heure et demie dans la garde-robe à lire l'Arioste. Les deux valets de garde-robe étoient à sa dévotion. » (Tallemant, édit. P. Paris, t. 2, p. 64.)

En la cour la noblesse abonde :
C'est le paradis de ce monde.

Traduction d'une lettre envoyée à la royne d'Angleterre par son ambassadeur, surprise près le Moüy par la garnison du Havre de grace, 15 juin 1591.
A Lyon, par Jean Pillehotte, libraire de la saincte Union.

1591.

Avec permission[1].

In-8.

Madame, Vostre Majesté a esté advertie par le milord de Rochestre de ce qui s'est passé en France jusques à son département de Diepe, où il me laissa auprès du roy vostre bon frère. Depuis ce temps-là, l'evesque de Rome,

---

1. Il y eut une autre édition de cette *Lettre*, la même année, à Troyes, chez J. Moreau. Elle est curieuse, et les détails qui s'y trouvent semblent vrais; je la crois pourtant supposée, n'ayant pu découvrir quel est le Walshingham à qui on la prête. Celui qui fut long-temps ambassadeur

favorisant le party des rebelles, qui soutiennent sa marmite, a envoyé un nonce au duc de Mayenne avec des bulles d'excommunication contre tous Estats[1], qui ont faict lever la teste aux ligueurs plus que jamais, et neantmoins beaucoup advancé les affaires de nostre religion, car tous les subjets du roy qui se disent catholiques le pressoyent de se declarer tel; et, pour maintenir son estat, il eust enfin esté contraint d'idolatrer avec eux et aller à la messe, n'eust eté que ces fantastiques bulles et excommunications imaginaires l'ont remis en son chemin. Le roy a de bons officiers en ses parlemens qui ont donné des arrests directement contre la puissance papale[2], à la suscitation et poursuitte des papistes mesme, qui commencent à se recognoistre. J'espère (contre l'opinion que j'en avoye) que Dieu fera reluire l'evangile en ce royaume de France, de long-

---

d'Elisabeth près du roi de Navarre étoit mort au printemps de 1590 (Lingard, t. 8, p. 441), et je n'ai point de preuves qu'un autre personnage de son nom l'eût remplacé. C'est Unton qui représentoit alors la reine d'Angleterre près de Henri IV (*Id.*, p. 436).

1. Par ces *lettres monitoriales,* tous ceux qui suivoient le parti du roi étoient excommuniés s'ils ne l'avoient quitté *sous quinze jours.* On en trouve la teneur dans le *Recueil des anciennes lois françaises* d'Isambert, t. 15, p. 27. Le Parlement de Châlons cassa l'excommunication; mais le Parlement de Paris à son tour cassa son arrêt le 17 juin 1591, et rétablit la bulle. V. L'Estoille, édit. Michaud, t. 2, p. 58, 59.

2. V. la note précédente.

temps enchanté par les sorceleries papistiques. Madame, vous en verrez la racine morte plus tost que n'eussiez osé esperer. L'on est après pour abattre du tout le pouvoir et credit papal par la creation d'un patriarche, à quoy s'accordent ceux de l'une et de l'autre religion ; c'est tout ce que nous pouvions desirer. Il se trouve encores parmi nous quelques bigots, lesquels sont remarquez comme seditieux ; mais on les rangera à la raison par belles promesses, desquelles Vostre Majesté ne s'estonnera.

Louviers a esté surpris, et l'evesque d'Evreux, l'un des plus factieux ligueurs, envoyé à Tours, où il ne fait pas trop beau pour ceste prestraille[1]. Je poursuis sourdement à ce que l'on luy face son procès, car telles gens que luy sont dangereux par trop ; je croy que la justice ne s'y espargnera. En tout ce qui concerne l'Église de Christ, les affaires de France

---

1. « Le jeudi, 6 de juin, dit L'Estoille, le roi de Navarre a surpris le fort de Louviers près de Rouen. Claude de Saintes, évêque d'Evreux, qui s'y étoit réfugié, a esté pris comme il vouloit se sauver. Le roy l'a mis entre les mains du parlement de Caen, pour avoir fait quelques écrits où il prétend justifier le parricide commis sur Henri III et prouver qu'il est permis d'en faire de même sur le roy de Navarre. » (Journal de L'Estoille, édit. Michaud, t. 2, p. 57.) — P. Fayet, dans son *Journal historique*, place la prise de Louviers sous la date du vendredi 7 juin ; il ajoute que cette ville « n'avoit encore esté prise des guerres civiles », et que le roi y fit « grand butin de pillaige et rançons ». (*Journal historique* de P. Fayet, publié par M. Victor Luzarche, Tours, 1852, in-12, p. 103.)

succèdent merveilleusement bien. Le roi d'Espaigne, ancien ennemy de Vostre Majesté et de la couronne de France, nous trouble d'autre costé, car il envoye quantité d'argent et de gens, conduits par le duc de Parme[1], ausquels le roy de France ne sçauroit resister sans le secours que je lui ay promis de vostre part, suivant la charge que j'avois de Vostre Majesté. Le duc de Mercœur l'attend au passage[2]; mais le prince de Dombres[3] luy taillera tant de besongne et donnera-on si bon escorte aux nostres, qu'ils passeront dessus le ventre de leurs ennemys. Le prince de Piedmond, avec peu de suitte, est allé en Espagne pour tirer argent, affin de guerroyer noz confrères de Genève[4]; ils seront secourus de leurs voisins, si l'on y entreprend.

1. Il se mit en mouvement au commencement de l'année suivante, et, quoi que pût faire le roi à la journée d'Aumale, où il fut assez gravement blessé, il parvint à délivrer Rouen et à prendre Caudebec.
2. On sait qu'il commandoit pour la ligue en Bretagne.
3. Le roi, dans la crainte qu'il ne pût tenir suffisamment tête à M. de Mercœur, le remplaça par le maréchal d'Aumont et lui donna en échange le gouvernement de Normandie, que la mort de son père, le duc de Montpensier, venoit de laisser vacant.
4. Il avoit déjà tenté deux ans auparavant contre Genève l'inutile entreprise qui se trouve racontée dans l'une des pièces de notre t. 1er, p. 149. En décembre 1602, par une nuit très sombre, il hasarda une nouvelle attaque, restée fameuse sous le nom de *l'escalade*. Une partie de ses gens avoit déjà franchi les murs, et sans nul doute la ville eût

L'indisposition du roy nous a donné à penser ; mais, graces à Dieu, il est hors de danger. Le millord Giffort luy a faict toucher dix mil angelots, qui ont aussi tost esté employez aux frais de la guerre[1], et despensez en moins d'un jour. Les finances et les munitions de guerre manquent ; faute d'argent, l'on ne peut tirer secours d'Allemagne pour l'année présente. Le duc de Saxe s'est montré fort froid en la cause de Dieu ; les Venitiens nous paissent de parolles ; la charité est refroidie de tous costez. Les fidelles de la France n'espèrent rien que de Vostre Majesté, qui commandera, s'il luy plait, à voz troupes de s'advancer sans aucun retardement ; ce ne

été à lui, si une servante qui étoit sortie à la recherche d'une sage-femme pour sa maîtresse, prête d'accoucher, ne se fût effrayée de voir les rues pleines de gens armés et n'eût tout à coup donné l'alarme. L'enfant qui naquit de cet accouchement sauveur pour Genève étoit une fille qui devint l'une des femmes les plus charmantes du XVIIe siècle : c'est Mme d'Hervart, la protectrice de Lafontaine, l'amie de Saint-Evremond. Ce dernier, dans l'épître qu'il lui adressa, rappelle ainsi la singularité providentielle de cette naissance :

> Ce ne fut point par un hazard
> Que Genève fut conservée ;
> L'etoile de madame Hervart
> De l'escalade l'a sauvée.

(*Œuvres de Saint Evremond*, Londres, 1706, t. 5, p. 298.)

1. Peu de jours après le combat d'Arques, Henri IV avoit ainsi reçu d'Elisabeth 20,000 livres en or pour la solde de ses troupes.

vous sera peu d'honneur, Madame, d'avoir marché par dessus le basilic romain et remis l'Eglise gallicane au chemin de verité. Quant à moy, je m'estimeray à jamais bien heureux d'avoir ce bonheur que de vous servir d'ambassadeur en une si bonne occasion. Le roy ne peust estre secouru du Turc, lequel a tenu tel compte des lettres de Vostre Majesté, que sans le Sophy, qui le moleste, il eust envoyé bonne compagnie pour veoir la France[1]. Les Venitiens ont faict faux bon de ce costé-là, ce qui a d'autant reculé les affaires ; le roy neantmoins est après pour renouveller la ligue avec le dit Turc, en esperance d'en tirer beaucoup de faveur : je ne sçay ce qui en adviendra. L'on craignoit que les rebelles ne fissent un roy, ce qui ne nous eust de rien servy ; mais la remise des estats qui estoyent convoquez au mois de may nous laissera encor quelque temps libre pour pourvoir à l'ayse aux affaires. Je n'escris rien à Vostre Majesté de celuy qui vous porte ceste lettre, parce que j'espère, et m'en asseure, que vous sçavez d'ailleurs que moy qu'il n'a perdu temps pendant qu'il a esté par deçà, et qu'il m'a rendu fort bon compte de ce que je luy ay

---

[1]. Les Turcs étoient la grande ressource d'Elisabeth pour les princes qu'elle vouloit secourir. En même temps qu'elle prioit le sultan de venir en aide aux protestants de France et au roi de Navarre leur chef, elle lui demandoit une flotte pour le très catholique don Antonio, que Philippe II avoit dépouillé du trône de Portugal. V. Hammer, *Histoire de l'Empire ottoman*, t. 7, p. 193.

baillé entre les mains; il dira particulierement à Vostre Majesté l'occasion qui nous esmeut de haster le secours.

Madame,

Je supplie le Createur vous donner en parfaicte santé très longue et très heureuse vie. A Caen, ce xv juin mil cinq cens quatre vingtz et onze.

Vostre très humble et très obeyssant serviteur et subject,

VALSINGHAN.

Remonstrance aux femmes et filles de la France. Extrait du Prophète Esaye, au chapitre III de sa prophetie.

Femmes, filles de France, escoutez la tempeste
Dont le ciel esclatant menace vostre teste,
Et, s'il y a encores lieu de conversion,
Quittez vos vanités et vos bobances folles,
C'est à vous qu'Esaye adresse ces parolles,
Si vous estes au moins des filles de Sion.

Bourgeoises de Salem[1] au superbe parage
Qui marchez le col droict, l'œil brillant et volage,
Et les pieds fretillans maniez par compas,
Comme le baladin quand la harpe fredonne,
Ou le jeune poulain que l'escuyer fassonne,
Les cordes au jarret, aux ambles et au pas,

Voicy que le grand Dieu vous mande par ma bouche :
La teigne rongera, dict-il, jusqu'à la souche,
Ces rameaux esgarez de vos perruques d'or ;
Et, de vostre poictrine allongeant l'ouverture,
Je mettray tout à nud, jusque soubs la ceinture,
Vostre honte au soleil, s'il vous en reste encor.

Le temps, le temps viendra, changement bien estrange !

1. Jérusalem.

Qu'on vous verra trotter pieds deschaux par la fange,
Pour ces grands eschaffaulx de patins hault montez ;
Et lors, sous vos lassis à mille fenestrages [1],
Raiseuls et poincts couppés [2], et tous vos clairs ouvrages,
Ne se boufferont plus vos gros seins eshontez.

Je vous arracheray de la teste pelée
Ces lunettes d'esmail à l'oreille emperlée [3],
Qui vous font rayonner le front de toutes parts ;
Je rompray vos estuis, vos boettes, vos fioles ;
Et la cendre et les pleurs, dont serez toutes molles,
Seront vos eaux de nafe [4], vos poudres et vos fards.

L'or qui vous roule ès bras en cent tours de chaisnettes,

---

1. Le *lacis* étoit une espèce d'ouvrage de fil ou de soie fait en forme de filet ou de *reseuil* (réseau), dont les brins étoient entrelacez les uns dans les autres. (*Dict.* de Furetière.) Un certain Frédéric Vinciolo, Vénitien, avoit patente spéciale de la reine, en 1585, pour enseigner aux dames l'art de fabriquer ces tissus. On a de lui un livre curieux et devenu rare : *Les singularités et nouveaux pourtraicts pour les ouvrages de lingerie...* par le sieur Frederic de Vinciolo, Venitien. Paris, 1587, in-4.

2. V., sur cette sorte de dentelle à jour, notre t. 3, p. 246.

3. Petites rondelles d'émail, pierreries ou camées, dont on s'ornoit le front en les attachant avec un fil garni de perles. C'est ce que nous appelons une *Feronnière*. V. notre t. 3, p. 40, note.

4. Sorte d'eau de senteur dont on ne connoît pas au juste la composition. Il en est parlé dans Boccace (*Décameron*, journée VIII, nouvelle 10), dans Rabelais (livre 1er, chap. 55) ; et, selon Malherbe, dans sa lettre à Pereisc du 19 décembre 1626, il paroîtroit que la disgrâce de Baradas vint de ce qu'il se fâcha trop fort pour quelques gouttes de cette eau que Louis XIII lui avoit jetées au visage.

Et qui volle sur vous en mille papillettes[1],
Chassé par la cadène[2], à Babel s'enfuira ;
Vos atours les suivront, et vos pendans d'oreilles,
Et ce qui à Thamar vous faict sembler pareilles :
Vostre laydeur pour masque assez vous suffira.

Bourrelets, affiquets, et toutes ces machines
A ceindre vostre poil et le mettre en crespines,
Seront pour le vieux fer et pour le vieux drapeau ;
Et, pour l'assortiment de tant d'habits si braves,
A grand' peine aurez-vous, miserables esclaves,
Un lambeau deschiré qui vous couvre la peau.

Ces mantelets garnis d'un pied de broderie,
Bourses et espingliers, flambans de pierreries,
Seront pour le butin des soldats triomphans ;
Et ces miroirs polis, dont la trompeuse glace
Brusle si sottement vos cœurs de vostre face,
Serviront de jouets à leurs petits enfans.

Ces cofrets diaprez et ces fatras de chambre,
Toilettes et peignoirs, soufflant le musq et l'ambre,
Couvre-chefs de fin lin, dentelés alentour,
Et ces coiffes de nuict faictes en diadesme,
Orgueil demesuré ! s'en yront tout de mesme :
Auriez-vous plus la nuict de faveur que le jour?

Somme, au lieu de parfums, vous aurez pour escorte
L'horrible puanteur d'une charogne morte ;
Pour ces beaux ceinturons qui vous serrent les reins,

---

1. Paillettes.

2. C'est-à-dire ignominieusement. *Etre à la cadène* (à la chaîne), c'étoit être à la peine, à la honte.

Le ventre desbraillé comme pauvres bargères ;
Vous suivrez le bagaige à grands coups d'estrivières,
L'injure et le mespris des goujards [1] inhumains.

Ces tresses, par surtout, sources de vos detresses,
Qui m'ont tant irrité, trouveront des maistresses
Qui, râclant jusqu'au test [2], m'en sçauront bien venger ;
Ces robes à plain fonds à gros bouffons et manches
Ne feroient qu'entrapper [3] et vos bras et vos hanches :
Un sac, pour bien courir, vous sera plus leger.

Ce visage poupin, qui met en jalousie
Le lis accompaigné de la fleur cramoisie,
Si bien contregardé, si frais, si en bon poinct,
Sera plus laid qu'un More à la couleur tannée,
Plus ridé qu'une peau seiche à la cheminée,
Et plus rouillé qu'un pot que l'on n'escure point.

Bref, le hasle abattra la fleur de la jeunesse,
Et, pour tant de muguets qui vous faisoient caresse,
Brigans à qui auroit le bonheur d'estre à vous,
Je jure en mon courroux, ce sera bien de grace
Si à sept d'entre vous, pour en avoir la race,
Le barbare relasche un captif pour espoux.

1. Pour goujat, valet d'armée.
2. De *testa*, tesson, pot cassé.
3. C'est-à-dire tomber droits et roides comme les pans d'un pignon *entrapeté*, suivant l'expression des architectes.

FIN DU TOME IV.

TABLE DES MATIÈRES

CONTENUES DANS CE VOLUME.

Brief discours de la reformation des mariages. Pages 5
2 Les jeux de la cour. 17
3 Songe. 23
4 Le tableau des ambitieux de la cour, nouvellement tracé par maistre Guillaume à son retour de l'autre monde. 33
5 Lettre d'ecorniflerie et declaration de ceux qui n'en doivent jouir. 47
6 L'estrange ruse d'un filou habillé en femme, ayant duppé un jeune homme d'assez bon lieu soubs apparence de mariage. 59
7 Le passe-port des bons beuveurs. 69
8 Factum du procez d'entre messire Jean et dame Renée. 75
9 Le purgatoire des hommes mariez, avec les peines et les tourmentz qu'ils endurent incessamment au subject de la malice et mechanceté des femmes. 81
10 Memoire touchant la seigneurie du Pré-aux-Clercs, appartenant à l'Université de Paris, pour servir d'instruction à ceux qui doivent entrer dans les charges de l'Université. 87
11 Histoire horrible et effroyable d'un homme plus qu'enragé qui a esgorgé et mangé sept enfans dans la ville de Chaalons en Champagne. Ensemble l'execution memorable qui s'en est ensuivie. 217

12 L'entrée de Gaultier Garguille en l'autre monde, poème satyrique. 221
13 Les estrennes du Gros Guillaume à Perrine, presentées aux dames de Paris et aux amateurs de la vertu. 229
14 La lettre consolatoire escripte par le general de la compagnie des Crocheteurs de France à ses confrères, sur son restablissement au dessus de la Samaritaine du Pont-Neuf, narratifve des causes de son absence et voyages pendant icelle. 235
15 Les plaisantes ephemerides et pronostications très certaines pour six années. 247
16 Epitaphe du petit chien Lyco-phagos, par Courtault, son conculinaire et successeur en charge d'office, à toutes les legions des chiens academiques, par Vincent Denis, Perigordien. 255
17 La grande cruauté et tirannie exercée par Mustapha, nouvellement empereur de Turquie, à l'endroit des ambassadeurs chrestiens, tant de France, d'Espaigne et d'Angleterre. Ensemble tout ce qui s'est passé au tourment par luy exercé à l'endroit de son nepveu, lui ayant fait crever les yeux. 273
18 Le different des Chapons et des Coqs touchant l'alliance des Poulles, avec la conclusion d'yceux. 277
19 Recit en vers et en prose de la farce des Precieuses. 285
20 Histoire miraculeuse de trois soldats punis divinement pour les forfaits, violences, irreverences et indignités par eux commises avec blasphèmes execrables contre l'image de monsieur saint Antoine, à Soulcy, près Chastillon-sur-Seine, le 21e jour de juin dernier passé (1576). 307
21 Le fantastique repentir des mal mariez. 311
22 Le grand procez de la querelle des femmes du faux-bourg Saint-Germain avec les filles du faux-bourg de Montmartre, sur l'arrivée du regiment des Gardes. Avec l'arrest des commères du faux-bourg Saint-Marceau intervenu en ladicte cause. 323

23 Les contre-veritez de la court, avec le dragon à trois testes. 335
24 Le coq-à-l'asne, ou le pot aux roses, adressé aux financiers. 349
25 Traduction d'une lettre envoyée à la reine d'Angleterre par son ambassadeur, surprise près le Moüy par la garnison du Havre de Grâce, 15 juin 1591. 353
26 Remonstrance aux femmes et filles de la France. Extrait du prophète Esaye, au chapitre III de ses propheties. 361

www.ingramcontent.com/pod-product-compliance
Lightning Source LLC
Chambersburg PA
CBHW050313170426
43202CB00011B/1881